本书为国家社科基金项目《微博政治引导研究》
（13BZZ070）的结项成果

青年学者文库

微博舆论导向研究

崔 莹 张爱军 著

天津出版传媒集团

天津人民出版社

图书在版编目（CIP）数据

微博舆论导向研究 / 崔莹, 张爱军著. -- 天津：
天津人民出版社, 2019.6
（青年学者文库）
ISBN 978-7-201-14868-7

Ⅰ.①微… Ⅱ.①崔… ②张… Ⅲ.①互联网络—舆
论—研究—中国 Ⅳ.①G219.2

中国版本图书馆 CIP 数据核字（2019）第 134784 号

微博舆论导向研究

WEIBO YULUN DAOXIANG YANJIU

出　　版	天津人民出版社
出 版 人	刘　庆
地　　址	天津市和平区西康路35号康岳大厦
邮政编码	300051
邮购电话	（022）23332469
网　　址	http://www.tjrmcbs.com
电子信箱	reader@tjrmcbs.cn

策划编辑	王　康
责任编辑	林　雨
装帧设计	明轩·王烨

印　　刷	唐山鼎瑞印刷有限公司
经　　销	新华书店
开　　本	710毫米×1000毫米　1/16
印　　张	19
插　　页	2
字　　数	250千字
版次印次	2019年6月第1版　2019年6月第1次印刷
定　　价	76.00元

前　言

微博——这种互联网和手机应用最好交集的新媒体，以数字化和互动性为根本特征，其内容文本精简、主题突出、聚焦性好，是网民用户直接表达情感和意见的新媒介。当今世界已经处于网络时代，网络使微博在几年的发展时间里，成为人们生活之中的重要组成部分。微博将世界网民普及化，使受众网民可以更加主动地获取和选择信息，拥有更多的选择权和表达权，同时期待发出自己的声音并受到关注和评论。

微博的影响力因此得到了提升，更多地被人们所关注。我国互联网的发展结合了经济化、政治化、社会化和人文化等多种领域，具有相当的复杂性，这使微博的作用不再仅仅表现在社交的层面，而往往涉及现实社会中的热点问题，比如官员腐败、社会伦理，社会公平与正义等等。作为公民意识进入社会舆论的重要管道，它与传统媒体相比起到了重要的流通、传输作用，从而避免了许多真正有意义的细节被筛选掉。

传统模式下，非官方的舆论主要是口耳相传，区域性特征明显，大规模的传播需要时间，也需要更多的社会心理准备。而在网络社会中，传播的速度更快，更能找到有类似社会心理的人群，更容易形成规模性群体舆论。相对来说,网络时代,有一定轰动性的舆论事件大为增加。

经过大众传媒的不断宣传,被关注的社会热点问题早已构成了公众社会价值观念和情绪的一部分,加之其本身就具有的公共性、冲突性和现实性等特点,因此很容易引起公众的反感。以微博为代表的新媒体,作为发挥舆论功能的一个重要应用,在表达网络民意上发挥着重要作用。至少到目前而言,微博舆论由网络上一系列的公共事件衍变发展而来,已成为舆论的肇始与扩散之地,引起上至各国政要、下至普通网民的关注,对社会生活产生了重要的影响。

而微博舆论的主体——网民,因其在网络传播中的匿名性,使他们摆脱了现实社会中的种种羁绊,往往会以更大的热情表达自己的真实想法。因此,在网络事件的传播过程中,作为推动网络舆论发展中坚力量的网民容易表现出非理性的一面,他们极易受到个人情绪、从众心理等主观因素的感染,变成"网络暴民"。

同时,网络的发展也伴有制度不完善、管理不到位、不可预见性等特点。因此,微博的发展也存在着信息发布随意性强、真实性没有保障、草根本色难抑娱乐化倾向、商业炒作色彩过重、法律制度监管失范等弊端。

但是无可置否,网络彻底改变了当代中国的舆论环境。因此,微博舆论研究是时代赋予理论研究者的极大挑战和机遇。虽然微博只是一种工具,是中性的,但是"围观"是件好事,它标志着我国公民意识的觉醒。面对网络舆论这种非理性与理性并存的现象,有必要对微博舆论进行分类,并从政治学的角度进行考察。作为舆情研究的热点之一,微博舆论的研究意义在于:当前的互联网已经成为舆情汇集的集中平台,网络的出现为决策者提供了另一个了解民意的通道。它能够快速地反映社会动态与公众心声,比较真实地反映民众心理,相对真实地展现民众对于现实社会的看法与态度。对民意的充分了解可以帮助政府更加科学、高效地制定决策,同时有助于传统媒体与政府部门引导网络舆论向积极的方向发展。

本书研究了微博对网络舆论的生成、传播过程、影响因素和导向作用上的几个关键性问题。以网络全球化为时代大背景,运用马克思主义基本原理、舆论学原理、生命周期理论客观分析了微博这种新媒体,论述了舆论引导的影响因素及其形成过程,梳理了网络微博发展的历史脉络,归纳了微博舆论具备的政治功能,并针对微博在重大事件中发布新闻、引导舆论的过程中出现的若干实际问题提出探索性的解决方案。

本书终于能够付梓出版,感触良多的不仅是因为一项工作的终结或者是结果,更多的是自己的写作反映了科研经验和知识积累的全过程。本书的完成与问世,要感谢我的恩师张爱军先生的悉心指导,感谢我的学生大连海洋大学的硕士翟思羽,感谢辽宁师范大学的硕士赵泽泉的辛苦校对,还要感谢王康主编、林雨编辑,你们在封面设计、文字校对、文稿润色、出版安排等方面的工作给我带来 了巨大的帮助与启发,并提出了许多宝贵的建议。

目　录

绪 论

一、研究背景

微博作为一种网络新媒体，其每条内容不超过 140 个字，"关注一下"（follow）、发布信息等功能随时随地可以通过手机进行。这些看似简单的行为正在推动一场前所未有的互联网信息传播革命。今天，这场革命已经进入我国，微博用户可以通过微博平台分享他们的信息，有选择地了解来自四面八方的消息。这样获得的信息流更有针对性，更具可控性，传播效率也更高。这正是微博平台的魅力。新浪微博刚一面世便引起了极大的关注，并成为当下注册用户最多、使用范围最广、最具影响力的微博。微博作为全新的互联网线上交流工具正在改变我们的生活，改变着我们与周围人沟通的传统方式和沟通内容的维度。它正在慢慢成为每个人的"信息发射塔"，就像一个天线，通过它，我们接触并了解网络间的人与社会的最新动态。这就是本书所要阐释的意义——微博就在我们身边。

1

(一)网络传播渠道的拓宽和舆论环境的改变

网民人数的大幅增长,反映了我国互联网的不断普及、提高和完善。网民群体的基数增加、逐渐成熟及对互联网的深度使用,促使作为舆论平台的互联网越来越活跃和成熟。这种形态下的互联网为网络舆论事件的形成提供了有利的平台。近年来,互联网的推动作用主要表现为网络应用的多元化,比如,从最初的社区、论坛、QQ、MSN等即时通讯工具,到现在的以微博、微信等为代表的社会化媒体。网络应用的多元化,将现实生活中的热点事件迅速传递到任何一个互联网覆盖的地方。基于互联网网民基数大、传播范围广、信息量多、传播速度快等特点,普通事件经过其聚焦扩大,能迅速引起网民的关注,进而导致网络事件的生成与迅速传播。社会舆论大环境的改变和网络信息传播渠道的多元化是促成网络事件生成的重要原因。网络媒体相较于传统媒体最大的优势在于, 人们可以通过各种网络渠道快速了解事件的真实情况,同时也能够在极短的时间内有效地反映自己的意见,而在传统媒体上公众的信息获取愿望和表达欲望均得不到满足。因此,网络已经成为网民传播信息、发表观点的最佳平台。

(二)传统表达渠道不畅通和网络微博的普及

在我国,传统媒体主要以报纸、广播、电视等为代表,其企业性质多为国有,其使命是维稳和宣传正能量,扮演好政府"宣传员和组织者"的角色。同时,传统媒体相较于网络媒体平台信息量要少很多。因此,传统媒体在选择新闻题材前首先要考虑新闻的价值及社会影响力,要判断新闻事件的传播是否会引起社会的动荡,有选择性地发布当下会产生激烈社会冲突的事件或社会缺陷事件,并且在舆论导向上有所侧重。比如在"邓玉娇案"中,当地主流媒体只是简单地报道了当地政府对外公布的事件信息，这难以满足公民对于信息的需求。"尤其在市场经济全面推进之后，面对着日益加剧的社会分化和社会流动，高度集中统一的传播体系在继续发挥作用的同时，显现出很多不适应时代发展的弊端。"①互联网的出现，为公众争取了话语权，同时提供了一个利益诉求与相互沟通的新平台。闵大洪认为："在社会现实中缺乏一个能充分容纳民意表达的平台，民意很难通过正式的制度渠道进入公共政策和公共事务的决策和裁判中去；而在正式制度之外，也缺乏一个拥有充分言论自由与新闻自由的传统舆论空间，对正式制度的决策和裁判进行来自'第四种权力'的有效监督和民意的释放。因此，当互联网在我国迅速普及之后，由于它的传统特性，便自然而然成为公众发表言论、表达意愿、释放情绪的便利通道，同时也造成了网络媒体上的'舆论监督'比传统媒体的'舆论监督'来得更猛烈、更尖锐的局面。"②

互联网中的力量实质是网民在传播自我意识形态过程中的自我实现与赋权，是集体聚合形成的话语权力。尼葛洛庞帝在《数字化生存》一书中曾提到，数字化必将改变人类生活结构的四个特征：分散权力、全球化、追求和谐与赋予权力。新媒体赋权与权力分配的变化是网络对社会塑形中不可忽视的重要方面。网民话语权的提高是网络赋权的重要方式，网络舆论的形成与发展受其直接影响。福柯也在话语权力理论中认为，权力能决定被传播的知识内容，并且能决定让哪一部分话语成为强势话语，而让另一部分话语受到压制。

少数人掌握着传统媒体的话语权。在传统媒体中，电视、报纸等是作为

---

① 汪凯：《转型中国：媒体、民意与公共政策》，复旦大学出版社，2005年，第3页。
② 胡媛：《网上舆论为何不理智——访问中国社科院网络与数字传媒研究室主任闵大洪教授》，《法律与生活》，2006年第13期。

信息中介结构存在的，媒介通过对信息的编码使其成为具有某些人为导向的意义符号，媒介对符号及其编码的导向实际上就是控制了传播话语。大众媒介对"话语权"的控制是其"媒介权力"形成的重要来源。在以往传统媒体传播新闻信息的过程中，信息是单向性地传给受众，受众只是话语的接收者，没有选择权、没有话语的掌控权。媒体决定了被传播的内容、形式，并直接构建起以专业媒体为中心的话语体系。网络媒体的兴起实现了话语权的分散，即由传统的媒介控制转变为全民共享。与传统话语权相比，互联网的应用使话语权从少数话语掌权者的权威控制转变为网民平等共享，从传统媒体的单向传播转变为自媒体时代去中心化的多向传播。

传统媒体需要通过扮演"把关人"的角色来控制信息的产生与传播。即记者、编辑等其他人根据新闻价值、政治标准和价值观念等诸多要求对信息进行分类、筛选、加工，使其符合既定的道德规范与社会价值标准，最后通过传统媒介发布，使信息到达受众手中。传统媒介可以起到控制并引导社会舆论的作用。

网络媒体只需要具备一定的硬件条件，任何个人和组织都可以发布和接收信息。网络信息传播方式的自由化、传播主体的多元化、信息的海量化及传播速度快等特征都给网络把关带来了困难，网络传播的信息内容不能被任何个人和组织绝对地控制。

分散的话语权不再使少数人掌控信息与舆论导向，广大网民前所未有地取得了知情权和阐述个人观点的权利，从而增大了对网络舆论事件的影响力。现实生活中，事件的发生也许会触及社会的神经，但并不能天然地形成广泛影响力，想要引起公众关注并形成广泛讨论，需要广大网民对事件进行大范围的传播、积极探讨与发言评论。

在传统媒体的环境下，对群众话语权的限制决定了不可能频繁产生全国性的舆论事件,这主要有两方面原因:一方面,传统大众媒体或者小范围的人际传播,使传播的受众具有局限性,传播缺乏实效性,同时这种单向传播也缺少反馈意见。因此,很难在短时间内发酵形成大规模的舆论事件。另一方面,传统媒介掌控话语权,对信息进行编码解码,受众只能对媒介信息进行浅层次解读,反馈信息也是通过传统媒介编码后再反映出来,并不能真实表达受众意见,受众失去了直接表达的平台和权力。

在互联网时代,网民既是信息的接收者,同时也是信息的传递者。一方面,网民可以通过互联网建立通畅的传播和反馈渠道。特别是博客、SNS 网站、微博等以个人为传播中心的自媒体线上网络平台的相继出现,加大了网络事件的传播速度和影响力。另一方面,自媒体传播突出了网民在网络事件传播中的话语权力的地位和力量,网民可以借助多种网络应用平台直接阐述自己的意见和态度。民众话语权权重的增大,反映了人民群众的真实态度和想法。网民聚集起来的强大力量能够形成网络舆论,推动事件发展,民众话语权在网络上的实现是形成网络舆论的关键因素。

(三)微博的实时广播扩充了舆论的传播内容

微博的参与权特性使得全民皆可称为信息的发布者和分享者。以全民为基础的微博媒介会根据个人需求与想法发布多而广的新闻信息内容。这种新媒介不仅促进了传播手段的多样化,也推动了网络应用的多样化发展。从讨论公共事务的自由平台到参与经济活动的重要手段,从获取信息的主要渠道到网络恶搞、草根创意的大舞台,网民应用微博媒介也让网络频繁地参与到社会生活之中,潜移默化地影响着社会的塑形。因此,很多在网络上发生的事件成为公众舆论积极讨论的话题,各种网络红人的出现,如芙蓉姐姐、凤姐;网络恶搞的出现,如"一个馒头引发的血案",都是随着微博等网络成为网民进行娱乐、宣传、炒作的重要平台而出现的。因为网络平台与应用方式的多元化，社会生活各个领域的事件都可能成为新的舆论引爆热点，进而成为网络舆论事件。

(四)网络的交互性实现了信息的非线性传播

多元化的互联网传播方式，特别是社会化网络媒体的快速发展，凸显了网民以个体为单位在互联网中的信息生产者和传播者的角色，改变了传统媒体和互联网发展初期由专业的信息技术人员和传媒从业者垄断信息生产的局面。网民从最初的被动浏览网页及接收信息的角色中解放出来，主动地参与到互联网信息生产和传播中。从互联网的黏性和交互性特征分析，如今互联网日益深入地融合了大众传播(单向)和人际传播(双向)的信息传播形态，显示出"网络个人化"和"个人网络化"的鲜明趋势。从电子邮件、新闻网站、网络论坛等早期应用形式逐渐发展到博客、微博、SNS 网站等社会化媒体形式，"网络个人化"的发展将人际传播和大众传播相结合，使网民关注的信息在短时间内大规模爆发性地传播，网民在社会化网络媒体中的个人传播呈现出几何增长的趋势。马尔科姆·格拉德威尔在《引爆流行》中总结这种"病毒性传播"的特征为："感染性、小事变大后果及突发而非渐进性。"①社会化媒体作为网络事件发生发展的主要平台，网民以个人为主体的这种"病毒性传播"深刻地影响着网络事件的产生机制、传播途径及舆论导向，为网络事件的快速传播提供了充分的条件。

---

① 郑智斌、邓兰花:《从近年来的网络事件透析网络传播的问题》,《东南传播》,2008 年第 7 期。

二、选题意义

(一)理论意义

言语的文化本质在于自由,而言论的文明本质在于声音。自由表达并不必然是真理表达,虽非真理表达,但是能够自由地表达亦能展现真理的力量。它可以是非常理性的,也可以是非常情绪化的;可以是很客观的,也可以是很主观的;可以非常丰富,也可以很简单;可以对我很有用,也可以令我很自由。微博是信息传播的一种新的方式,加上其碎片化和段落化的语言表达方式,在政策引导和法律管制上加大了管理的难度。因此,对微博的舆论导向功能研究迫在眉睫。

1. 有助于推进社会主义民主政治的建设

人民网舆情数据中心副主任、人民在线副总经理单学刚在发布的《2018年上半年人民日报·政务指数微博影响力报告》中指出:微博仍是国内最大的政务新媒体平台。截至 2018 年 6 月,经过认证的政务微博达到 17.58 万个。上半年,政务微博的传播能力、服务意识和运营实效都得到进一步提升,日常的响应、联动、协作更加成熟。数据显示,2018 年上半年政务微博的总粉丝已经达到 29 亿,总阅读量达到 1523 亿次。①

微博上规定,每个信息最多只能发送 140 个字。这样的硬性规定,促使任何人发送一条微博只能用 140 个字,无论你是能言善辩、文如泉涌的作家,还是目不识丁的农民工,在微博上享有公平的待遇。这也体现出了一种话语

---

① 参见《2018 年上半年人民日报·政务指数微博影响力报告》,人民网,2018 年 8 月 30 日,http://yuqing.people.com,cn/nl/2018/0803/c2090043-30205381.html。

权的平等。没有了言语门槛的限制,人人皆可做文章的平等性促使微博上有大量的原创信息。同时,微博的相互影响作用出乎人们的意料,互不相识的人们也许会因为一个微博产生共鸣或联系,致使微博的影响扩展得非常快。鉴于微博的这些特征,越来越多的政府机构采用微博的形式发布信息、传播和凝聚民意,将微博作为讨论政策问题更具影响力的公众平台,通过微博的形式与公民互动、沟通,公民可以更多地阐述自己的观点、意见和建议,最终形成政策议程中的公众议程,进而影响公共政策议程的设置甚至政策的制定。

"要促成个人与团体真正丰富的多元性,使他们能够公开表达对他人的理想和生活方式的支持或者异议,那么,公民社会和国家机构分离,由公众对各个领域的权力进行监督,是必不可少的两个条件"。[①]

提高公民参与积极性的基础变量之一是公民在参与过程中所获得的激励。"微众时代,一条微博、一段微视频、一句流行语都是微动力,都可能成为引起风暴的蝴蝶扇动的翅膀。"[②]微博所具备的反应快、传播广的特性使其为政治所用提供了一定的优势。它将加快促进公共政策中的公众议程的设立,形成最大限度参与效果的体现和呼应,使公民参与能力和参与效果得到提高。"海量信息以裂变的方式迅速即时集散,让期望微博打破某种程度上的言论桎梏的网民躬逢盛事。"[③]

从历史发展的逻辑来看,网络传播加速了当代民主制度的建立,而民主制度和民主生活对网络传播媒介的需求也在不断加大,而且推动了网络传媒对政治生活的介入与深化,塑造了网络传媒参与政治活动的方式。随着互联网的不断发展,"发达的媒体使人民获取信息的速度大大加快,使公民了

---

① 林尚立:《有机的公共生活:从责任建构民主》,《社会》,2006 年第 3 期。

② 参见《微众时代的官员"网路":学会在微众时代中做官》,中国新闻网,2011 年 4 月 14 日,http://www.chinanews.com/gn/2011-04-14/2972729.shtml。

③ 鲁晓薇:《微博时代的信任危机——从微众直播与围观说起》,《今传媒》,2011 年第 2 期。

解政治、表达愿望、提出要求、行使权力等都变得比以往更加直接、更加便捷,使民主的渠道大为拓宽,使民众参与政治的积极性提高。西方政治学界把这种因信息通信技术发展而推动的民主现象叫作'媒介民主'"①。

媒介是政党与公众沟通的最广泛应用的渠道,而作为"网络媒介民主"的典型代表,"微博"这一强大的网络工具也使得公众作为独立的力量而日渐壮大。"在传统上,政党是民众表达利益、愿望和要求的最重要的工具。现在,媒介也作为政治参与工具出现,并发挥着越来越重要的作用。这意味着民众过去主要通过政党来做的事情,现在也可以选择通过媒介的途径来做。"②

网络传媒具有的政治功能,在我国的社会主义民主政治建立的渐进过程中,可以为政治系统提供全面和有效的改革绩效信息反馈,为决策提供依据。同时,可以通过普及和宣传民主意识、民主理念等形式,满足政治社会化的需要,促进全社会公众提高民主意识,发挥主观能动性,积极参与到民主政治建设中来,逐步建立和健全社会主义民主政治和公民社会。

2. 有助于促进社会主义和谐社会的构建

网络为政治服务体现在两个方面:政治沟通和政治说服。政治沟通和政治说服主要是指信息在传递过程中政治系统和社会系统之间对信息不同见解看法的沟通、交流与传递。在此过程中,政府与民众思想相互碰撞,最终演变成彼此说服,进而形成意见一致的公共政策。现代社会中,政治传播的载体近年来越来越侧重于快速发展的网络传媒,通过网络进行沟通。同时,网络还具有社会整合功能:平衡社会各利益群体间的诉求,解决各种尖锐的矛盾和冲突,达到各方利益均衡,将冲突程度降到最低,以稳定社会秩序。

---

① 周武军:《大众传播媒介的政治功能研究》,吉林大学博士论文,2008 年。

② 参见王长江:《改善执政党对媒体的领导》,人民网,2008 年 6 月 16 日,http://theory.people.com.cn/GB/68294/120979/124340/7383931.html。

3.有助于推进政治民主化

关于媒体与政治民主化的关系，比尔·盖茨曾说："媒体的每一次进步，都对人民与政府之间的对话有极大的影响"①。网络的政治功能可以归结为以下五个方面：政治参与功能、权力监督功能、政治沟通功能、政治控制功能和议程设置功能。作为新兴的信息发布平台的微博，同其他大众媒介一样，承担着社会系统的政治功能，但其特有的传播属性远远优于其他媒介形式：它作为参政议政的公共开放平台，对我国政治民主化的进程产生了深远影响、积极作用，在我国政治舞台上扮演着重要的角色，在畅通沟通渠道、发挥舆论监督作用等方面也有显著作用。

(二)实践意义

1.有助于搭建个体独立思想的表达平台

微博用户群中名人、名家的出现及其对社会热点新闻的言论也极大地说明微博的作用不仅仅只是停留在社交的表层，它还有社会舆论窗口的功能。然而微博只是一种工具，一种信息传播工具、信息交流平台，它是中性的。它将传统媒体过滤掉的许多真正有意义的信息开放地展现出来，供网民筛选、围观。围观本身是件好事，它显示了我们国家公民的意识正渐渐觉醒，变被动接收信息为主动参与选择信息并加以评论。每个微博背后都有一个人或一个组织，他们通过微博阐述自己的思想、观点，借助微博这个平台传播出去，引起网络上的相同或不同想法的人展开讨论，达到思想的碰撞或共鸣，促成了网络思想的大爆炸。虽然微博为时代的发展、民主的进步起到了不可估量的作用，但是从本质上来看，主导社会进步、提升民主意识、引导社

---

① 转引自李齐《微博客传播效果研究——以新浪微博客网站为例》，人民网，2011 年 6 月 1 日，http://radio.jxntv.cn/xwzx/2011-6-1/11860.htm。

会舆论的仍然是人本身的思想。这为从多角度、多维系来研究微博的舆论导向功能提供了新思路和新方法。

2. 有助于建立全新的网络管理体制

我国网络管理体制在社会主义民主和谐社会的氛围中，拥有着外在的改革环境和内在动力，而建立起符合网络传播基本规律的管理体制是改革的目标之一。对微博舆论政治功能和导向功能的研究，将为网络管理体制改革提供更多的理论和实践的支持，为建立适应时代发展的、具有中国特色社会主义的网络管理机制提供服务。我们只有在正确理解和认识微博舆论的政治功能基础上，才能总结摸索出建立健全切实有效的改革实践的方法方式。理论最重要的功能是指导工作实践，对于微博舆论政治功能的研究，将"从理论深入，从实践浅出"，是寻找和建立转型阶段我国传媒体制管理符合时代和改革要求的具体方式方法的重要途径之一。传统的管理体制脱离时代的发展，无法高效、全面地发挥网络的政治功能。造成这种现象的原因既包括互联网快速发展的客观因素，也包括没有全面完整地认识到网络自身政治功能的主观因素。事实上，具有操作性的实用功能方式与理论意义的网络政治功能相互对应，沿此功能方式去深入探析，将有利于体制改革从思路到实践的有机过渡。同时，这些功能方式也保证着网络体制改革在健康良性且符合网络发展规律而不丧失网络政治属性的轨道上稳步进行。

3. 有助于充分发挥微博舆论的导向功能

本书通过纵向考察微博产生和发展的时代背景，横向对比与其他媒介之间的关系、与网民受众心理和网民受众行为的关系、与舆论发生和舆论控制的关系，着重分析微博中公共领域和个人领域的融合关系；对比网络时代下舆论导向与传统舆论导向之间的异同，剖析微博互动的结构特征及发生机制，挖掘微博在引导舆论走向方面的功能和价值，探索如何充分利用微博巨大的传播能量趋利避害,做到有效调控,既保证公民自由充分地参与,又遵纪守法,维护网络道德和文明,使之适合我国具体国情和互联网市场特色的模式,将大众舆论引向更加健康民主的道路。

三、研究思路、框架和方法

(一)研究思路

关于舆论与政治,国外学者有着时间跨度较长、议题多元、内容深入的论述。研究方向主要集中于互联网促进社区网络、在线政治社区,以及政府主导下的公民在线决策参与机制研究等,涉及电子民主的两个核心概念——社会资本与公共领域。这些研究取向和成果反映了西方网络运动的基本特点,即由组织发动,以互联网为动员手段居多。

华盛顿大学(西雅图)传播系帕特里夏·莫伊(Patrica Moy)在发表题为"美国舆论学研究的机会与挑战"的演讲时提到,作为一个学术概念,舆论既涉及理性思辨的过程,也涉及社会控制的机制。资源动员理论便是其代表性研究成果。曼瑟尔·奥尔森(Mancur Olson)最早提出了"搭便车"悖论和选择性激励理论,麦卡锡和扎尔德(McCarthy & Zard)在此基础上提出,剥夺感、挫折感和压抑感是一个常量,社会运动组织可资利用的资源总量决定了社会运动的消长。[①]

后续研究将网络动员引入研究对象,重点强调资源动员与网络动员的整合倾向。网络动员是资源动员理论体系下的二级概念,网络是资源动员的工具与途径;网络环境下的资源动员范围更加广阔,沟通渠道更快捷,成本

①　参见章友德、周松青:《资源动员与网络中的民间救助》,《社会》,2007年第3期。

更低廉，"地球村"内的支持性资源皆可利用；网络政治动员淡化了动员主体和对象之间的线性联系，网络意见领袖的专业化与工具性更加突出；社会为网络动员提供了现存的制度核心，网络社会使运动产业的基础发生了根本性的变革。

英国互联网学者安德鲁·查德威克（Andrew Chadwick）在《互联网政治学：国家、公民与新传播技术》一书中考察了互联网是否正在改变媒体的政治经济，对互联网媒体领域的所有权、新闻生产与传播机制、知识产权政治学三个核心主题进行了研究。他从传媒政治经济学的视角展开研究，认为在上述三种核心机制都未进行根本性革新的前提下，以市场为基础的经济不平等塑造了媒体内容使用的不平等，互联网未能创造全新的多样化与多元性的媒体场景，在某些领域甚至沦为"一门生意"。美国学者凯斯·桑斯坦（Cass Sunstein）提出，互联网扩大了政治参与，而且无须以牺牲其他媒体为代价。他对网络中的沟通行为、互动关系，以及秩序原理进行了深入考察，提出借助博客、开放资源软件、预测市场等技术手段，公民可以在信息共享和信息聚合上实现效果最大化，并对既有意见进行反复编辑、论证、修改和补充，实现自我纠偏，从而使得信息乌托邦成为可能。

媒介与集体行动也曾纳入西方学者的视野。美国社会学家斯梅尔瑟（Neil Smelse）将集体行动分为群众性、公众性、大众性和运动性四类。第三类——大众性集体行动与大众媒体几乎必然联系在一起，先有大众媒体放大部分信息，然后才有集体行动，二者相互作用。总体而言，大众媒体对集体行动有主导作用，但在某些情境下，大众媒体也会在集体行动的强迫下发生转变。

互联网与权力是西方学界研究网络的另一个重点领域。互联网使用改变了的权力和文化基础。曼纽尔·卡斯特（Manuel Castells）指出："网络建构了我们社会的新形态，而网络化的逻辑扩散根本改变了生产、经验、权力与文化过程中的操作与结果。"①

在网络与权力的研究中学者发现,网络更新了权力概念,带来了权力转移。福柯(Michel Foucault)认为,现代权力是一种"关系性"的权力,具有分散性、不确定性、多变性、生产性,拥有空前繁多的权力核心及无以计数的流通节点,高度分化且具有多变形态。权力的另一个特征是知识与权力体制不可分离,无法被单一主体永恒"获得、享有或分享"。美国学者埃瑟·戴森(Esther Dyson)认为,互联网的发展逐渐将大型体制中的权力吸走,分给善用信息技术的个人。因此,中央权力的分散让权力发生了根本性的转移。互联网为社会更加平等创造了更多可能。如同技术前辈广播、电视一样,网络也对政治与经济权力重新分配具有革命性作用。例如,网络时代提出了知识资本的概念,知本分配也进入了政治经济学视野。托夫勒(Alvin Toffler)曾经指出,高技术国家的国民分裂成信息富有者和信息贫困者,且上下社会阶层之间的鸿沟随着新的传媒系统(网络)的普及而不断扩大,这正成为政府面临的一种威胁。权力阶层只把信息用于权力维护就会陷入反民主的泥沼,信息鸿沟最终会威胁到民主的实现与普及。

电子民主是随着互联网兴起的重要概念,强调通过信息科技的实施,达到直接民主的目的。电子民主与网络带来的分权倾向实质上是一个问题的两个层面。网络与权力的探讨从学理层面考察电子民主如何可能,而电子民主则从更小的切入点研究网络与权力如何转移。史蒂文·克利夫特(Steven Clift)是电子民主的倡导者,他认为,电子民主指的是利用互联网加强民主过程,为个人或社群提供与政府互动的机会,并为政府提供从社群中寻找输入的机会。他强调,这种技术带来了权力向普通人转移,指出互联网造成的权

---

① [美]曼纽尔·卡斯特:《千年终结》,夏铸九等译,社会科学文献出版社,2006年,第568页。

力从政治精英向普通公民转移会变成现实。

互联网的出现，在推动民主进程的同时，也产生了一些负面影响。许多学者注意到了这一点并对此产生了悲观的论断：首先，网络发展会导致信息拥有的不平等，使得官僚和行政权力资源不断膨胀。其次，网络发展可能导致严重的无政府状态或更加隐蔽的信息集权控制，信息轰炸和信息伪造对网络公民社会形成了严峻的挑战。网络技术的数据库功能还为政府实施监控提供了更为便利的条件。再次，网络发展为政治的非正常运作提供了方便，可能使有缺陷的技术官僚统治得到强化。正如美国历史学教授西奥多·罗扎斯克(Theodore Roszak)所言，官僚主义的经理、公司精英、军事当局、安全和监视系统都可以利用计算机里的数据来制造混乱、散布神话、进行恫吓和控制别人。他们掌握绝大部分计算机，公众对于信息的崇拜又给他们的优势地位蒙上一层神秘的面纱。①这与网络微博舆论中网络推手的行为逻辑十分吻合。

互联网与公共领域也是学者的关注重点之一。在这方面，哈耶克(Hayek)提出了作为自组织的"内生秩序"。他把秩序的形成分为自发的和设计的两种。针对互联网新实践他提出，拥有技术和沟通方式优势的互联网，在很大程度上瓦解了传统媒介体制下建构起来的人为秩序，形成了新的自发秩序，实现了分散而自律的构想。在个人利益极大化的行动中会形成一些共识，使人们能自觉地遵循一系列规则行动，而自发秩序正是源于对某些行为规则的遵循。

哈贝马斯(Haber-mas)提出的公共领域的概念，同样适用于网络世界。网络信息可以被视作公共产品，这种产品的创造通过对公共事务进行协商

---

① 参见[美]西奥多·罗斯扎克：《信息崇拜：计算机神话与真正的思维艺术》，苗华健等译，中国对外翻译出版公司，1994年。

的程序民主,以及"人人皆可言说"的理想说话状态,为跨越时空的沟通行为提供了大量的渠道和机会,构成了信息乌托邦的基础。学者季卫东在桑斯坦(CassR.Sanstein)《信息乌托邦:众人如何生产知识》一书中文版的序文中提出了网络内生秩序的概念,并指出信息乌托邦面临四种危险:信息差距剥夺部分人的知情权和参与权;社会资本在公共事务讨论和决定中分配不均;"信息茧房"引起封闭和孤立,导致公共性丧失甚至无序化;网络世界的自生秩序难以激励自发的信息投资,实现重要信息聚合的可持续性对信息资源的过度依赖,为政府的介入和限制打开方便之门,信息乌托邦由此轰然倒塌。

以上是从社会学和政治学角度对互联网及其社会影响的理论进行梳理。以往研究从互联网与政治参与、互联网与民主及权力转移等视角进行了宏观探讨,为研究网络微博舆论提供了成熟的学术框架。

(二)研究框架

本书以马克思主义唯物辩证法为统领,坚持人民群众是创造历史的主人,将网络舆论视为认识和改造世界的工具之一,认为网络观念史和网络事件史就是网民创造历史的过程。本书采用混沌学、心理学、管理学、复杂动力学、公共关系学、经济学及数理统计学的基本方法,在查阅和借鉴国内外有关互联网舆论演变机制的参考文献及研究成果基础上,结合当代中国现阶段网络舆论的特征,对中国网络微博舆论演变机制问题进行了研究。笔者采取了文献综述、理论推演、心理分析、实证研究、分析阐释及对策建议的研究路径,对网络舆论演变中的蝴蝶效应进行了跨学科的、演进式的、宏观微观相结合的系统研究。

本书的主要理论框架如下:

一是将网络舆论放在混沌学范畴内审视。它依赖于用户之间开放的信息交流。网络具有对等性,它没有控制中心,所有结点地位平等,可以随时加入和离开。这也使得作为一种混沌现象的网络舆论监督的控制和管理面临着前所未有的复杂性。

二是复杂动力学。网络舆论系统各要素之间不是简单的因果关系或线性累加,而是主动的反馈关系,是一个复杂性的非线性系统,各变量之间既竞争又合作,共同产生整体行为,形成错综复杂的关系网络,涌现出各个舆论主体所不具备的特性,最终获得"1+1>2"的传播效果。

三是信息流的概念。流的渠道是否顺畅决定了网络微博舆论发生的概率和持续时间。舆论个体与环境之间,以及个体相互之间都存在着能量流和信息流,这些流的渠道是否通畅,直接影响系统的演化过程。在网络微博舆论发生过程中,信息流具有区别于其他普通信息流的显著特征。如流动速度呈聚涌现象、信息流动总量瞬间井喷、流动速度并不均匀等。

四是坚持大传播理念。跳出就媒介谈媒介的窠臼,也不止于新媒体与媒介融合等视角的媒介业务的探讨,反对将媒介限定在技术框架之内的理论视角,而是紧密结合中国实际,立足网络亦商亦公的中国国情,充分关照中国媒体在参与制度安排中的特殊角色和可能作为,从媒介社会学的角度审视网络舆论在制造舆论风暴过程中的内在机理及影响因素,力图挖掘舆论背后的社会背景。

本书在对网络舆论演变理论进行梳理的基础上,从混沌学和社会学的研究角度,对网络舆论的存在表征进行了结构分析,进而阐释了网络微博舆论在形成过程中的初始条件,触发舆论扳机和蝴蝶效应形成后舆论风暴爆发的基本过程和影响因子;并从系统论和协同学的视角,对网民内部的竞争和合作、网络媒体与传统媒体之间的博弈过程、负反馈扩大网络风暴的基本规律进行了研究;参照危机传播理论和生命周期理论,对网络舆论和网络共同体的形成、发展、高潮和消解过程给予了精准而科学的描述;基于文中构建的网络微博舆论演变模型,结合网络观念史事件的典型样本进行了剖析,验证了网络微博舆论演变过程中影响因子的信度和效度,并提出了个别事件遵从的共性规律和具备的个性特征。笔者还讨论了在当今中国网络舆论滥觞的国情下,网络微博舆论演变模型对于政府危机公关和危机传播的意义,在国际背景下探讨了中国网络微博舆论模型构建中应关切的问题。

本书研究了微博对网络舆论的生成、影响机制及导向作用方面的几个关键性问题。以网络全球化为时代大背景,根据政治学基本原理、传播学沉默螺旋理论及舆论导向的需要与满足理论,客观分析了网络微博作为一种新兴的信息传播方式,使中国受众在舆论引导方面可发挥多重效力、作用以及具有多维度的发展空间,梳理了网络微博发展的历史脉络,归纳了微博舆论具备的政治功能,并针对微博在重大事件中发布新闻,引导舆论的过程中出现的若干实际问题提出探索性的解决方案。

(三)研究方法

从新媒体传播社会学的角度对网络微博舆论进行研究,通常采用虚拟与现实相结合、理论探索与实证考察相结合、纸质文献与在线资料相结合的研究方法,融合互联网研究的交叉性和社会学研究的实用特征,既注重个案研究,又强调归纳演绎。

所谓虚拟与现实相结合的方法,就是指既考虑到网络虚拟社会的新技术特征,如虚拟社区、虚拟社团、虚拟政府等现象及其理论对现实政治的影响,又考虑到现实社会映照虚拟社会产生的新变化,并将二者置于网络微博舆论这样一个框架之下进行考察、分析、归纳和总结。

所谓理论探索与实证考察相结合的方法,是指在研究中依托对个案发展和具体数据的观察和分析,在此基础上,对网络微博舆论的形成过程和演变影响因素进行提炼,并对此提出可操作的意见,促进网络技术带来的公民社会的健康发展。

所谓纸质文献与在线资料相结合的方法,是指以网络为平台研究信息传播的过程和效果,必须充分掌握互联网的传播特性,并将其互联互通的特点贯穿于思维和写作过程中。网络技术平台的引入对学术研究的资料来源产生了巨大影响。这种引入不仅继承了原有的文献检索、数据调查、实验室研究等方法,还对这些方法进行了本质上的拓展和创新。资料来源更加广泛、观点更加多样、时间更加及时、层次更加丰富、形式更加复杂。这就要求使用者对概念的把握更加精准,对文献的选择和理解能力更强。

此外,本书采用了参与式观察法和个案研究。在进行参与式观察时,既是"作为观察者的参与者",积极关注网络舆论弱者之力的研究者,又是"完全的参与者"——网络事件的发言者、评论者和跟踪者。通过对 2008 年至 2011 年 5 月间的重大网络事件的参与观察,对个案进行焦点式研究,笔者选取有代表价值的案例,对其中网络微博舆论的演变过程和影响变量进行了具体分析。

四、研究特色和创新之处

(一)研究特色

本书将政治学原理的理论和方法引入舆论引导机制的导向与调控中,完善微博舆论的研究内容和方法。

第一,对于以往研究中提出的网络技术特征决定了网络媒体影响力的技术决定论进行了批驳，并与之相对提出了技术—社会心理—社会动态的互动新解。有别于传统的症候学研究路径，本书摒弃了从网络媒体技术特性出发的单一视角，主张宏观—中观—微观层次的全景式观察。本书提出，网络舆论倍增效应产生于政治—技术—社会心理三维背景中，强调政治机遇结构是网络微博舆论发生的前提和基础，具有先天政治性的网络技术是发生要件，社会心理的聚合与个人际遇是触动扳机。

具体而言，其一，政治机遇结构具有两个层次——复杂社会问题对政治机遇需求增加及社会精英对网络舆论功能的肯定；其二，技术内嵌新规则，其与数量的结合、与功能的融合及与规则的整合都促进了自由、平等、参与、利他主义等价值的普及和实现，清议传统的复兴、社会心理的投射使得个体事件的触发成为导火索。它们都是无序中的有序，偶然中的必然。离开了此立体背景中的任何一个维度，都会陷入平面化视角，无法理解网络微博舆论的发生机理与演化动力。

第二，与以往笼统地用"雪崩效应""舆论爆发"等抽象描述不同，本书不仅关注网络微博舆论的外观式概览，也进行内剖式研究，从复杂动力学角度探究了网络舆论倍增效应的演变过程，挖掘了集聚、协同、反馈三种内在作用机理，揭示了舆论升级的具体过程，丰富了媒介融合理沦，对网络媒体的巨大影响力进行了较为系统的研究。

第三，关于网络微博舆论的传统研究都只将网络媒体、传统媒体、网民三者的议题设为变量，研究三者之间的框架关系如何引发社会动员的倍增效果。笔者创新性地提出，应引入事件相关性反馈负指数作为重要变量之一，使得网络微博舆论发生框架更加多元和立体。

第四，本书详细考察了中国国情下网络媒体与传统媒体之间的竞争与协同关系的三维背景、四种机制与三要素变量模型，提出了媒介协同的新概念,提供了媒介融合的研究新视角。在考察网络媒体与传统媒体协同路径时,笔者试图探讨两种媒体的议程设置模式,作为网络传播模式的有力补充。经典传播理论在网络微博舆论中仍然具有解释力,本书在网络传播的新环境下对其进行了发展。

第五,微博作为正在崛起的新媒介形态之一,通过信息裂变产生社会能量,正是网络舆论产生蝴蝶效应的最好样本之一。本书对于微博在蝴蝶效应产生过程中,如何通过微内容的汇聚形成观点和人群的集聚,并经过不同介质媒体之间的协同,经由多种传播方式的聚合,同掌握信息资源的当事人形成"刺激—反馈",最终达到其认识世界和改造世界的目的的整个过程进行了研究。

(二)创新之处

1.应用模式创新

鉴于当前国内微博发展迅速,本书的内容之一——微博的舆论导向功能可被纳入网络政治研究范畴,为政府职能机构规划决策者提供新思路和新方向。

2.研究内容和方法创新

有关网络微博方面的研究多倾向于关注基本层面(用户、数量、表达、平台),本书则更关注微博舆论导向背后广泛意义上的社会关系、权力和意义研究的结合,定性方法与定量方法的结合。以往对网络政治的研究更多地强调定性研究,本书结合传统方法,充分利用现代技术手段构建数学模型,运用定量分析增大了科学性和可操作性。具体而言,本书在以下方面体现了创新特色:

网络舆论倍增效应绝非网络失范单一理论可以解释, 它产生于政治—

技术—社会心理三维背景中。网络微博舆论的演化过程是本书关注的重点问题之一。其发生具有非线性特征，是初始条件的微小变化引发的连锁反应，最终实现舆论倍增效应下的社会动员功能。以往的研究将线性管理方式效率低下归因于网络具有强大破坏性，从而陷入了不可知论的泥沼。本书借用生命周期理论，将网络微博舆论演化过程划分为三个阶段——酝酿期、爆发期和消解期，对于理解网络舆论的构成要素、内部结构，更有效地配置注意力资源，从而对在议题之间形成有序而公平的竞争具有重要意义。

第一章
国内外微博发展及研究现状

一、微博发展概况

(一)国内外微博产生历史

1. 国外微博的发展史

微博最早出现于 20 世纪 90 年代的美国,起源于新闻爱好者、网站设计者、网络技术商,以及一些计算机信息类的 IT 技术迷。国家超级计算机应用中心 NCSA 的"What's New Page"网页是目前已知的最古老的博客原型。2006 年3 月,新兴公司 Obvious 推出大微博服务,Obvious 公司由博客技术先驱 blogger创始人埃文·威廉姆斯(Evan Williams)创建,最初这项应用只能作为向好友手机发送文本信息而存在。之后在 2006 年 3 月,埃文·威廉姆斯(Evan Williams)推出的推特(Twitter)开启了微博世界。"Twitter 作为社交网络及微博客服务工具,其用户可以经由 SMS、即时通信、电邮、Twitter 网站或 Twitter 客户端软件等服务工具输入最多 140 字的文字更新,Twitter 被 Alexa 网页流量统计评定为最受大众欢迎的 50 个网络应用之一。2007 年 5 月,类似 Twitter 的网站在国与国之间计算总共有 111 个。然而,最让人关注的仍是 Twitter,它在 2007 年得克萨斯州奥斯汀举办的南非西南会议上赢得了部落格类的网站奖。Plurk 和 Jaiku 是 Twitter 的主要竞争对手。随着微博客的新特色服务不断研发,例如 Plurk 可以观看整合视讯和分享照片,Identi、Pownce 可以在微博客加上档案分享和事件邀请。"[①] 到 2012 年 3 月 12 日,推特官方公布的数据显示,其活跃用户达到 1 亿 4 千万,每日发布微博数量达到 3 亿 4 千万条。

2. 中国微博发展的历史沿革

2002 年,方兴东将博客引入中国,并规划了"博客中国网",创造了完全不一样的新兴样式网站,大量的媒体报道使博客中国成为当时中国最具知名度的博客传播平台。

2007 年 5 月成立的饭否,截至 2009 年上半年,其用户数量就增长到了百万之多。与此同时,吼歪、嘀咕、做啥等一批效仿推特的微博服务在国内上线——中文用户有了自己的微博服务。

令人遗憾的是,2009 年年中,饭否、吼歪等第一批中文微博服务网站停止服务,宣告了第一批探路者的陨落。和后来兴起的新浪微博、腾讯微博等门户微博网站相比,人们通常把这第一批的探路者称为独立微博网站。独立微博网站的兴起和陨落成为中文微博发展史上的一个独特事件。

国内微博之路从 2007 年开启,到 2010 年时已经发展壮大。

---

① 参见《Twitter 创业那些年:战胜竞争对手 Jaiku 和 Plurk》,凤凰网,2013 年 11 月 7 日,http://tech.ifeng.com/internet/special/twitter-ipo/content-4/detail_2013_11/07/31047824_0.shtml。

(二)我国微博的发展现状

1.门户网站引领微博风潮

国内微博发展现状显示,推特作为榜样的身份无一例外地被国内的所有微博企业学习模仿。由于是本土中文服务,能够与其他网站更好地互通,自然比推特更能吸引国内用户。"微博是希望得到关注的人或企业的一种表达方式"。于扬认为,国内微博的形式已向类推特化靠近,但与推特的实质性内容相比仍处于早期阶段。在推特上,既有个人用户日常生活的感悟,又有企业注册账号用于推销产品等,国内的微博则以个人用户为主,发布内容多表达自身的喜怒哀乐,受众没有国外的广泛和知名。在国外,奥巴马、韦尔奇等都使用推特。每家微博企业也主要依靠各自平台技术的优势来争取用户。国内微博从"2007年1月份开放的大围脖,6月份开放的Follow5,7月份开放的贫嘴,8月份开放的新浪微博"[①],至2010年,如雨后春笋般涌现,四大门户网站均开设了微博。

2009年8月,新浪微博开始内测。新浪微博在保留通信、社交功能的基础上,极大地强化了微博的媒体和传播功能。同时,新浪微博利用名人效应等方式在营销方面加大力度推广微博,也是其成功的重要原因。

"2009年11月2日,新浪微博迎来了第100万个用户,距离其对外公测仅66天时间;2010年4月28日,新浪微博用户数量首次突破了1000万大关;2010年10月20日,新浪微博注册用户总数爆发增长至5000万。截至2010年年底,统计数据显示,新浪微博的用户总数已经超过了6000万,用户平均

---

① 参见《国内微博:先活下来再说》,凯迪社区,2009年7月12日,http://club.kdnet.net/dispbbs.asp?id=2911537&boardid=1。

每天发布超过 2500 万条微博内容。"①

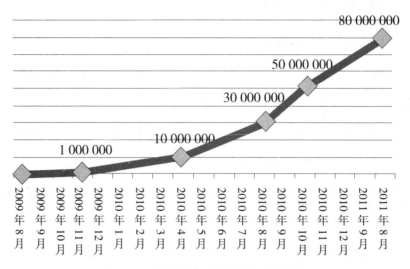

80 000 000

50 000 000

30 000 000

10 000 000

1 000 000

| 2009年8月 | 2009年9月 | 2009年10月 | 2009年11月 | 2009年12月 | 2010年1月 | 2010年2月 | 2010年3月 | 2010年4月 | 2010年5月 | 2010年6月 | 2010年7月 | 2010年8月 | 2010年9月 | 2010年10月 | 2010年11月 | 2010年12月 | 2011年9月 | 2011年8月 |

图 1-1　新浪微博注册用户数的增长趋势

年轻化是中国微博用户群体区别于国外最重要的特征。"中国微博用户平均年龄 25.4 岁(调查是在我的粉丝群中进行的抽样),与中国网民平均年龄差不多。相比之下,美国互联网用户平均年龄 42 岁,推特用户平均年龄39 岁。"②国内微博平台也因这种年龄结构上的差异造成了发展方式上的中国特色。

"2010 年 4 月,腾讯微博正式开始内测。到 2010 年年底,腾讯微博的用户数量飞速增长,增速之快,大有在短时间内和新浪微博正面竞争的势头。几乎在同一时间, 网易微博、搜狐微博等各大门户网站的微博服务纷纷上线,搜索引擎百度,社交网站人人网、开心网等也提供了微博类的服务。"③

---

① 参见《新浪微博用户数超 5 千万　日均发布 2500 万条微博》,千龙网,2010 年 11 月 16 日,http://finance.qianlong.com/30055/2010/11/16/2530@6323441.htm。

② 参见 http://t.qq.com/p/t/2028095085568,2010 年 12 月 30 日。

③ 李开复:《微博改变一切》,上海财经大学出版社,2011 年,第 35 页。

二、国内外研究综述

(一)国外研究综述

国内学者研究微博虽然刚刚起步,但相较于国外学者,他们的研究则相对比较成熟,而且定量研究较多。

对于微博技术功能上的研究,"库尔特奈·霍尼克特(Courtenay Honeycutt)等学者提出微博的群体沟通和项目协调功能(group and project communication)需要得到重视,并指出,推特应如何改进以变成一个协作工具(make it more usable as a tool for collaboration)"①。"尼古拉斯·迪亚科普洛斯(Nicholas Diakopoulos)等人从 2008 年总统竞选时的微博中饱含情感的大量信息中得到灵感,提出可以将微博与电视紧密结合,以提供一种社会化视频体验(social video experiences),他们希望可以设计出一套分析方法来帮助记者和专家更好地理解网民的态度,这在辩论类节目中显得尤为重要。"②

布伦丹·奥康纳(Bredon T. O'connor)在其撰写的题为"CMU 研究人员分析推特的观点"的文章中提出:"可以通过分析工具将网民在推特中的发言(text in tweets)定性为支持或反对等维度,长期的这种监测将能反映出网民对竞选的态度,其结果与平常进行的选举调查结果(polling data)基本相近"。与之类似,托马斯·罗奇(Thomas Roach)认为,在未来推特中"可以通过对含有

---

① Courtenay Honeycutt, Susan C. Herring. Beyond Microblogging: Conversation and Collaboration via Twitter. *Proceedings of the 42nd Hawaii International Conference on System Sciences*, 2009. pp.1–10.

② Nicholas A. Diakopoulos, David A. Shamma. Characterizing Debate Performance via aggregated twitter sentiment. *Conference on Human Factors in Computing Systems(CHI)*. April, 2010.

特定关键词的 Tweets 进行监控,在相关区域(如 Tweets near you)进行定点广告投放"[①]。

"梅雷迪斯·莫瑞夫(Meredith Morrif)等人通过对社会化网络、搜索引擎及专门的知识问答网站进行对比,列举了利用社会化网络提出问题和寻求答案所带来的优势,如值得信任、反馈及时、问题表述口语化强,以及问题答案之外的收获,如获得更多的关注与交流,同时,作者也提出了如何利用社会化网络建立下一代搜索引擎的建议。"[②]

此外,我们可以根据微博发布内容的即时性特征,通过舆论导向窥测出灾难性事件的发生或发展情况。"尼尔·萨维奇(Neil Savage)认为,推特是对整个社会事实的反应,可以从中窥探(look inside)社会这个庞大的机体(a big organism),同时作者通过一个清晰的结构图将推特上帖子的互动、转发和话题的提及进行展示。"[③](如图 1-2)

① Tbomas Roach. The Twitter Opportnnity. Rock Products:Nov/Dec 2010,p.40.

② Meredith Ringel Morris,Jaime Teevan,Katrina Panovich. What Do People Ask Their Social Net-works,and Why? A Survey Study of Status Message Q&A Behavior. *Proceedings of CHI 2010*,pp.1739–1748.

③ Neil Savage. Twitter as medium and message. *Communications of the ACM*. March 2011,Vol.54,No.3,pp.18–20.

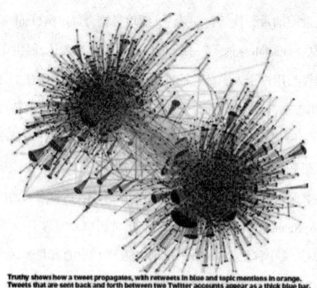

Truthy shows how a tweet propagates, with retweets in blue and topic mentions in orange.
Tweets that are sent back and forth between two Twitter accounts appear as a thick blue bar.

图 1-2　微博中的信息传播结构图

日本学者坂崎武史（Takeshi Sakaki）认为，即时性是微博区别于其他社会化媒体的重要特征。比如，通过对日本地震后的微博语义进行分析和位置检测发明了一套地震报告系统。"辛西娅·丘（Cynthia Chew）等人也展开了类似的研究，他们对 2009 年 H1N1 流感爆发时的推特进行分析，与日本学者的观点类似，认为推特不仅可作为政府机构官方的信息发布平台，也是汇集各类观点和见解的平台。对推特的即时内容分析和知识传播研究可以让卫生部门更好地反馈公众关注。"①

对微博研究最主要的两个方向仍然是个人表达功能和社交功能。"赵德进（Dejin Zhao）等人认为，微博在内容表达上有如下特点：个人状态的频繁上传、实时信息的传播和个人定制信息来源，此外表达简洁、易于发布、查看和

① Cynthia Chew, Gunther Eysenbach. Pandemics in the Age of Twitter-Content Analysis of Tweets during the 2009 H1N1 outbreak. *PLoS ONE.* November 2010, Volume 5, Issue 11, pp.1-13.

分享信息是微博的最大优势。"①米兰·斯坦科维奇(Milan Stankovic)等人提出,状态消息(Statas Message)是一种非常常见的意见表达,但由于状态消息的完全公开性与用户个人隐私性的冲突,使得有些状态信息不适合完全公布,而只适用于一部分人,故而作者提出利用语义工具来帮助选择状态信息的接收者。②雅娜·赫维格(Jana Herwig)认为:"与其他社会化媒体丰富而炫目的多媒体效果相比,推特则显得相当朴素,未来的创新形式应该从如何让人们参与表达着眼,比如在推特中如何用 140 个字来表达有意义的内容。"③摩尔·乃曼(Mor Naaman)等人"按表达内容将推特用户分为两类,大部分人以自我表达为中心,文中称之为 Meformers,他们在推特中的自我表达虽不以社交为目的,但仍然具有社交的功能;另外一小部分人以分享信息为主,称之为 Informers,这类人群在推特上经常与他人互动,在现实中也拥有较为广阔的人脉"④。因而,不管是那些以自我为中心的推特用户 Meformers,还是那些分享信息的 Informers,他们的交往需求都在推特中得到满足。

伯纳多·休伯曼(Bernardo Huberman)通过统计数据发现,"在推特上有两种截然不同的社交网络——由大量关注的人和粉丝(followers and followees)组成的广泛的网络和由真实朋友组成的简单网络,用户更倾向于与现实中的朋友进行交流,因而后者才是有影响力的社交网络。作者也通过图 1-3 展

① Dejin Zhao, Mary Beth Rosson. How and Why People Twitter: The Role that Micro-blogging Plays in Informal Communicationat Work. Proceedings of the ACM 2009 international conference on Supporting group Work(2009), pp.243-252.

② Milan Stankovic, Philippe Laublet, Alexandre Passant. Directing Status Messages to their Audience in Online Communities. *Lecture Notes in Computer Science*, 2010, Vol 6069/2010, pp.195-210.

③ Jana Herwig, Liminality and Communitas in Social Media——The Case of Twitter, http://homepage. univie.ac.at/jana.herwig/PDF/herwig_ir10_liminalitycommunitastwitter_v5oct09.pdf.

④ Mor Naaman, Jeffrey Boase, Chih-Hui Lai. Is it Really About Me Message Content in Social Awareness Streams. http://www.mendeley.com/research/earthquake-shakes-twitter-users-realtime-event-detection-social-sensors-3/.

示了推特中杂乱无章的社交网络形式,以及真实朋友所组成的类似线性的网络结构"①。沙里塔·亚尔迪(Sarita Yardi)提出:"推特上大范围的互动既能让人们找到意见相同的群体,也能与不同观点的人进行交流,故而人们找到了归属又不至于走极端(extremism),能产生积极的社会效果,同时随着互联网的普及(more broader demographics use the Internet),多元化观点的碰撞将有利于社会的发展。"②

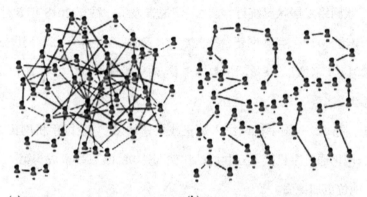

(a) All links are declared followees and the red links are actual friends. (b) After removing the black links and reorganizing the network look simpler than before. This is the hidden network that matters the most.

图 1-3 微博社交网络结构图

针对微博的负面效应,"文森特·米勒(Vincent Miller)不无担心地写到,博客、社会化媒体及微博让人们远离文字叙述和真实的人际交往,反而遁入虚拟的网络和寒暄应酬式的交往之中,'用户即内容'(the user is content)正在变成现实"③。马丁(Martin B hringer)则指出:"RSS 缺少分享、评论和互动的

① BA Huberman,DM Romero. Social Network that Matter Twitter under the Microscope. *First Monday*,January 2009,Vol.14,No.1-5.

② Sarita Yardi1,Danah Boyd. Dynamic Debates——An Analysis of Group Polarization over Time on Twitter. http://www.danah.org/papers/2010/BSTS-TwitterPolarization.pdf.

③ Vincent Miller. New Media,Networking and Phatic Culture. http://con.sagepub.com/cgi/content/abstract/14/4/387.

机制,相比于 RSS 单项的信息传递过程,微博则可以通过 @ 其他人、转发、关注、回复等形式实现交流与互动。但是在关注微博互动性的同时,我们也需要搭建去中心化的架构,以克服微博内容'只能进不能出'的弊病。"①

(二)国内研究进展

2018 年 8 月 20 日,中国互联网络信息中心(CNNIC)在京发布第 42 次《中国互联网络发展状况统计报告》。该报告显示:"截至 2018 年 6 月,我国网民规模达 8.02 亿,互联网普及率为 57.7%;2018 年上半年新增网民 2968 万人,较 2017 年末增长 3.8%。"从数据来看,两项指标均延续了自 2013 年以来的增速趋缓之势。

与此同时,我国手机网民人数正在快速增多。"我国手机网民规模达 7.88 亿,网民通过手机接入互联网的比例高达 98.3%",手机成为第一大上网终端的地位更加稳固。②

互联网调查结果显示,网民规模增长维持放缓态势,手机网民人数增势良好;CN 域名增长率高达 112.8%,超过中国域名总量一半;微博注册用户持续增长,用户逐渐转为移动手机化;网络上购物和团购活动保持较高增长率,手机端电子商务类应用使用率整体大幅上涨;中小企业在互联网应用中,其基础设施建设仍需完善,互联网应用水平有待提高。

网络发展与政治生态息息相关。微博可以作为官员与民众沟通的"桥梁"。上到国家主席,下到社区街道都在通过微博的形式与广大网友进行交

---

① Martin B hringer. Really Social Syndication: A Conceptual View on Microblogging. *Sprouts: Working Papers on Information Systems*, 9(31).

② 中国互联网络信息中心(CNNIC),第 42 次《中国互联网络发展状况统计报告》,新浪科技,http://tech.sina.com.cn/i/2018-08-20/doc-ihhvciiw7272454.shtml,2018-08-20。

表 1-1　2012—2013 年中国内地各省(市、自治区)网民规模和互联网普及率

省份	2015.12	2018.6	缩减
北京	1065	704	33.9%
天津	398	151	62.1%
河北	1988	583	70.7%
山西	1315	418	68.2%
内蒙古	2208	584	73.6%
辽宁	1319	703	46.7%
吉林	853	352	58.7%
黑龙江	1399	456	67.4%
上海	713	586	17.8%
江苏	3929	798	79.7%
浙江	3623	741	79.5%
安徽	3169	777	75.5%
福建	2612	522	80.0%
江西	1786	590	67.0%
山东	3951	1089	72.4%
河南	2260	1158	48.8%
湖北	3067	765	75.1%
湖南	3692	706	80.9%
广东	4496	1098	75.6%
广西	1874	1112	40.7%
海南	283	121	57.2%
重庆	1008	324	67.9%

续表

省份	2015.12	2018.6	缩减
四川	4282	1048	75.5%
贵州	1785	426	76.1%
云南	3728	417	88.8%
西藏	163	145	11.0%
陕西	2993	705	76.4%
甘肃	1639	561	65.8%
青海	319	171	46.4%
宁夏	291	161	44.7%
新疆	1745	164	90.6%
新疆生产建设兵团	205	149	27.3%

流。微博交流的内容也越发广泛,如解读国际外交大事、社会民生、热点话题、网络事件及政府处理突发事件等。在党的第十九次全国代表大会上,习近平八次提到互联网,并指出,党政机关要善于运用互联网技术和信息化手段开展工作。2016年4月19日,习近平总书记在网络安全和信息化工作座谈会上发展重要讲话,其中一个重要内容就是提出要发挥网络引导舆论、反映民意的作用,要求各级党政机关和领导干部"通过网络走群众路线"。2006年,人民网搭建的《地方领导留言板》干群互动平台自2016年4月以来,栏目各项数据都出现大幅提升:"各地领导干部一年间答复网民诉求超过22万项,较同期增长40.5%,网民满意度提升8.8个百分点;日均回复量由去年700多项上升至1000多项;多省积极推进相关制度建设,出台、更新规范性文件,人民网网民留言办理工作覆盖到全国内地31个省区市;栏目多年累

计答复网民留言的总量已在 4 月初超过 70 万项。这一系列数字折射出各地领导干部开始进一步重视互联网,利用网上群众工作平台为民办实事,把群众意见凝结在各地改革发展中的实践和努力。"①

我国微博发展研究相对滞后于国外。主要研究成果集中在以下方面:

1. 主要著作

在我国,政治传播学最早的研究者是台湾学者祝基滢,他于 1983 年出版了《政治传播学》一书,初步介绍了西方学者关于政治传播研究的基本内容、理论和方法。1986 年,另一位台湾学者彭芸出版了《政治传播:理论与实务》一书,较为系统地介绍了 20 世纪 80 年代中期以前,西方学者关于政治传播研究的产生、发展和理论分歧。1991 年,大陆学者邵培仁出版了《政治传播学》一书,初步界定了政治传播学的研究对象,并建立了自己的理论体系。

这些著述从多个角度和层面对大众传播媒介政治功能的部分内容加以分析和阐述。从 20 世纪 90 年代至今,我国对政治传播的研究逐渐深入,学者们的研究重点之一就是大众传播媒介的政治功能。大陆学者张昆于 2003 年出版了《大众媒介的政治社会化功能》一书;谢岳则于 2005 年出版了《大众传媒与民主政治——政治传播的个案研究》一书,并于 2006 年出版了《当代政治沟通》;汪凯于 2005 年出版了《转型中国:媒体、民意与公共政策》。这些著述都在不同角度和层面对大众传播媒介的政治功能进行了较为系统和深入的研究和表述,为这个领域的发展提供了有益的尝试和参考。

2. 主要观点

"安徽大学新闻传播学学者曹君如从传播学的角度分析了微博在中国兴起的各种缘由。他认为,微博的独到之处在于其具有强大的功能和导致信

①　参见《习近平总书记一年前发出"上网令"看领导干部一年来在留言板的表现》,人民网,2017 年 4 月 19 日,http://bbs1.people.com.cn/post/129/1/2/162237471.html。

息传播方式的变革,根据传播学'使用与满足理论'着重分析了作为一种新型传播媒介——微博与受众之间的关系。他指出,首先微博是信息记录和表达的平台,这是由微博门槛低、随时随地、大众化及自然化等特点决定的。其次,微博是重要的交友平台。人们的及时互动为微博所发布的内容锦上添花,'博友'既体验到交流与分享的乐趣,同时也能体现出个人价值。第三,微博是名人的及时跟踪器。以新浪微博为例,借助其庞大的名人资源,在仅仅9个月的时间内吸引了500万用户注册。在微博上,不仅有许多影视明星、行业精英与广大博友分享生活琐事,更有大量关注时事,才华横溢的草根'舆论领袖'频繁地编制'围脖',组成了一个集新闻、娱乐于一体的公共信息网络。由此,微博成为公众发出声音和获取信息的重要场所。"[1]

"中国社会科学院新闻与传播研究所的闵大洪教授在其文章《微博的媒体特质与传播能量》中论述了微博的巨大传播能量,称其为'核裂变式的弥漫'。他引用新浪微博用户、《华侨大学报》主编赵小波做的小实验'在新浪,一条围脖最终能走多远',一条微博在14小时之内转发数突破10000条,除了到国内东南西北各地之外,它还到美国、澳大利亚、英国、韩国等十余个国家转了一圈。实际上,如果后续环节(如粉丝众多、热词设定、网友锐推等)充分,一条微博便可以做到核裂变式的广泛传播。微博传播的最大特点,正是信息通过follow(关注)组成节点链条,由节点上的用户主动推动而成快速弥漫状。"[2]

3. 主要文章

关于大众传播媒介政治功能的文章还散见于专业媒体和论坛纪要中,

---

[1] 刘红平、曹君如:《从传播学角度看微博的兴起》,《新闻世界》,2010年第8期。

[2] 闵大洪:《微博客的媒体特质与传播能量》,2010年9月10日,http://blog.voc.com.cn/blog_showone_type_blog_id_648636_p_1.html。

我国著名专家学者张鸣、邵培仁、李希光、展江、喻国明等对此都有不少论述。笔者认为，随着政治传播学对大众传播媒介作用研究的深入，微博的舆论导向功能将成为研究的核心内容之一，对这个领域的研究必将为我国民主制度的建立、和谐社会的构建提供有力的支持。当前，微博研究主要围绕微博的传播特点和传播策略的定性分析，或者是硬件技术研究，而关于对实践的指导作用却很少有人研究。比如，微博的传播特点是如何对市场运作进行指导的，或者在舆论引导过程中微博的传播特点起到了哪些作用。以上存在的问题，到目前还没有人作系统的研究。

4. 主要课题研究

针对社交网络中的事件分析与话题分析，近年来也取得了不少进展，如2011年2月的研究报告表明，微博内容反映的用户情感特征可以用于对某些特定事件进行分析，甚至产生影响。目前，在中文平台上的研究成果还相对较少，但清华大学、哈工大等课题组和研究团队已在这方面开展了深入研究，并取得了一些卓有成效的成果。笔者的导师张爱军教授在网络政治研究方面也承担了多项科研任务，其中包括2013年申请的教育部国家课题"微博政治功能研究"，且部分地取得了阶段性的研究成果，如《微博政治功能初探》《微博的力量》《微博是多元价值的播种机》等文章刊载于各核心期刊、网络媒体上。

第二章
微博舆论的理论阐述

网络事件是信息时代下社会的缩影。网络事件的影响力在于,事件中网民形成的舆论力量揭露了社会各层面的矛盾、问题,形成了网民参与下的新网络社会形式,并促使国家、政府和社会的调整与改变。由此可见,网络事件对社会的影响力首先是从围绕事件所形成的网络舆论开始的。

一、微博舆论的内涵分析

(一)微博舆论的概念

要讨论"微博舆论",离不开对于"舆论"的理解。关于舆论的定义,国内学者主要有以下观点:

刘建明认为:"舆论是现实社会整体知觉和集合意识、具有权威性的多数人的共同意见。"①喻国明认为:"舆论是社会或社会群体中对近期发生的、

---

① 刘建明:《基础舆论学》,中国人民大学出版社,1998年,第3页。

为人民普遍关心的某一争议的社会问题的共同意见。"①孟小平认为:"舆论是公众对其关心的人物、事件、现象、问题和挂念的信念、态度和意见的综合,具有一定的一致性、强烈程度和持续性,并对有关事态的发展产生影响。"②陈力丹将舆论的一般形成过程概括为:社会变动、较大事件的发展刺激意见的出现,意见在社会群体互动中趋同,权力组织及其领导人、大众传播媒介促成所希望的舆论三个阶段。事件的发生是形成舆论的前提。因此,网络舆论的形成首先离不开网络事件,事件提供的"话题"是舆论形成的核心。同样,网络舆论形成的舆论压力是网络事件发挥作用和影响力的原因。他认为:"舆论是公众关于现实社会及社会中的各种现象、问题所表达的信念、态度、意见和情绪表现的总和,具有相对的一致性、强烈程度和持续性,对社会发展及有关事态的进程产生影响,其中混杂着理智和非理智的成分。"③上述四种定义是从不同的角度对舆论的各组成要素和特点进行分析和强调,但同时都强调舆论的本质是意见和信息的表达与传播,是社会公众共同意见信息的表达。通过上述定义,我们可以总结出舆论的多个要素:舆论主体、舆论客体、舆论本身、舆论数量、舆论强烈程度、舆论持续性、舆论功能表现和舆论质量等。

对于"网络舆论"的概念,不同的研究者持有不同的意见。根据传统研究对舆论的定义,有学者认为:"网络舆论就是在互联网上传播的、公众对于某一焦点问题所表现出的有一定影响力的、带有倾向性的意见或者言论。"④网络舆论与传统舆论最重要的区别在于,网络舆论的主体是网民而非公众,网

① 喻国明、刘夏阳:《中国民意研究》,中国人民大学出版社,1993年,第277页。

② 孟小平:《揭示公共关系的奥秘——舆论学》,中国新闻出版社,1988年,第36页。

③ 陈力丹:《舆论学——舆论导向研究》,中国广播电视出版社,1999年,第11页。

④ 谭伟:《网络舆论概念及其特征》,《湖南社会科学》,2003年第5期。

络舆论产生的平台是互联网络。以上定义中忽略了"网民"与"公众"之间存在的较大区别。因此，网络舆论并不等同于网络中的公共舆论。邹军认为，网络舆论有广义与狭义之分，"广义的网络舆论几乎包含了所有的社会舆论形式，既有经过精心选择的经由传统新闻媒体表达的新闻舆论，也有未经任何过滤的公众舆论；既有各种利益集团及其代理人故意制造的舆论'气球'，也有来自草根阶层的真实民意"①。按照这种定义，我们通常所说的网络舆论更偏重于其狭义的含义，特指网民以互联网为平台，而进行的集中的意见表达。

基于以上研究与定义，可以试将"微博舆论"定义为网民以网络微博为平台，对于某一问题或者现象所表达的信念、态度、意见和情绪表现的综合，具有一定的一致性、强烈程度和持续性，对社会发展及有关事态进程产生影响。其中混杂着理智和非理智的成分。

(二)微博舆论形成的前提

网络事件是形成微博舆论的前提。陈力丹将舆论的一般形成过程概括为，社会变动、较大事件的发展刺激意见的出现，意见在社会群体互动中趋同，权力组织及其领导人、大众传播媒介促成所希望的舆论等三个阶段。事件的发生是形成舆论的前提。因此，微博舆论的形成首先离不开网络事件，事件提供的"话题"是舆论形成的核心。同样，微博舆论形成的舆论压力是网络事件发挥作用和影响力的原因。同时，微博舆论并不仅仅是网络事件形成后的结果。微博舆论形成的舆论场同样可以对网络事件的发展产生多向作用。事件发生后，网民意见趋同形成的舆论可能促成事件得到积极解决，也可能引导事件走向更加恶劣的态势，不同意见形成的张力可能会使事件在前

① 邹军：《试论网络舆论的概念澄清和研究走向》，《新闻大学》，2008年第2期。

期受到密切关注,但事件在后期发展中处于平衡的状态,并不受到舆论干扰。

网络事件与微博舆论相互影响的共存关系决定了对其中任何一方的研究都离不开另一方。但在对网络事件及其微博舆论的研究过程中,需要注意的是微博舆论与现实民意也有差异。虽然网民群体在一定程度上代表了社会中的重要群体,但并不能完全代表所有社会阶层。特别是网民构成中学生多,平均年龄偏小,无收入人群多,这些代表性人群事件参与热情高、发表意见更为活跃,对网络事件的敏感度也就更高,网络事件在网民的参与下,更容易形成网络舆论。

(三)网民的主体性

马克思主义的主体性原则是人对世界(包括对自身)的实践改造原则,是从人的内在尺度出发来把握物的尺度的原则, 是强调人的发展和人的主体地位对改造世界所具意义的原则。网络主体性原则则是指,承认网络主体认识世界和改造世界的积极性、主动性和创造性。

在以往的研究中, 对网民的行为特征的定位是在群体理论基础上总结的“群氓”片断。当前,我们国家还没有意识到网络是公民表达自己现实思想的非常重要的平台渠道,而网民们面对网络的这种趋势也没有被足够重视。实际上,广大网民借助互联网平台,在虚拟时空内展现自己的认识和改变周边、改变世界的主动性日益加深,对社会的影响力日益扩展。网民的专业与理性,评论的客观、全面与深度,使网络成为公众广泛参与社会政治生活的一种表达媒介。以往,人民大众参与国家的政治生活这样的事情是不可想象的。但随着网络的发展,从党和国家领导人到地方各省市县政府官员相继开通微博,与网民互动,上网体察民意、听取意见、交流互动,使老百姓实实在在地感受到了距离的缩小,真正介入政治生活。而随着网民参与网络事件的增多,网民的表现也趋于理性,回归主流价值观,网民作为网络的主体性原则应该被关注。

二、微博传播的嵌套性

由于微博是近年来互联网发展过程中出现的一种新兴现象,它基于网络传播的出现,并且有别于传统意义上的媒介事件,因此无论从事件本身的属性,还是从其传播过程来讲,微博都呈现出许多不同于传统媒介事件的新特征。微博嵌套的传播特性加剧了这种舆论与实体社会的互动融合。学者喻国明提出了著名的微博"嵌套性"传播理论:"在微博这样一个环境中,一个人的微博跟其他人的微博套叠,一个人群跟另外一个人群套叠,因此只要信息具有阶层、文化、兴趣、利益的穿透性,就是说能激起大家的兴趣、关注,理论上说在很短的时间里就可以让全世界所有的人都知道。这就是微博具有爆炸性的、核裂变式的传播能量的现实。"①

(一)公共性

公共性被广泛运用在政治、经济、社会、文化等各个领域并表现出各自不同的内涵,在各个领域中具有不同的含义。基于汉娜·阿伦特对于"公共性"的理论描述,本书将公共性界定义为,它是表现在公开环境中,在具有冲突性观点的环境下形成的一种共识,进而巩固一种维系网民之间共同存在的意识的过程。微博中的公共空间就是整个互联网舆论环境,它对处于其中的每位网民而言都意味着是一种重要的资源。体现在微博中,它们的公共性

---

① 喻国明:《"微博"具有核裂变式的传播能量》,《北京日报》,2010年7月12日。

包括以下内容：

1. 涉及的利益冲突代表着全社会的共同利益

社会转型期，事件可以发生在任何公共领域，直接涉及的主体是公共群体，随着经济的全球化，世界各地的联系越来越紧密，一些公共事件开始具有全球性的影响，需要通过各国共同的努力来解决。

如在"宝马车撞人案""孙志刚案"中，网友们长期压抑、未释放的负面情绪被引爆了。在宝马车撞人事件中，有网络曾评论说："之所以民众对判决结果会产生如此大的争议，是因为撞人的是富裕阶层的宝马车，如果肇事车辆是拖拉机，社会影响就不会这么大了。"在这场事故中，主要矛盾就是肇事者与受害者之间的身份差异，导致了全体网民的仇富心理。这种"仇富"也主要是对那些为富不仁、干扰司法公正的强势富裕阶层的仇富。[①]

微博的内容超越了个人或私人组织的特殊利益，而追求社会的共同利益。一般而言，微博中体现的是与人们的社会利益、社会关系甚至社会观念密切相关的问题。这类问题可以是涉及公众人物、公众事业、企业名声的关键事件，或者是涉及公共安全、国家安全的重大时事政治问题等等。这些事件又都与民众的好奇心理和窥私心理相吻合，民众渴望对公共事件进行道德谴责。因此，这类微博很容易调动最多数量网民的积极性，从而引发大规模的社会舆论效应。

2. 社会动员力量大

周光辉说过："网络时代的到来既是人类政治、经济、文化全球化的一个推动因素，也是重要的发展标志，它的发展使以地域为存在前提的民族国家受到日益严重的冲击和削弱。"[②]在互联网出现之前，群体性事件一般只会影

---

① 高威：《失控后的混乱网络舆论把我们带向何方？》，《网络传播》，2004年第8期。
② 周光辉、周笑梅：《互联网对国家的冲击和国家的回应》，《政治学研究》，2001年第2期。

响到事件本身所涉及的地区或人,很容易受到地域和人际关系的影响。信息时代的到来,使得发生在任何地方、任何人身上的事情都可以通过搜索引擎、社区论坛、门户网站等节点,通过网络上存在的无数的信息平台、信息传播通道实现相互连接,这种信息传播机制使得突发事件可以在极短的时间内传播到世界任何互联网能够延伸到的角落。

在案例"山西黑砖窑事件"中,是一条《孩子被卖山西黑砖窑400位父亲泣血呼救》的微博现身于网络,牵引了以同类字眼为标题的微博的出现,在全国各大论坛内被迅速传播和转发,并成功吸引了媒体对于"山西黑砖窑事件"的关注。半个月后,名为"中原老皮"的网友发布《寻子无果400位父亲再次联名》的微博继续追问孩子的下落,此次发微博引起了网友自发组织的"蓝丝带"活动,以帮助当事人寻找失踪人员。在政府对事件的处理告一段落之后,又有网友在博客发文寻找在政府打击山西黑砖窑后获救却又再度失踪的人员,引发了人们持续、深层次地对事件进行关注。在"山西黑砖窑事件"的整个传播过程中,网民群体的力量是最重要的,是将整个事件引爆至现实社会的关键。

同时,受众不再受到现实生活中各种因素的制约,以及网络传播高度的互动性等因素都大大强化了事件传播的效果,使得网络上的小范围、短时间内聚合的能量迅速增强,可以在极短时间内形成"一呼百应"的效果。通过这种方式,网络微博上的新闻可以成为不同地方、不同种族、不同信仰的网络用户所共同讨论的话题。在微博的传播中,正是由于网民不断利用发帖、评价、转帖等形式参与到事件的传播之中,才最终推动了事件的发展,改变了事件的命运。

(二)冲突性

通常而言,源于现实生活中的突发事件很大一部分是由于自己的利益被剥夺,所以当事人通常都是利益受损者或者间接相关者,通常都有明确的利益诉求。但是在微博中,真正促进事件大范围传播的并非当事人,而是数以万计没有直接利益诉求的网络用户。这些网民中,有的想表达自己的看法,有的想通过此事件达到自己类似的目的,多数网民是因为对社会中发生的不公平事件,在现实生活中无法表达自己的意见或者态度,而是想通过网络实现自己的表达与宣泄。因此,当微博发布之时,特别是那些极大危害了公平、公正等社会普遍价值观的事件,会在很大程度上激发网民的情绪,从而引起事件在网络上得到持续的关注和评论。

在网络时代,人人都可以成为信息的发布者。因此,网民或者社会公众对于集体利益诉求的表达渠道不再仅仅局限于传统媒体,也使得信息的发布不再受到把关人的限制。因此,当大多数公众的权益受到侵害,而且传统的舆论表达、利益诉求渠道不通畅时,通过网络渠道表达就成为公民的最优选择,而微博又是最具网络代表性的新媒体形式。微博以其极大的动员力量、深入的互动性等特征,将各种不同群体的利益诉求聚集起来,使其成为一个团结的利益共同体,一旦这个利益共同体中的"舆论领袖"形成,这个共同体便会不断发展壮大,产生群聚效应。随着意见的不断聚集,网民便会出现在网络上实现其利益诉求的行为,这有可能成为微博的开端。

(三)瞬间性

由于部分微博同时也属于群体性事件,所以微博发生时通常具有群体事件的一些特征,瞬间爆发便是其中之一。群体性事件都有突发性的特点,这点在互联网上体现得尤为突出。一般群体性事件在爆发之前会有一个"能量积聚过程",即要在传统媒体或媒介机构上进行对该事件的持续的负面报道,在时间上会有一定的延续性。

在互联网上，信息的发布没有了传统媒体中"把关人"的审查，相对于传统媒体，政府对于网络信息的控制比较弱，任何团体或者个人都可以自由地发表观点或者意见；同时互联网传播信息的快速性保证了微博能够在极短的时间内传播到全国各地。这些因素都会促进与事件的相关信息在极短时间内形成网络上的社会热点，进而演变成为微博。据统计，微博中的事件一旦发生，一般在 2~3 小时后便可在网络中出现，6 小时后可以被多家网站转载，24 小时后在网络上的跟帖和讨论会达到一个高潮。①随着微博的出现，这个时间又被大大缩短，以"7·23"甬温线动车特大事故为例，事故发生 4 分钟后，车厢内的乘客"袁小芫"便发出第一条微博："D301 在温州出事了，突然紧急停车了，有很强烈的撞击。还撞了两次!? 全部停电了! 我在最后一节车厢。保佑没事! 现在太恐怖了!"微博的出现使得手机用户几乎可以随时随地实现周边新闻与网上同步，大大缩短了从事件的发生到形成微博所用的时间。

当一个新闻事件具备了以上所归纳的基本特征之后，它就具备了成为微博的必要条件。

三、网络舆论的开放性

网络舆论的开放性有两层含义：一是对内部成员的开放，二是对外部环境的开放。在第一个层面上，"网络在时间上和空间上的开放性直接决定了网络公共事件的开放性。事件的信息可以在网络间随意传播，网民可以在任何空间、任何时间进行参与。这无疑增加了事件发展的多变性。也就是说，在

---

① 姜胜洪：《网络舆情特点的形成与发展、现状及舆论引导》，《理论月刊》，2008 年第 4 期。

事件发展的不同进程中会产生不同的焦点，而网络对每一个焦点所产生的影响力也处于不断变化之中"①。网络舆论向网民内部开放，使得网络舆论系统内部可能发生多层次的、多水平的在竞争之中的协同作用，以便更好地发挥系统的整体性功能。在网络传播中，网络舆论运行机制解构了传统的线性模式，而进入了非线性不规则模式。这种非线性特征最集中的表现载体便是微博。随着手机智能化技术的发展，微博的掌上客户端日趋成为主流，作为一种全新的生活方式，用户可以随时随地发信息，而且比以往任何时候都要快速便捷。很多草根阶层的网民，因为第一时间发布了信息，往往变成了大"记者"，当然这以八卦娱乐新闻为多。人人都有话语权，微博让人与人之间的言语更加公平。

在第二个层面上，网络舆论与社会之间出现了频繁互动的趋势，系统与环境发生相互作用，形成了既竞争又合作的关系。网民身处全球化、信息化时代，他们在网上浏览信息并发表意见，其实质是与实体社会进行信息交换的过程。在这个开放性的系统中，社会通过信息呈现，信息通过社会实现自身价值的最大化，通过网络与实体社会的交换，潜在的可能性转化为现实性。一方面，网络舆论与社会舆论有了较为固定的互动形式，如网络舆论对社会舆论形成"共鸣效果"和"溢散效果"等；另一方面，互联网重构了当代社会的互动模式和组织模式。

（一）网民占据主导地位

网民在网络事件中的主导地位是网络事件最主要的特点。网络事件来源于网络和传统媒体这两大渠道。在互联网时代之前，传统媒体报道新闻事

---

① 参见郝继明、梁霖：《网络公共事件的十个特征》，《学习时报》，2010 年 12 月 6 日。

件,为受众设置讨论的话题和议程。但在网络事件中,网民取代专业媒体,充分体现了对事件的主导性角色。议程设置理论由美国传播学者麦库姆斯、唐德·肖最先提出,他认为:"大众传播只要对某些问题予以重视,为公众安排议事工程,就能影响公众舆论。因此,只要大众传播媒介大量、集中地报道某个问题或者事件,受众就会关注并谈论这些问题或事件。"[①]网络传播平台与传统媒体相比,其议程的设置更具人性化,只要是议题具有明显的社会意义,具备一定的社会价值,网民便可以通过网络自行选择设置议题,网络议程设置打破了传统媒介被少数人控制议题的局面,这是时代的进步。网络事件能够引起他人的注意,便能在网络上形成舆论,并传播到其他领域。

总结现在的网络事件,多数议题都起源于网络,网民自主对其进行了初始的议程设置,点燃了事件传播的导火索。在网络多渠道、把关人弱化、去中心化并且交互性强等传播条件下,传播的主体呈现超出个人化、多元化的特征——任何一个具备传播能力的个体都可以利用网络空间进行网络事件的传播。

其次,传播中的网络事件并不是已经固定的完成形态,网民在关注信息的同时也通过舆论谴责、人肉搜索、线下活动等不同程度地介入网络事件,甚至主导了事件的发展。如"铜须门"事件、虐猫事件等,原本属于个人的事务,却因为网民的介入而形成全民共同关注的大事件。网民的关注和对事件的推动已经成为传统媒体报道网络事件时的关注重点。

(二)短时间内"引爆"

网络事件常在短时间内积聚"引爆",更具突发性特点。当然,网络事件

---

① [美]沃纳·赛佛林等:《传播理论:起源,方法与应用》,郭镇之等译,华夏出版社,2000年,第246~263页。

的突发性并不同于单纯的突发事件,而是更强调短时间、大范围的传播所带来的能量。网络事件之所以一两天内即可成为关注重点,乃是网民在网络事件中扮演主体性角色的作用。传统媒体对新闻事件的报道是单一的、以媒体为中心的和单向的,受众之间的联系只能是限制在时间、空间范围内的人际传播。网络事件的突然"引爆"则是因为在互联网去中心化的传播模式中,每个网民都是面向大众的多向传播。因此,高密度、高强度的传播可以使最初的消息源在很短的时间内到达最广泛的网民群体。这种短时间内积聚的传播能量是传统媒体中心化传播无法达到的。这也是网络事件中意见领袖们频繁强调"围观就是力量"的传播效果。

(三)专业炒作介入

网络事件传播过程中另一个重要特点是事件的传播越来越显现出故意炒作或操作的痕迹,这种人为操作主要表现为两类:一类是为了赚取商业利润,在网络捧红网络娱乐红人或者制造娱乐化的媒介事件,短时间内吸引网民点击率和关注度,通过娱乐化产业形式获取商业利益。比如芙蓉姐姐、凤姐等通过出位、新奇言论吸引大众关注的网络娱乐红人,还有"贾君鹏,你妈叫你回家吃饭"此类媒介事件的策划。第二类则是网络事件已经发生以后,事件当事者为了挽回形象和品牌等,私下雇用大批"网络水军",通过水军们在各种论坛、社交网站发布有利于雇用方利益的帖子,企图引导网民舆论方向。网络事件中商业化的炒作模式的出现,其实也是由网民的主体性地位所决定的。正是由于网民拥有越来越多的网络事件主导权,通过水军伪装网民的形式来引导舆论可能比以当事者、权威精英的姿态引导舆论取得的效果还要好。由于网络事件背后商业炒作的出现,使网络事件的传播过程更加复杂化。

四、微博舆论的三重性

(一)宏观的社会普遍性——政治机会结构的宽松

马克思主义认为,社会形态包括社会的经济形态、政治形态和意识形态,是三者历史的、具体的统一。有什么样的经济形态、意识形态,就有什么样的政治形态。当网民基础发展到一定规模,网络化生存成为基本判断时,政治形态势必会随之发生调整。其中最为明显的便是政治机会结构的宽松,其标志之一便是权力的分散与转移。学者提出的社会形态与权力转移的比照印证了马克思主义社会形态对权力的影响(见表2-1)。

表2-1　社会形态与权力转移对照表[①]

社会形态	权力基础	权力主体	年龄维度下的社会形态
农业社会	土地	老年人	老年化社会
工业社会	资本、技术	中年人	中年化社会
网络社会	资本、技术、信息	青年人	青年化社会

所谓政治机会结构,即话语权机会,是指存在于国家社会公共生活中的有利于舆论表达的各种因素的组合。换句话说,即话语体制对社会公共行动的开放程度。开放性和封闭性是话语权机会结构的两个基本要素。开放性指社会公权力机构对话语权要求的回应程度。社会的话语权开放程度从封闭状态到半开放状态过渡,便为舆论发挥社会动员功能提供了可能性(如图2-1所示)。如果话语权机会结构是理想状态的完全开放,就没有必要通过公共事件手段来实现目标,任何新兴的公共议题很快就会被吸纳进体制内的管道;反之,如果话语权机会结构处于绝对封闭状态,公共事件则没有产生

[①]　资料来源:郑长忠:《青年化社会背景下的共青团使命:网络时代中国政治的新命题》,《中国青年研究》,2011年第2期。

的可能,因为任何集体行动都无法改变公权力机构的决定。

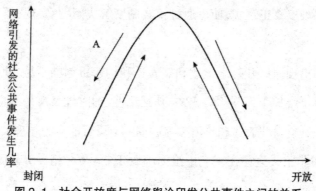

图2-1　社会开放度与网络舆论印发公共事件之间的关系

1. 复杂的社会问题对政治机遇的需求增加

经过四十多年的改革,中国完成了两次社会转型,实现了从传统向现代的过渡。在转型过程中,尽管市场经济体制已经初步建立,但同时也出现了收入分配不合理、公共服务不足、群体性事件多发等诸多问题,这也是社会结构失衡的表现。全国群体性事件在2005年一度下降,但从2006年开始上升,达到6万余起,2007年上升到8万余起,2008年形势更加严峻,不到一个月的时间内发生了贵州瓮安、陕西府谷、广东惠州和云南孟连数起重大群体性事件。据统计,群体性事件10年间增长6倍,信访总量居高不下。①2008年,更是被称为"群体性事件年"②。

这样的矛盾多发期伴随着公民利益表达等机制的不健全。如在信息获取上,相关公权力机构未能严格遵循信息公开的原则;在诉求表达上,公民参与环节不足,正式沟通渠道不甚畅通;在利益凝聚上,缺乏将个体利益诉求凝聚为群体诉求的制度化安排;在利益协商方面,鲜有法律渠道进行对话和谈判协商。总之,公民表达诉求、维护自身权益的制度化渠道相对匮乏。即

---

① 中国改革发展研究院:《"分好蛋糕"加快推进社会体制改革》,2011年7月28日。
② 张芝云:《2008年震动中国的群体性事件》,《瞭望》,2008年第51期。

使设立了诸如行政复议、诉讼、上访、集会游行、罢免等正式制度,在制度执行过程中也难以真正落实,使得通过正式制度解决问题、实现权利救济的可能性落空。

网络的出现恰好弥补了上述利益表达和均衡机制的不足。网络舆论的匿名性降低了维护个人利益的成本,其互动性、即时性及海量性也吸引越来越多的公民进行自我表达和政治参与。理论上可行的自力救济和他力救济、正式途径和非正式途径在现实中沦为求助于"公布真相—引起民愤—媒体介入—政府回应的自力救济—非正式途径"的模式。

网上流传的《公民维权手册》中写道,把弱势群体的声音放大,使全社会都来关注;将不法行为曝光,令全社会都能了解——这正是媒体的力量所在。危难之际求助于媒体,有时候不失为一条好的维权途径。这正是对政治机遇结构的有限性与社会矛盾的复杂性的鲜明写照。

上海发展战略研究所谢耘耕工作室发布的《2010年中国公民的网络表达与公共管理分析研究报告》显示:"公民个人运用新媒体进行维权,已经由个别偶然的成功案例发展成为普遍的维权观念。目前,国内一些公共事件解决过程中,已经形成了一种新的模式:网络(BBS、微博、博客或手机等)提出议题—传统媒体关注—全社会参与—政府行为。而在各种网络手段中,微博以其简单性、低门槛、手机绑定、经济型、交互性、即时性等功能给公民维权带来巨变。"①

观察互联网在中国的发展史可以发现,网络舆论成为物理空间问题在虚拟空间的延伸。这在很大程度上取决于公民诉求机制的有限性和社会问题的复杂性并存。将在线互动看作是对物理社区互动的有力补充更为恰当,

---

① 参见上海发展战略研究所谢耘耕工作室:《2010年中国公民的网络表达与公共管理分析研究报告》,资料来自上海市政府网站,见 http://www.shanghai.gov.cn。

线下世界的渠道缩小导致在线社区寻求社会支持和互动的增加。

对技术扩散的已有研究认为,新技术与已有技术相比所拥有的"相对优势"是促进新技术扩散的推动因素。[①]

网络媒体在转型中的当今中国,能够更好地满足人们个人表达和公众参与的需求,从而成为社会治理中的另类平衡术。这也直接导致了电子维权发展速度明显优于电子政务和电子商务。

"点击—复制—转发"的信息处理模式对技术使用者的要求相当低,只要具有初中文化,就可熟练运用。这一方面导致了互联网信息冗余问题的日益严重化,大大削弱了互联网用手投票的效能;另一方面也提高了电子维权的可能性。互联网"链接、搜索、互动"的主要信息技术特征得到了最大化的理解、开发和运用。

2. 社会精英对网络舆论功能的肯定

精英(Elite)是社会学的一个术语,原意是说处在社会金字塔顶端的少数人是非常有能力的群体。传统的精英更多的是指决策精英,基本上属于政治精英。随着市场经济的逐渐发展和成熟,相继出现了经济精英和技术精英。20世纪 90 年代中后期,中国的经济精英的作用逐渐凸显。技术精英实际上在各国都有一个固定的量,任何社会都不会忽视技术精英。尽管中国现在这三类精英的配置比以前要平衡,但从现状来看,政治精英比例还是偏高,且他们对社会的影响最大。[②]因此,此处的"社会精英"着重指的是政治精英,重点分析他们对网络舆论社会动员功能的认知和认同过程。

互联网的确增强了弱小群体的力量, 提高了普通民众政治参与的热情。

---

① See Everett Rogers, *The Diffusion of Innovations*, *4thed*, New York: Free Press, 1995.

② 参见闵捷、李强:《与社会学专家对话:你属于社会中的哪个阶层》,《北京青年报》,2002 年 2 月 26 日。

与此同时,传统政治精英也逐渐适应了网络环境,并利用它提高管理效率。

这首先表现在国家对互联网基础设施的持续巨额投资上。中国致力于建设世界上速度最快、最复杂的信息网络,为此投入了数十亿的巨额资金。这表明政府对于互联网的基础功能有着充分而清醒的认识,并将其列入公共投资的重要工程。不断增长的投资为互联网技术的普及和应用提供了最为重要的硬件基础。

据联合国宽带与数字委员会的数据显示,当宽带渗透率每增加10%,对国内生产总值(GDP)的拉动可达到1.3%。中国的实践也证明了快速发展的经济与日益普及的互联网使用齐头并进。截至2010年,中国互联网市场规模已经超过千亿元。在信息化投资领域,计世资讯(CCW Research)《2011年,中国互联网行业信息化建设与IT应用趋势研究报告》数据显示,2010年,中国互联网信息化投入达到了91.6亿元,比2009年增长了26.7%(如图2-2所示)。

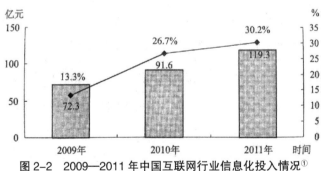

图2-2　2009—2011年中国互联网行业信息化投入情况①

1999年1月,中国政府发起了政府上网工程,目标是提高行政效率、降低开支,以及让公民更容易获得政府信息。一年之内,中国 gov.cn 的域名从982个增长到2479个。到2012年7月,中国总共有54808个 gov.cn 域名,占.cn 域名总数的1.4%。②

---

① 资料来源:CCW Research,2011年1月。

② 参见 CNNIC:《第30次中国互联网络发展状况统计报告》,2012年7月19日。

其次,政治权威对互联网的公共参与功能给予了充分肯定。以国家最高领导人习近平为首的各级党政官员对互联网这种新媒体的舆论表达和公共参与功能在理论和实践层面给予了正面评价。在2017年的十九大报告中,习近平八次提到互联网,并且强调:建立网络强国,推动互联网、大数据、人工智能和实体政治相融合。加强互联网内容建设,建立互联网综合治理体系,营造清朗的网络空间。网络是意识形态传递的重要途径,而意识形态往往决定着一个国家的前进方向,一国文化的发展道路。加强网络建设,必须推进马克思主义中国化、时代化、大众化,建设具有强大凝聚力和引领力的社会主义意识形态,使全体人民在理想信念、价值理念和道德观念上紧紧团结在一起。①要加强理论武装,推动新时代中国特色社会主义思想深入人心。抓住网络的覆盖性、交互性等特点,运用网络让广大网民潜移默化地接受思想政治教育。李克强也曾在2015年4月23日的泉州品尚电子商务公司考察时对"互联网+"做出了肯定评价,他表示,互联网"未知远大于已知,未来空间无限。每一点探索积水成渊,势必深刻影响重塑传统产业行业格局"。②

社会存在决定社会意识,并且在物质财富极大丰富的今天,经济高度发展,人们生存方式改变的同时也加剧了价值观念的冲突,多种价值观念与思想文化的碰撞,加上网络时代信息的飞速传递,更需要正确的舆论导向来正确引导。习近平在网络安全和信息化工作座谈会上也谈到:网络空间是亿万人民的精神家园。网络空间天朗气清、生态良好,符合人民利益。网络空间乌烟瘴气、生态恶化,不符合人民利益。很多网民称自己为"草根",那网络就是现在的一个"草野"。网民来自老百姓,老百姓上了网,民意也就上了网。群众在哪儿,我们的领导干部就要到哪儿去。

① 《习近平作十九大报告,八次提到互联网》,人民网,2017年10月18日。
② 李克强:《在泉州品尚电子商务公司考察时的讲话》,中国政府网,2016年7月4日。

在中国当前的政治生态和国家生态下，国家领导人的倡导和垂范兴起了高官触网、官民网络互动热。清华大学媒介调查实验室 2008 年 11 月的一次调查问卷显示，在 629 名地方党政县处级以上领导中 25.28% 的干部经常上网，41.67% 的干部偶尔上网，近 70% 的干部有"触网"经历。① 2003 年年初，时任深圳市市长于幼军曾和《深圳，你被谁抛弃？》的作者"我为伊狂"见面，成为最早的以网络为介质的官民互动，开创了官民互动风气之先河；汪洋主政广东期间，曾三次在网上拜年，三次网络问政于民；张春贤担任湖南省委书记时直言："执政者应接受互联网的挑战"。此外，新闻出版总署署长柳斌杰、原卫生部前副部长王陇德、文化部前副部长周和平等政府官员都加入了"开博"行列。

除了高级官员之外，基层地方官员也加入了网络官民互动的行列中，率先"吃螃蟹"的不同级别官员也"青史留名"。海南省临高县县长符永则被称为"中国官员博客第一人"。

不仅如此，网络接触程度甚至成为干部能否与时俱进的标准之一，是否熟悉网络成为衡量基层官员亲民与否的标志。如江西省官员在此标准下更是集体开博，一时吸引了众多眼球。

另一个表现是，众多官员处在"合作"的姿态。在"钉子户"事件中备受压力的重庆市九龙坡区委书记郑洪接受采访时表示，"官员对于网络有一个从轻视、延误到震撼、被动介入的过程，其中很多经验教训值得总结"。

近两年来，互联网中微博这一交流方式兴起并蓬勃发展，全球越来越多的政府机构和官员纷纷开通微博，及时公布有关信息，应对各种突发事件，提升政府在民众中的形象。在国内的表现则是，微博政务的发展也大大强化了网络微博舆论的影响。政府机构和官员加入微博群，体现了精英对此媒体社会功能的认同。政务微博的发展赋予微博更强的社会动员和交往的功能，

---

① 参见裴智勇：《官员上网成中国政坛新气象 官员如何提升"网力"》，新华网，2008 年 10 月 8 日。

微博在社会各阶层中的用户基础也由此变得更加深厚,许多人将微博作为表达的第一出口。有学者甚至认为,2011 年政务微博颠覆了明星微博华而不实的伪繁荣,提出这一年才真正成为"微博元年",一些敢于、善于在微博上晒观点的官员也因其特殊的身份而别具魅力,受到特别关注,成为微博明星官员。如蔡奇在担任浙江省委常委、组织部部长时不说官话,针对社会热点坦诚发表看法,和普通博友一起"围观顶起",其微博粉丝数量已经有八百多万,截至 2018 年 6 月,经过认证的政务微博达到 17.58 万个。伴随机构改革的推进,国家市场监督管理总局、中国海警局官方微博开通上线,文化与旅游部、生态环境部及应急管理部等部委的官方微博也相继"变身"。上半年,政务微博的传播能力、服务意识和运营实效都得到进一步提升,日常的响应、联动与协作更加成熟。数据显示,2018 年上半年,政务微博的总粉丝已经达到 29 亿,总阅读量达到 1523 亿次。报告还指出,随着社会治理重心向基层下移,政府及社会组织利用政务微博发布信息、解读政策和办事服务的能力也向基层下移。不过,各职能部门利用基层微博加强公共服务和民生保障的能力并不均衡。仅以开通率为例,在县级行政单位中,公安行业的微博开通率为 78%,活跃率超过 85%,而部分行业开通率不到 25%,活跃率不到 50%。据不完全统计,目前通过微博开展政务服务的账号覆盖 20 多个行业、30 个地市,共计4362 个账号,呈增长趋势。①不容忽视的另一面是,在官员试水博客尝试与民共话桑麻的同时,也遭遇了"空壳博客""冰冻博客"等尴尬,通过反思,政务微博账号体系与政府行政职能体系的全面对接,构建政务微博服务矩阵的条件已经成熟。除了较早开展政务微博服务矩阵实践的银川之外,成都、昆明、马鞍山等城市和新疆检察系统、湖南公安系统、北京 12345 便民服务中心及天津交警

---

① 《2018 年上半年人民日报·政务指数微博影响力报告》,人民网,http://yuqing.people.com.cn/n1/2018/0803/c209043-30205381.html,2018 年 8 月 3 日。

系统也开展了政务微博服务矩阵运营。2018年上半年,"昆明发布厅"对网民反映问题的办结率达到85.3%,成都服务对市民及企业诉求的按时办结率达到93.5%。

尽管微博问政与本书讨论的网络微博舆论的演化路径上并不相同:一个是自上而下,依靠体制进行;一个是自下而上,脱离体制束缚,寻求体制外的权利救济。但共同的一点是,两者都建立在掌握社会资源最为丰富的政治权威对网络舆论排气阀功能的认可基础上。政治权威的肯定,确立了网络微博舆论的合法性,增强了网络微博舆论的社会动员效果。这是网络微博舆论发生的必不可少的背景之一。

同时也应该看到,微博问政也有其局限性,限制了网络微博舆论发生的可能性。例如,如果官员上网只为作秀,反而会导致官民关系紧张;数字鸿沟导致参与的民众毕竟有限;网络信息的鱼龙混杂降低了网络舆论作为民意表达的可信度;伪民意掩盖另一部分真实民意等。此外,中国特有的中央-地方(省市县)"二元四级管理体制"①决定了微博舆论参与权利救济的复杂性,这也在一定程度上影响了微博舆论的社会动员效果。

(二)中观的政治敏感性——信息技术的政治特性

微博舆论社会动员作为技术应用的新形式,是由技术创新推动的。电报、电话、广播与电视等早期传播革命在不同阶段极大地提高了传播的速度和效率,降低了传播成本,深刻地影响了人类组织和互动模式。以电视媒介为例,其最核心的社会影响就是从根本上消除了物理空间和社会空间的阻隔,不仅具有娱乐功能,还成为制造流行文化、时代精神的新力量。借助卫星

---

① 所谓"二元",是指城乡之间存在二元经济结构;"四级管理体制"是指中央、省、市、县四级管理体制。

连线、网络及电视等实现了面对面的交流,并以音频、视频等多媒体形式在第一时间完整重现现场,有效增强与受众之间的意义交换与协商。电视媒介的另一个革新意义在于,社会互动的参与者成为符码与规则的制定者、使用者与建构者之间的传播与交换。①互联网内嵌着诸如自由、平等、共同参与、利他主义与民主等价值,同时也伴随着社会控制、虚拟等级等。网络技术与数量的结合、与功能的融合及与规则的整合赋予了网络舆论强大的能量,使得互联网成为目前中国民众最经济、最有效的公共参与途径。

1. 技术与数量的结合

媒介发展史告诉我们,大众媒介的变迁与社会的变动互相影响,而大众媒介的每次普及也几乎都伴随着社会新阶层的崛起和社会结构的调整。信息的接近度与其话语权的拥有程度具有关联性,而前者与技术的普及程度有着密不可分的关系。所谓普及程度,即与数量的结合,具有两个层面的含义:一是新媒介技术下媒介产出数量不断攀升,这个数字与媒介的出版周期、时效性皆成正比;二是该种媒介的使用者逐渐增多。新闻传播史与出版史从来都是一个硬币的两面。这不仅在某个人、某个阶级或某种媒介上可以得到证明,而且在人类发展的历史长河中也一再得到了印证。

中国的古代报刊起源于唐代邸报。此后相当长的时期内,朝廷官报始终占据中国古代报纸的主导地位,承担着封建统治阶级的喉舌和御用宣传工具的功能。一般古代报纸刊期并不固定,有旬刊、五日刊等,明代以后逐步固定为日刊。此外,封建统治阶级对报纸控制很严。因此,读者主要集中在各地的皇族、政府官吏和封建士大夫当中,最终未能完成向近代报刊转化的进程。中国古代报纸的历史基本上是一部封建统治阶级掌握传播媒介、控制舆论的历

① 参见[美]约翰·费斯克:《关键概念:传播与文化研究辞典》,李彬译,新华出版社,2004年,第190~191页。

史。与此相伴随的一个现象是,传统印刷术——手工印刷所需的巨额成本和大量时间也高度限制了报纸出版的时效性和发行量,成为历代统治者对媒介和信息进行禁绝的前提条件。最终,古代的邸报消失,《京报》也趋于消亡,未能完成向近代报刊的演变过程。反倒是源于外国资本、外国文化的近代报刊在中国落地生根,为中国的新民主主义革命打开了一扇窗。

从古代报刊的消亡到中国近代报刊的重生,报刊主导者由极少数封建统治者向代表某些阶级利益的民族资产阶级倾斜。这部分人群开始并逐渐成长起来,他们把办报作为宣传自己的政治主张、扩大政治影响、推动改良运动发展的重要手段。此后,近代报刊又经历了辛亥革命、五四运动、国共两党新闻事业的发展、抗日战争时期救亡报刊的出现等阶段,在波澜壮阔的革命和反侵略的斗争中逐步走向兴盛、普及。几代报刊的创办者历尽艰辛,创造发明了适合中文的近代印刷技术和印刷规范;近代印刷术的传入和传统印刷术的革新直接导致了大众传播技术和观念的重大变革。①在西方,因为印刷术的革命、廉价报纸的出现,报刊成为名副其实的大众传播媒介,并给广大读者以充分的表达言论的自由,促使新闻出版业兴旺发达起来。媒介技术的每一项革新都能引发新闻传播领域或大或小的革命,也使媒介与公众的关系发生了相应的变化。

20世纪上半叶,平版印刷机和传真机的发明使得报刊媒介的大规模传播成为可能;20世纪下半叶,商务计算机的出现使得电脑编辑和排字系统广泛应用于新闻业,结束了手写新闻时代,加快了新闻的更新传播速度,也加剧了新闻业的竞争。但其实直至20世纪80年代万维网出现之前,可以说新闻传播业还是有很高的技术门槛,普通的公众很难触及新闻产生的过程,更不要说参与并推动新闻报道的进程了。多媒体技术的应用为"公众新闻"提

---

① 黄世永:《中国早期近代报刊的演进》,中华传媒网,2006年3月9日。

供了可行性。①近代报刊的普及史为观察新媒体的演进提供了参照。技术与数量结合的表现之一，在于信息数量的井喷，同时伴随着微内容的汇聚。2011年，全球网站总量突破 5 亿。尽管其中存活的不过三分之一，但也充分说明了网站的繁衍速度之快，信息增长规模之大。随着电子商务、社交网站、移动互联网三大领域的崛起，全球互联网业仍将保持稳步高速发展。网站数量的增长可成为网络信息井喷的一个注脚。中国互联网络信息中心（CNNIC）2018年报告显示，中国网站数量为 544 万个。②

网民形成自组织系统，网络信息自发进行自我创生、自我结构、自我发展与自我传播。

技术与数量结合的表现之一在于网络使用人数的暴增。根据梅特卡夫（Metcalf）定律，网络的价值与网络规模的平方成正比：一方面，庞大的网民数量为网络媒介细分提供了可能性；另一方面，规模庞大和信息超载也提出了网络媒介细分的要求。③在诞生之初，互联网是身在象牙塔中的少数精英可以接近和使用的高端技术，它与数量结合产生规模效应经历了两个历史阶段。第一阶段是从学术化向商业化的转变。根据安德鲁·查德维克（Andrew Chadwick）的观点，互联网的当代史开始于 20 世纪 90 年代。1991 年，美国国家科学基金委员会首次宣布允许在网络中进行商业交易。伴随着网络扩张，新的人群和利益集团涌入到网络行业中来，这大大促进了商业、教育和政府用户的激增，实现了互联网的商业化。第一阶段是从商业化向平民化的转变，这从中国快速增长的网民用户数和互联网普及率可以看出端倪。截至2017 年 12 月，我国网民规模达 7.72 亿，全年共计新增网民 4074 万人。互联

---

① 马蕴：《美国"公众新闻"思潮的历史探源》，中华传媒网，2005 年 7 月 28 日。

② 参见 CNNIC：《第 42 次中国互联网络发展状况统计报告》，2018 年 8 月 20 日。

③ 丁汉青、王亚萍：《SNS 网络空间中"意见领袖"特征之分析——以豆瓣网为例》，《新闻与传播研究》，2010 年第 3 期。

网普及率为 55.8%,较 2016 年底提升 2.6 个百分点。整体网民规模增速保持放缓的态势。

图 2-3　中国网民规模与互联网普及率

世界各国互联网普及率、中美互联网渗透率对比图也预示了中国互联网发展的光明前景。值得一提的是,大众传播媒介用户达到 5000 万人,广播用了 38 年,电视用了 13 年,微博用了不到一年,这显示了网络媒介的超强渗透性。

如今,网络已经成为民间智慧的重要集散地和保障民众知情权、话语权的有力平台。网络舆论发声日益普及,场所越来越多,形式出现多样化,效率也在不断提高。

第一,新闻跟帖。每个门户网站的热门新闻后面跟帖经常多达数万、数十万条。在新浪、搜狐、网易三大门户网站中,网易最注重新闻跟帖形式的互动,甚至提出了"无跟帖,不新闻"的口号。在广东亚运会期间,网易坚持互动第一,新闻的跟帖数量是其他门户网站的总和,赢得了口碑和良好的形象。

第二,BBS 论坛。中国论坛数量之多可以号称世界之最。中国互联网络信息中心公布的《第 31 次中国互联网络发展状况统计报告》中显示,中国网民规模达到 5.64 亿,其中 26.5%,即 1.49 亿用户经常登录网络论坛。截至 2012

年1月,中国约有200万个网络论坛,包括2000万个分论坛版面,居全球第一。2009年,UGC(网民产生的内容)达到11.3亿条,平均每天300多万条,比2008年增长314%。网民的访问率为38.8%,用户9822万人。[①]另外,用户参与度之高也非常显著。有数据显示,2009年,中国网络社区用户的发帖积极性非常高:67.6%的用户每天都会参与发帖,其中,26.6%的用户每天发帖1~4篇,17%的用户每天发帖5~9篇,12.8%的用户每天发帖10~15篇,11.2%的用户每天发帖15篇以上。[②]

第三,最近两年发展起来的新型网络媒介包括博客和微博等。[③]博客在2002年被誉为"博客教父"的方兴东从国外引进,他创办了中国第一个博客网站——博客中国(www.blogchina.com),成为继E-mail、BBS、QQ之后新兴的第四种网络交流方式。博客虽然是小众网络媒介,但经过许多网络媒介观念史事件的历练,已从"记录心情的日记本"转变为就某些大事发表观点的"麦克风"。就用户规模而言,博客是2008年增幅最大的言论载体,有42.3%的网民开设博客的个人空间,用户规模达到1.07亿人。阅读博客也已成为网民上网的重要目的之一。2009年6月,中国互联网络信息中心发布了《2008—2009博客市场及博客行为研究报告》。报告显示,截至2009年6月底,拥有个人博客或个人空间的用户规模已经达到1.81亿人,博客空间的规模已经超过3亿。同时,博客应用率在长期高速增长后趋于稳定,半年用户增长率为12%。就博客活跃程度而言,经常更新博客的用户比例为62.7%,活跃博客作者规模达到1.13亿人。奥美公关(Ogilvy Public Relations)全球社交媒体团队亚太区总监唐克文(Thomas Crampton)表示,2009年12月,中国拥有2.21

---

① 殷秦:《网络论坛的社会影响力》,《网络传播》,2010年第9期。

② 艾瑞咨询:《2009年中国网络社区研究报告》,http://news.iresearch.cn/zt103796.shtml。

③ 李舒、季明:《新媒体冲撞》,《瞭望》,2009年第7期。

亿位博客作者,是美国的两倍多。

第四,社交网站与即时通信群的崛起逐渐成为网络公共参与的途径。截至 2012 年 6 月,腾讯 QQ 同时在线人数历史最高峰为 1.6 亿。而在社交网站方面,截至 2012 年年底,中国使用交友和社交网站的网民数达到 2.75 亿,绝大多数用户对于社交网站均存在复用现象。在用户对社交网站品牌的选择中,QQ 校友录、校内网、新浪空间、51.com、开心网分别以 50%、37%、36.6%、27.1%、26.4% 的比例占据了国内社交网站市场前五名。①

第五,手机成为新媒体参与公共领域的新工具,并与微博等异军突起的社交媒体紧密结合,展现出巨大的社会变革能量。2013 年 1 月,工业和信息化部发布的通信业运行报告显示,全国移动电话已突破 11 亿户,3G 用户达到 3.2 亿户。据 CNNIC 公布的数据显示,截至 2012 年 12 月底,我国手机网民规模达到 4.2 亿,网民中用手机接入互联网的用户占比由 2011 年年底的 69.3% 提升至 74.5%,其最大上网终端的地位更加稳固(如图 2-4 所示)。

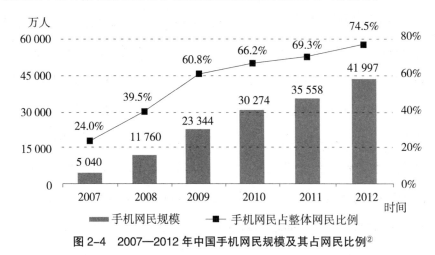

图 2-4 2007—2012 年中国手机网民规模及其占网民比例②

① 数据来自 CNNIC:《中国社交网站的用户行为概况与分析》,2011 年 12 月 21 日,见 http://www.cnnic.cn/research/。

② 资料来源:CNNIC:《中国互联网络发展状况第 31 次统计报告》,2013 年 1 月 15 日。

微博用户经过 2011 年爆发式增长后进入平稳发展期，截至 2012 年年底，拥有近 3.09 亿用户。手机微博用户增长仍保持强劲势头。手机微博用户数量由 2011 年年底的 1.37 亿增至 2.02 亿，接近总体人数的 2/3。牛津大学威廉·达顿（Willian Dutton）对全球 13 个国家的调研表明，亚洲国家在新互联网世界悄然崛起。美国网络调研公司的研究数据也与此结论遥相呼应。美国互联网研究公司 Semiocast 的调研显示，亚洲社交媒体的普及率超越西方，且该地区网民内容生产效率远高于其他地区。2011 年 6 月，亚洲网民在推特上发布的信息数量超过美国，贡献了全球 37%的推特信息，位居全球第一。美国市场研究公司 Forrester 的数据显示，中国、韩国、日本和澳大利亚网民为社交媒体创建视频、音乐和文本内容的速度高于美国网民。

人民网发布的《2010 年中国互联网舆情分析报告》显示，传统媒体不再是唯一的信息源，微博成为网民收发信息的首选载体之一，其涉及领域已渗透到网民社会生活的各个层面。[1]相关统计显示，2011 年，我国网民在各网站注册的微博账号约 8 亿个，微博用户每天发布的信息量约为 2 亿条。[2]仅仅是"微博元年"，网民形象得到重新审视，"理性的网民值得期待""网民正在回归理性"的声音开始响起，网民素质不断提升，网民对社会的影响日益扩大。最为显著的一个表现是，网络热点事件书写了网络观念事件史的新篇章。

总之，新技术一旦被成百万民众所掌握，就孕育了强大的改造世界的力量。公共知识分子于建嵘在"信息技术与民众抗议"的演讲中提到，当前中国的许多公共事件都是由现代信息技术带来的，信息时代将改变中国的传统政治发展道路。网络政治通过舆论压力对社会权力的执行过程和方式进行

---

① 参见祝华新等：《2010 年中国互联网舆情分析报告》，2011 年 1 月 16 日，见 http://www.china/aboutchina/zhuanti/09zgshxs/content_17100922.htm。

② 参见新华网：《我国微博用户日发布信息约 2 亿条》，2011 年 12 月 21 日，见 http://news.xin-huanet.com/photo./2011-12/21/c_12242791.html。

影响,可以缓解公民与政府的紧张关系,最终避免街头群体性暴力事件的发生。只有充分利用现代科技,才能改善干群关系,改善中国的社会政治生态。

2. 技术与功能的融合

学者费希尔(Fisher)认为:"信息通信技术对社会关系网的影响是适宜的、复杂的、间接的和矛盾的,并随技术的变化而变化。"①信息、舆论与技术空前紧密地结合起来,这是现实与虚拟世界之间的一种完全的相互影响。

随着互联网传播技术的快速发展,具有信息采集、加工、制作和传播功能的工具与渠道越来越多,网络舆论也由简单地交换彼此对某一事件看法的信息功能转向更为复杂的导向、沟通和监督功能。即时了解信息、第一时间发表评论成为可能。网络媒体作为主流媒体,固网互联和移动互联都具有更大的发展潜质。它能够链接的传媒资源、内容资源甚至包括社会资源、商业资源都蔚为可观,所以它的发展改写了媒介生态,甚至整体社会经济、文化和政治架构的运作规格与运作态势。②

网络技术的发展也改变了政府传统的线性管理思路与方法。这是因为:"网络使用的点对点连接(P2P)技术,使政府部门难以追踪信息传播流向;网络的搜索引擎功能,使政府不能简单依靠屏蔽和删除网页进行内容控制;网络的高度开放性,使政府部门无法实施垂直管理;网络文学的流行和谐音词的制造,使政府部门难以察觉和监测敏感词汇的传播。"③有学者指出:"微博裂变式的传播也带来了新的管理难题,微博传播不是点对点、点对面的传播,而是裂变式的广泛传播,一个人的微博可以被其'粉丝'转发,再被'粉丝'的'粉丝'转发,不断蔓延,使得微博管理比其他网络应用更为困难。微博

---

① 转引自[美]詹姆斯·E.凯茨、罗纳德·E.莱斯:《互联网使用的社会影响:上网、参与和互动》,郝芳等译,商务印书馆,2007年,第161页。

② 喻国明:《新媒介改变媒介生态》,网易访谈,2010年5月13日。

③ 董媛媛:《由"文化折扣"引发的网络公共危机传播研究》,《今传媒》,2010年第5期。

所呈现出来的公共性,让每个公众都享有公共话语权。这种公共话语权也将会随着人们微博黏性的增加,微博粉丝圈子的扩大以及微博平台影响力的加强而逐渐扩大。"①

技术与应用结合最典型的例子莫过于搜索引擎与人肉搜索的发展历程。

搜索引擎是利用机器自动地收集网络信息并使之有序化的一种技术。为了方便用户在迅速增加的 Web 信息中快速查找到目的信息,1995 年,搜索引擎开始逐渐发展起来,用户可以针对自己所要获取的信息资料,采用一定的方法方式(如关键词等)在网络中查找、发现、辨别、提取并组织成自己想要的目标信息,起到信息引领的作用。北京大学的学者 2010 年的调查数据显示,搜索引擎在国内网民中的深度使用率已达到 79.7%,用户规模 4.29 亿,成为网民第二大网络应用形式。图 2-5 所示的数据尽管来源有所不同,但也印证了这一观点。调查结果显示,"年龄在 19 岁及以下和20~29 岁的网民中,上网时'总是'使用搜索引擎的比例分别高达 41.1%和 36.4%"②。而据商业调查机构中商情报提供的数据,截至 2013 年 12 月,我国搜索引擎用户规模达 4.90 亿,与2012 年年底相比增长了 3856 万人,增长率为 8.5%,使用率为 79.3%。③

表 2-2 我国网民各类应用使用率

应用	2013 年		2012 年		年增长率
	用户规模（万）	网民使用率	用户规模（万）	网民使用率	
即时通信	53215	86.2%	46775	82.9%	13.8%
网络新闻	49132	79.6%	46092	78.0%	6.6%
搜索引擎	48966	79.3%	45110	80.0%	8.5%
网络音乐	45312	73.4%	43586	77.3%	4.0%

① 《媒体称微博带来新话语空间裂变式传播信息》,《瞭望》,2011 年 1 月 16 日。

② 谢新洲等:《互联网问题系列调研报告之一:网民,掀起你的盖头来》,《光明日报》,2010 年 5 月 27 日。

③ 参见网址:http://www.chyxx.com/industry/201403/233137.html。

续表

	2013 年		2012 年		
博客/个人空间	43658	70.7%	37299	66.1%	17.0%
网络视频	42820	69.3%	37183	65.9%	15.2%
网络游戏	33803	54.7%	33569	59.5%	0.7%
网络购物	30189	48.9%	24202	42.9%	24.7%
微博	28078	45.5%	30861	54.7%	-9.0%
社交网站	27769	45.0%	27505	48.8%	1.0%
网络文学	27441	44.4%	23344	41.4%	17.6%
网上支付	26020	42.1%	22065	39.1%	17.9%
电子邮件	25921	42.0%	25080	44.5%	3.4%
网上银行	25006	40.5%	22148	39.3%	12.9%
旅行预订	18077	29.3%	11167	19.8%	61.9%
团购	14067	22.8%	8327	14.8%	68.9%
论坛/bbs	12046	19.5%	14925	26.5%	-19.3%

数据来源：CNNIC：《中国互联网络发展状况统计报告》，见 www.cnnic.net.cn。

自产生以来，搜索引擎技术已经实现了几次突破，在功能上也十分强大。首先，突破了空间限制。Google 搜索的准确性和及时性越来越高，用户在进行搜索指令后，计算机会以云计算的方式快速地在全世界不同的服务器中调集出用户想要的类似搜索内容，有时候仅用数百毫秒而已；脸书（Face-book）作为国外最成熟用户基数最大的社交网络，为了向其用户提供最贴心的服务，正尝试对用户群的行为进行深层次分析，以期能够最精确地满足用户的需求。

其次，超越时间局限。谷歌于 2010 年 4 月推出了推特动态搜索和存档搜索功能。当用户点选某一天来搜索与某一主题有关的信息时，就可获得该日相关推特信息的滚动列表。雅虎的巴塞罗那研究实验室研发的时间探险家（Time Explorer）新闻搜索引擎原型也能够生成贯穿过去与未来的时间轴。搜索引擎技术在中国公共参与实践中的重要作用之一就是转向人肉搜索。

人肉搜索是指,互不相关的陌生人通过不同渠道对同一个人的生活、工作、学习等一切信息进行深入的"地毯式搜索"。人肉搜索引擎其实就是搜索引擎的社区化,它聚集了各地不同阶层、不同知识背景的人,得到帮助的概率也会大大增加。因此,常常发展成为一种网络集群行为。自 2006 年陈瑶事件进入公众视线以来,作为网络舆论的一种强大信息获取和处理工具,人肉搜索与传统媒介的互动日趋紧密。"2008 年,人肉搜索开始深度介入政治现实,如对藏独女生王千源以及对袭击金晶的藏独分子的搜索确认,都显示出了众多网民关注政治、关注国家命运的思想转向。"①事实证明,人肉搜索是最强大的搜索引擎。

人肉搜索作为一种技术,其意义绝不仅限于技术的进步,而是作为网络舆论社会效果乘数效应的孵化器和推动器发挥作用的。人肉搜索在网络微博舆论中的运用是一个动态的过程。网络微博舆论能够持续发生的一个重要条件就是信息流的新要素增加。而普通网民打破原有传统媒介下的信息垄断后,推动信息流动的一个工具便是"人肉事件"。"人肉"的对象不拘性别、职位和文化程度,"人肉"的内容也细致到极致,而"人肉"信息的来源也无奇不有,一个又一个"人肉事件"不断涌现出来。如此的循环往复在众多事件不断扩散和汇聚的过程中,"人肉事件"在数量上和影响力上以层级效应递增。连续不断的扩散也成为推动人肉搜索发展的不竭动力。

此外,撼动中国社会生态,频繁引发网络微博舆论的微博功能设定也证明了技术与功能结合产生的强大威力。专业记者如果想要跟进目标信息进行择优阅读,可以选择微博的"关注"功能;而"新媒体事件"的爆发则往往是由微博中"热门话题"功能自动地根据数据化中网民们关注的热门事件或者

---

① 杨孟尧:《网络社区"人肉搜索"初探》,《东南传播》,2008 年第 7 期。

话题进行排序。如果想要抓新闻热点事件,记者就要优先浏览"热门话题"。

综上,技术与应用的结合具有变动性,同时也具有延续性。传播技术的发展史表明,许多旧有传播技术正在实现与互联网的互联互通和接轨融合。如手机与互联网对接产生的微博等新媒体形态创造了新的"网络舆论盛宴",实现了人人都有通讯社的新的舆论生态;有线电视将电视产品应用到互联网,并开始使用互联网播出。数字电视、数字高清电视等新形式的出现,都是在旧有媒介形式的基础上挖掘新的功能。优兔(YouTube)的出现令网上流传的各种信息更多、更精彩,传送范围更广、速度更快;脸书(facebook)则让市民就各种议题组成群组,跟志同道合者联系起来,交换信息之余亦很可能强化自己的理念,为网络舆论产生蝴蝶效应奠定有力的基础。

3. 技术与规则的整合

缔元信数据公司总裁秦雯指出,以社会化网络系统(SNS)为代表的新技术已经开始推动互联网应用产生革命性变化。其主要特征就是使互联网从以文本为核心的架构转型到以人为核心的架构。技术的发展降低了人们发布信息的门槛,表达意见的手段更加多元化,并改变了现行规则,技术与规则的融合释放出惊人的能量,提高了传播效果。

第一,网络社会实现了信息价值的最大化。信息价值是指,信息随着交换强度及内部流动的持久性增加而产生的作为一种特殊商品的效用。信息价值具有特殊性。首先,它具有时间性。信息价值与时间性成反比。获得和使用信息时间越早,效用越高。超过一定的时间后,信息价值就会递减为零。这在网络信息交换中表现得非常明显。第一个爆料或发表评论的人常常被奉为意见领袖;而后知后觉的人则是被影响的人。其次,信息价值具有相对性,也叫主观性。作为一种经验商品,信息价值需要通过实际的需求来体现,最终价值取决于决策与应用的水平。例如,网络世界的权利救济信息对于相同境遇的人价值很大,而对其他人价值则相对缩小。再次,信息价值具有累积性,它不会因为使用次数和频率的增加而减少。相反,通过多人对信息的汇总、整合和分析能够增加信息价值,加深对事物本质和发展趋势的认识与理解。网络媒体创造的网络多媒体专题形式就是信息累积效应的一种表现形态。

第二,注意力价值在网络社会得到了充分的体现。诺贝尔经济学奖获得者赫伯特·西蒙(Herbert Simon)说:"随着信息时代的到来,有价值的不是信息,而是你的注意力。"虽然这只是作为信息价值相对性的另类表述,但也强调了注意力价值的重要性。注意力价值通过主动搜索、正常获取和被动注意三种形式体现出来。注意力之所以有价值,最大的原因在于其有限性。由于每个人一天只有 24 小时,因而其注意力是有限的,社会所有人注意力的总和也是有限的。网络信息的海量性正好对比出了有限注意力的无限价值。换句话说,在网络虚拟社会中,"围观改变世界"是对有限注意力价值的最好注解。另外,注意力具有增值性,它能够与接收者的创造力结合进行信息的二次生产,从而实现增值。

第三,微博颠覆了现实世界的许多游戏规则,创造了新的"优胜劣汰"标准。它将手机和网络天衣无缝地连接起来,每个人都可以用最短篇幅、第一时间报道一切,原来的信息使用者变成了信息提供者,真正实现了"微革命",成了"微动力"。它的真正动力来自于与现实社会关系的交错(见图3-8)。它创造的新规则包括,受众数与信息影响力不再成绝对的正比关系。如娱乐明星尽管在微博上拥有数量众多的粉丝,但其影响力却只限于娱乐八卦、商业消费等领域,在公共事件上的权威性远逊于知识分子;如每条信息经过在网络意见自由市场的发酵和评审后,许多实体社会的"正面人物"在微博上变成"负面价值观"的体现者。唐骏的"学历门"事件虽然没有动摇他的现实地位,但在微博上却名声扫地;周立波对方舟子不负责任的发言,从"海派清口"成功转型为"海派粗口",在网络世界贻笑大方。

第四,互联网"公民记者"的普及一再刷新媒体报道及时性的概念,在新闻传播史上第一次使实时报道成为可能。尽管微博难免夹杂着或者说势必夹杂着谣言和传言,但经过传统媒体的二次把关及网络媒体的自我净化程序,大多能够实现信息的厘清,乃至实现社会动员,达到改造世界的终极目的。《凤凰周刊》记者邓飞利用微博进行的厕所攻防战,使得事实与新闻报道同步推进。信息成为瞬时实现社会动员的内在动力之一。

第五,互联网世界中,协作精神得到了推崇和发扬。网络的技术特性改变了中国社会旧有的许多规则,如打破封闭,实现网友之间的信息开放;鼓励创新,任何一种可能、任何一个细节在网络世界都会受到重视,并成为创新的萌芽;倡导信任与共享,恢复侠义精神与重建公共领域等。当然,并不能过于美化网络世界重新制定的这些规则,技术特性同时也带来信息过剩导致的虚假繁荣,信息虚假导致的注意力浪费与社会恐慌等。但归根结底,网络舆论的社会功能只有在参与规则制定与制度安排的前提下才有实现的可能。

第六,网络微博舆论实现了"清议"传统的复兴。所谓清议,原是中国传统社会中的"准公共舆论",几乎可与君权、相权鼎足而三,它起源于两汉乡里之评,唐朝以后渐转入庙堂。在传统中国,清议大约有以下几种传播方式:以言官、言路为核心的制度传播,以学校、结社为核心的组织传播、人际传播及大众传播。自近代报刊发轫后,知识分子常以报章为论辩往复之所,舆论风潮由此而生。

中国古代的清议传统,以天下为视野,以天下为对象,对传统政治既有补充和完善的作用,又具有泛道德性,进而偏离其政治批判的路向。这种传统的存在一方面源于传统的儒家思想资源,另一方面则是因为传统政治制度为其存在提供了一定的空间。这与当今中国网络上的舆论特征有一定相似之处。可以说，网络舆论的勃兴既是时代发展的产物，也是历史传统的延续。

(三)微观的个体特殊性——社会集体意识的投射与个人际遇的触发

政治机遇结构与技术的政治特性为网络微博舆论的发生提供了宏观和中观维度的解释。从微观层面而言，这些事件又是社会集体意识的投射与个人际遇触发的结果。

1. 社会心理的聚合

根据亨廷顿 1974 年对发展中国家动荡指数的统计数据，当人均国内生产总值达到 1000 美元时，社会矛盾反而较发展初期显著加剧，到人均 3000~4000 美元时，这种现象会逐渐消失。中国的情况却有些例外。2011 年年底，我国人均国内生产总值已达 4800 美元。与世界发达国家韩国相比，1970—2008 年我国国内生产总值的增速也高出不少。然而，这种人均国内生产总值数字的"大跃进"并未改变中国社会转型期矛盾多发的特征。由于贫富差距、城乡二元结构等社会经济矛盾未能消除，社会转型带来的利益差别和利益分化，利益分配制度的正义缺失及利益分配不公导致的仇富、仇官等心理成为社会心理的典型特征。突出表现是对公权力机构的不信任运动频发，且越到基层政府，信任度或者说公信力越低。据北京大学中情研究中心于 2008 年 4 月至 6 月完成的调查显示，中国公民对中央政府和中国共产党表示"非常信任"和"比较信任"的比例为 94.56%，对县 / 市政府"非常信任"和"比较信任"的比例为 68.67%，而对村委会 / 居委会表示"非常信任"和"比较信任"的比例则降至 60.21%。由此可见，民众与政府之间存在着"信任鸿沟"，这甚至比信息鸿沟更难填平。这便出现了一种类似于"塔西佗陷阱"式的"不相信运动"。在这种心态之下，引发了另外一种普遍的社会心态——要求权力救济的补偿心态。

一旦敏感因素被卷入了网络舆论公共事件之中，舆论便会要求在个体事件中得到更多的信息和更多的权利补偿，从而导致了舆论绑架的危机。

社会转型期，各种利益纠葛和社会思潮泛起，关于话语权的争夺也格外激烈，网络舆论成为公共参与的途径和情绪宣泄的新渠道。当4.28亿网民开始使用网络这种"新"载体进行交流、沟通并表达自身的诉求时，新的舆论形态就在网络传播中形成了。表面看来，热门议题往往是突发的、偶然的，但其实是有历史原因的，是现实矛盾在起作用，是社会情绪在网络世界的投射和放大。

2. 个体事件的触发

当社会蓄积了一定的情绪时，其热度已经达到了燃点，只要一个微小的火星就可以发生燃烧，甚至形成燎原之势。这个"火星"的触发具有偶然性。但由于其存在的相对普遍性，也相应地具有了必然性。2011年2月发生的"冷血微博事件"也说明了社会心理是网络微博舆论的根源之一。医患关系是复杂社会关系的集中表现，病人与医院之间存在利益冲突，同时由于信息不对称等问题，社会情绪较为严重。此时，一个小护士随意发表的"下班再死"的言论就成为医生冷血的证明，并经微博转发，形成了强大的舆论风潮。

可见，宏观的网络热点效应是微观上情绪变化、利益驱使、信息和观点接力的结果。因此，议题容易发展成为网络事件，看似偶然实则必然。议题与网民自身的利益直接或间接相关，涉及深层次的矛盾，能够激发潜在的社会情绪。社会心理的累积和个人际遇的触发二者一旦结合，就具备了网络微博舆论发生的微观条件。

因此，在网络微博舆论中，实际上存在着脑海图景子系统、社会心理子系统及技术子系统，三者交互作用，共同形成蝴蝶效应发生的微观背景。

"'脑海图景'（The pictures in Our Heads）的概念源自李普曼的《舆论学》一书，是指受众通过接收媒介传播的信息而形成的对外部世界的主观感知和印象,其作用在于把臆想的秩序及联系加诸庞杂混乱与无所适从的身外世界,变无序为有序,从而为自身提供一个'可触可见可思议'的环境。"①所接收的信息包括事实信息和意见信息两部分。在网络媒体成为主流媒体之前,媒体制造的"拟态环境"决定了人们的"脑海图景"。换句话说,人们认识到的世界是一个被媒体建构的世界,受众的"脑海图景"因媒体更为剽悍的"拟态环境建构能力"而更为"中介化"。

在网络世界,作为"个人的媒介",它实现了世界就是平的畅想,实现了世界各地的人们可以随时随地进行单向或多向的连接目标。它打破了以往的星形传播模式,取而代之的是网状模式,彼此之间是点对点、多对多、水平散布、双向的。换言之,受众的"脑海图景"除了被他构之外,还有自我建构的能力。这种自我建构的途径除了以往的接收信息、进行解码之外,还具有聚合、反思、澄清、重复、评论、追溯、展望、挖掘等。在某一方面具有高度相同特点的网民往往会组成特定的网络社区,也就是我们常说的"人以群分"。作为独立个体存在的个人,通过网络在社会信息交流中获得了卓越的主体地位,这主要表现在个人从大众传播时代的被动受众体转变为个人传播时代的主动传播者。

网络微博舆论的发生内部存在一个技术子系统。在这个系统中,首先,技术的发展降低了人们发布信息的门槛,因此有更多的受众参与传播,打破了"沉默的螺旋"的怪圈;其次,技术的先进性使得表达意见的手段更加多元化,从而提高了传播效果;最后,评论手法的炉火纯青也赋予了网民嬉笑怒骂皆可成文的评论家地位。在技术子系统中,最为引人注目的便是搜索引擎技术的普遍运用。"在人肉搜索不断扩散的过程中,技术的完善和发展是其继续扩散的动力,而环境的净化和规范的树立是其扩散和发展的有力支撑。人

---

① 李彬:《传播学引论》(第 2 版),新华出版社,2003 年,第 201 页。

肉搜索是一个动态的扩散过程,在这个过程中,不断涌现出一个又一个'人肉事件',而在众多事件不断扩散、汇聚的循环往复中,'人肉事件'在数量上和影响力上以层级效应递增,成为一个引起世界关注的中国独有的网络社会现象。扩散的连续不断也成为推动人肉搜索发展的不竭动力。人肉搜索又是一个符号,这一符号性称谓形成于一系列人肉搜索扩散传播之后,是当这些过程显示出强大的'人民运动'威力以后,人们赋予其的名称。这个符号的背后象征着民意、自由、平等话语权的追求与真善美的诉求。人肉搜索是在机器搜索无法满足受众搜索需求的前提下被'创新'的产物,也是随着一系列事件不断'扩散'后的结果。"[1]

综上所述,当前对于网络技术特点的过分强调陷入了技术决定论的泥沼;对舆论管制研究的缺失导致对网络微博舆论抱有网络乌托邦幻想;传统媒体与关涉方反应的内在动力的漠视阻碍了研究的深入,停留在对现象的描述层面。技术条件—政治机遇结构—社会心理映射三维互动结构是微博舆论的立体背景(见图 2-6)。

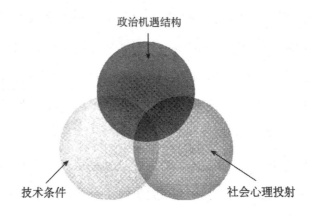

图 2-6　技术条件—政治机遇结构—社会心理映射三维背景

---

① 储诗敏:《透析人肉搜索的创新特征》,《今传媒》,2009 年第 12 期。

第三章
微博舆论的政治功能

一、微博舆论的政治伦理化

（一）微博技术与政治伦理

微博包括 140 字的短微博、长微博及微博图片、文章、网址等，主要以发短微博为主，以其他方式为辅。微博技术手段就所要达到的主观意图来说，分为积极技术手段和消极技术手段；就公权与私权的角度来说，分为公共技术手段和私人技术手段；就适应性来说，分为临时技术手段和长期技术手段。公共技术手段从主观意图来说，积极技术手段推行核心价值观念和意识形态，维护政治稳定和社会稳定；从消极技术手段来说，防止不利于传统核心价值观念、意识形态和破坏稳定的观点产生和扩散。

公共技术手段包括实名认证、监控、屏蔽、销号、取消认证、删帖、禁言、断网甚至侵占私人微博账号等。私人技术手段包括互听、独听、拉黑等，同时，私人技术手段以公共技术手段为前提，没有公共技术手段的支持，私人技术手段也就不可能存在。

实名认证是对上网络、上微博的网名进行实名制认证,证明微博用户的真实身份。监控与屏蔽主要包括对敏感词、敏感人物、敏感文章、敏感事件、敏感内容的屏蔽。当然,屏蔽敏感内容不仅限于微博,而且包括整个互联网,而微博只是互联网的一部分。销号和取消认证就是取消了微博网民在网上的言论发表资格,其理由主要是公共权力认为散布了不当言论、对制度进行恶意的攻击、危害国家公共安全、国内外敌对势力言论等。删帖主要是针对公共权力不当的言论进行删除,对不当言论的删除主要采用的是自动化的技术手段。禁言有短期禁言和长期禁言,短期禁言一般在七天左右,长期禁言一个月到半年不等,如果永久性禁言则与销号等同。断网涉及的基本是重大事件、民族问题、环境保护问题,当这些重大问题严重影响社会稳定、民族和谐而又不可控时,则可能实行断网。侵占私人微博账号,是指公权用非常规手段侵入私人微博号,发布有利于公权力的微博。

私人技术手段分为积极手段和消极手段,积极手段主要是互听、互粉、独听良性互动,互听与独听就是微博网民互相把双方当听众,也称之为互粉,即双方都是对方的粉丝。独听是指网民因喜欢某一个人或者某一个人的思想观点而独自听另一个网民。消极手段包括拉黑、删帖。拉黑是私人运用的最主要的手段,通常来说就是拉到黑名单,屏蔽某人言论。

无论是公共技术手段还是私人技术手段一经运用,就会产生政治伦理问题。如果技术手段运用得好,就会有利于加强公共伦理和私人伦理建设,维护政治稳定、推动社会进步。如果处理得不好,会引发伦理悖论。这可以通过公共技术政治伦理与私人技术政治伦理两个层面进行分析。

1.公共技术手段带来的技术伦理问题

(1)监控悖论。对意见领袖的监控成效有限。因为微博时效快,管理很难跟上,一个网络事件的聚集与扩散无论何种管理都具有一定的滞后性,即使对特定的意见领袖的监控速度仍然追赶不上网民的对意见领袖观点的复制与传播,而且监控一个意见领袖就会有新的意见领袖产生。意见领袖有的是固定的,有的是不固定的,是不断变化的,原本就是一个网络中的普通网民,可能就是因为在现实中或在网上做了或说了一件重大事情,而引起了众多网民的围观,成为网民心目中的英雄或意见领袖,瞬间便成为意见领袖。

(2)技术悖论。自从公共权力主张并逐渐采取实名认证以来,受到了部分网民的抗议和反对。从公共权力采取的屏蔽、销号、删帖和禁言来看,效果好坏并存。好的效果是部分地达到了公共权力本身的目的。坏的效果是这些技术手段功能有限,并催生了一些网络新语言形式,其中包括拼音形式、英语形式、谐音字形式、历史事件形式、历史小人书形式、暗喻形式、比喻形式等,这些层出不穷的语言形式消解了屏蔽、销号、删帖和禁言的强势功能。对于销号,尤其是网上有影响力的销号也会激起其粉丝的愤怒和不满,他们还会在自己的微博里或网民名字上重现销号者的名字,并为销号者呼吁,这反而扩大了销号者的影响,收到了与公共权力预期相反的效果。[①]

(3)意图悖论。公共权力运用微博技术传播其核心价值观念和意识形态是微博技术的主要目的之一。这是因为:"微博以快捷、便利、成本低的传播方式,彻底改变了过去那种单向传播、单一信息,被动接受的'信息灌输'、'理论灌输'的传播方式,这让使用者空前活跃,队伍与日俱增。推动马克思主义大众化,必然要求马克思主义走进微博,让微博成为马克思主义理论的新载体。"[②]但从实际的效果来看,意识形态进入微博遇到了空前的挑战,意识形态

---

① 参见木然:《公民夜话》,共识网,来源:2012 年 3 月 27 日,http://www.21ccom.net/articles/sxwh/shsc/article_2012032756334.html.

② 张爱军:《让马克思主义进微博》,《辽宁日报》,2012 年 12 月 4 日。

的微博在网上难以收到正效应。

（4）宪法与法律的悖论。公共权力伦理制约着公共权力技术伦理，公共权力的基本伦理就是法无授权不得行，公共技术也必须在法律的框架下行使，必须受到法律的约束。公共权力运用网络技术进行屏蔽、销号、删帖和禁言，有悖于公共权力伦理，具有破坏宪法与法律之嫌，因为我国宪法和法律明文规定，中华人民共和国的公民有言论自由的权利，任何组织和个人不得违背宪法和法律来破坏言论自由。

（5）公益悖论。与政治现实一样，公共权力是为公共服务的，追求公共利益的，但公共权力有时也会出于既得利益集团、自身利益的考虑而追求自己的利益。公共选择理论认为，政府也如同经济人一样，会追求自身政治利益的最大化，如果微博言论和内容不利于政府自身利益最大化，就会屏蔽其相关内容，从而达到维护自身利益的目的，这有悖于公权政治伦理。更为严重的是，公权侵占私人微博账号一则违法，二则违背了社会公道，降低了公权的公信力和执政的合法性。

2. 私人运用微博技术带来的政治伦理问题

（1）成本与收益不成比例。微博的文字内容更新极快，几分钟就更新成百上千条微博，对于网民来说，网博事件、微博价值观更新速度极快，微博信息严重超载，让微博网民目不暇接，极大地增加了网民选择的心理负担、判断负担、承受成本，而发表评论、转播微博又具有不确定的政治风险，成本与收益不成比例，甚至是零收益负收益，且收益具有难以预期性。这种不成比例的关心使得网民政治责任呈现下降趋势，逃避自由的意识增强。

（2）自主性与被操纵性并存。一方面，微博网民是自由的、自主的；另一方面，又特别容易被别人操控。人们的表现会接近于勒庞所描述的"乌合之众"，他们一方面表现得特别不服从权威，另一方面又在操纵下特别容易对权威产生崇拜甚至盲从。微博中的狂热之士一方面喊着打倒一切、怀疑一切，另一方面喊着谁敢反对某个权威我们就打倒谁。微博可以无限制被评论，显示很精确的转发数，还带有长微博功能。这些性质不但使得微博在中国有替代博客的趋势，而且增加了"水军"在中国微博中的重要性，使得中国的微博更容易形成强势意见领袖和网络红人，而网民也有了更大的被操纵的危险。[①]

（3）尊严与恐惧并存。一方面，"人天生是个政治动物，对政治有着本能的热情和冲动。在现实中，人的政治人属性难以得到尽情释放。而在微博上，人们可以相对充分地谈论政治，甚至嘲笑政治，从而部分地满足了作为政治人的心理快感和心理需求，满足了人们对公民权利的诉求。尽管网络自由有限，言论自由有限，但有限的自由也是自由，公民们从而获得了人之称为人的价值，获得了人之称为人的尊严。同时，当公民权利受到公共权力伤害的时候，公民还可以通过微博表达自己的思想、观点、意见、要求，并以期获得网上公民的支持与鼓励"[②]。另一方面，由于网络技术的定点、定人监控、销号、禁言等，造成了网民的恐惧感和不安全感，语言表达的真实性受阻。微博技术本身带来的恐惧是最大的恐惧，使每一个具体的网民的私人空间严重受限。

（4）微博技术的虚拟性与真实性并存。尽管微博技术在其后台逐渐采取了实名制，但其显示的页面还是具有一定的自主性，即网民可以随时随地根据自己的兴趣、爱好、关注点给自己起一个网名。网名或与其实名相符，或与其实名相悖，真实与否取决于个人的选择。网名具有虚拟性，这种虚拟性使得网民可能会放弃对自己的约束，如果不对微博的意见力量进行约束，不用政治伦理对意见进行规导，也会导致微博的多数人的意见暴政。

---

① 赵鼎新：《中国微博特色在于网民更可能被操纵》，《东方早报》，2012 年 4 月 26 日。

② 张爱军：《人们为什么爱微博》，《中国青年报》，2013 年 7 月 22 日。

（5）微博拉黑导致效果不良。这一方面是听不到不同的价值观点，堵塞了听取不同观点和意见的渠道；另一方面也失去了与对方交流的机会。

（6）私人技术越界。私人技术是维护私权的手段，是为私权服务的，一旦私人技术超越其边界，就会破坏私人领域、破坏法治、破坏公共秩序。

（二）微博内容与政治伦理

微博对传播的内容进行了技术设定，决定了其内容必须以"微"化的方式表达，这具体体现在以下方面：

（1）思想主义的"微"化。各种主义、思潮、价值在微博中不断发生变异。由一而生多，由多合一的情况不断出现，不同的碎片化的亚种主义、亚种思潮、亚种价值观、亚种理念、亚种思想不断衍生。社会主义、民主社会主义、自由主义、民主主义、民族主义、民粹主义、混合主义、自由左派、自由右派、老"左"派、老右派、新左派、新右派、维权派等各种主义，各种价值观，各种思想，各种理念，各种新名词、新概念呈现出百花齐放、百家争鸣的多元取向。但无论何种主义、何种思潮，都因微博而失去了系统性、完整性、逻辑性、全面性和历史性，以"微"化的方式显现出来。

（2）革命心理的"微"化。尽管从现实来看，革命的现实性极小，但革命的可能性却是存在的，也是不可否认的。公平正义问题还没有从根本上解决，改革的红利在底层获得相对较少，相对剥夺感较强，再加上历史上长期的意识形态的革命传统教育，底层公民权利难以得到保障，产生革命心理是必然的。由于底层的公平正义呼声在传统媒体、现实媒体难以表达或表达不畅，网民的革命心理就借用微博的平台表达出来。一些网民的革命心理使他们拒绝任何渐进的改革，他们认为只有革命才能解决公平正义问题。

（3）仇恨心理的"微"化。仇恨心理会通过造谣传谣、恐吓威胁、谩骂攻击、制造恐慌、网上约架、网上"注水"、无中生有、诋毁中伤、煽动诽谤、迷信暴力等方式扩展仇恨、扰乱人心、制造事端。微博的仇恨心理表达明显、指向性明确。这些仇恨或者是对具体个人的仇恨，或者是对权力的仇恨，或者是对政党的仇恨，或者是对历史事件进行评估的仇恨。值得一提的是，微博的仇恨心理有时也是通过正义感的伪装来表现的，比如以爱国的方式宣泄仇恨心理。

（4）极端非理性的"微"化。这主要表现在：网上言论之不知自律、混乱、缺乏良序；国人还没太学会在公共空间就公共议题理性协商；微博侵害隐私、动辄人肉搜索；民粹之风盛行，民意就容易被操纵。

由于微博的理性与非理性并存，所以在微博内容的发表与阐述的过程中出现了以下的基本困境：

（1）公民瓶颈的"微"化。微博政治伦理需要公民身份的认同和公民意识自我认同，唯此才能行使公民言论自由的权利，履行公民的义务。通过部分微博言论和图片所表达的意向来看，一些人的封建专制思想和封建臣民意识还有一定范围和程度的影响，就是那些高喊民主自由的人，其骨子里仍然具有专制的基因。也就是说，微博的言说缺少对公民身份的共同认可，缺少对公民意识的自我认同，从而使公民言论自由的公民性、平等性受损。

（2）共识瓶颈的"微"化。微博政治观念不是独立的，而是依附性的，即微博政治伦理来自于不同的主义、不同的学说，民主自由价值观并不是独立的政治观念，对自由民主的理解受制于不同的主义、不同的学说。比如对民主的理解也是五花八门。诸如自由主义式的民主、社会主义式的民主、民主集中制式民主、民粹式的民主，婆说婆有理，公说公有理，都在说民主，都在说不同的民主。就连民主的主体也是概念不清，能否使自由民主本身形成一整套独立的政治伦理观念，使之不受制于不同的主义和学说，进而在独立的政治伦理上取得共识，还需要进一步的观察和分析才能得出结论。

（3）理性瓶颈的"微"化。共识需要理性，没有理性的共识是感情的共识，感情的共识是不稳定的共识，是临时性的共识，感情共识还容易造成真相误判、历史误判、常识误判、真话误判等各种误判。没有理性的共识是非理性的共识，非理性共识容易使共识脆弱化、极端化。理性的共识才是稳定的共识，长久性的共识，理性的共识来自对于自由平等的内在信念和深刻理解，对良心自由、思想自由、言论自由的捍卫，对人格平等、道德平等、法律平等、机会平等的不懈追求。"微"化的理性瓶颈在于，微博言论往往受制于意见、受制于偏见、受制于情感、受制于主义，难以形成政治的、独立的、受公共理性导致的重叠共识。

（4）信任瓶颈的"微"化。从政治常识来说，一个健康的社会，是官与民和谐的社会，是官与民互信的社会。一个非健康的社会，是官与民敌对的社会，是官与民缺少信任的社会。遗憾的是，至少在微博上，官与民是缺少信任的，官与民呈现了信任危机态势。由于缺少应对网络的经验与技术，由于对网络公布的事件防不胜防，更由于个别官员对现实事件的推诿掩饰、掩盖打压，滥用公权，私用公权，导致了网民的不信任。其导致的直接结果就是，凡是官员进行解释的都是不可信任的，每一个解释、每一种解释都会引来若干的批评和怀疑，由此导致了信任共识陷入困境。

微博政治伦理的形成与发展是初步的，微博政治伦理的瓶颈现象却不容忽视，形成的政治伦理底线共识是脆弱的、不稳定的，对微博政治伦理进行疏通、规范与引导十分必要。

（三）微博传播与政治伦理

在 2013 年，我们选取了 100 个较有影响力的微博账户进行跟踪研究，这 100 个微博账户全部来自新浪和腾讯。100 个账户按博主身份划分为九类：媒体机构、媒体人、工商业界、学者、官员、作家和娱乐界、自由从业者、律师、其他，每类人数不完全一样。100 个微博账户选取标准是：在新浪或腾讯影响力单项排行榜（月榜）进入前 100 名、符合粉丝数在 10 万以上且日均更新 5 条以上及在新浪和腾讯都有账号的博主，选粉丝数量多的账号。每个星期定期发布每周排行榜、每月排行榜、每季度排行榜、半年排行榜及年度分析总结报告，并且制作了《微博上的中国》网页。①经过半年的跟踪研究发现，排行榜主要是多层面互动形态，其主要标志是点击率、评论率、转播率三个核心衡量指标。这表明，微博技术给网民提供了良好的互动平台，在这个平台上，互动分为若干不同的主体，这主要包括：意见领袖与草根微博言论互动、官媒与自媒体互动、意见领袖与意见领袖之间互动、官员微博与普通网民之间互动、草根与草根互动等。

1. 微博互动的类型

（1）意见领袖微博与草根微博的互动。意见领袖微博是指那些粉丝众多并实名认证的微博，意见领袖微博有时与公共知识分子微博等同，其粉丝都在数十万以上。意见领袖们思想敏锐、观察角度与众不同且富有感召力，一条微博转发与评论低则上千，高则几十万，他们的个人影响力甚至超过现实的传统媒体。网络那些粉丝少而又影响力不大的草根网民也想通过微博的 @ 功能引起意见领袖的注意，以此希冀通过意见领袖的转播与评论扩大草

---

① 微博中国，http://www.weibochina.org/。

根微博的影响,每一次意见领袖对草根微博的评论、转发都提高了草根微博的影响。相对比较而言,草根微博转发、评论意见领袖的多,意见领袖转发、评论草根微博的少,除非大 V 们认为草根微博具有转发的重大意义。

(2)官媒与自媒体互动。新华社前总编辑南振中曾率先提出:当今中国客观上存在"两个舆论场",即由党报、国家通讯社、国家电视台组成的官方舆论场;市场化媒体特别是互联网构成的民间舆论场。两个舆论场重叠的部分越大,舆论引导的针对性和有效性越强;重叠的部分越小,舆论引导的针对性和有效性就越弱。如果完全不能重叠,主流媒体就有丧失舆论影响力的危险。人民网舆情监测室作过一个粗略比较:20 世纪 80 年代的 20 件热点事中,50%完全由官媒设置议题;30%由官民良性互动,如知青回城、包产到户、刘少奇平反、经济特区等;20%由自媒体设置议题,如西单民主墙、邓丽君、学潮等成为"敏感词"。这相当于官媒掌握了 80%的话语权。但到 2010 年,20 个热点中如"我爸是李刚"事件、富士康员工跳楼等多数被封堵,舆论引导有正面效果与反向作用的各占约 30%,官媒仅占 25%的话语权。①

(3)意见领袖与意见领袖的互动。由于意见领袖的粉丝众多,意见领袖之间的互动的同时也带来了意见领袖粉丝之间的互动,意见领袖之间的影响力带来了意见领袖粉丝之间的影响力。意见领袖互动也分为几个层面:有的意见领袖重点关注思想,可称为思想意见领袖之间的互动;有的意见领袖重点关注案件,可称为案件意见领袖;有的意见领袖重点关注公民权利,可称为权利意见领袖;有的意见领袖重点关注民生,可称为民生意见领袖,有的意见领袖重点关注娱乐,可称为娱乐意见领袖。意见领袖关注的问题都是

---

① 罗昌平:"实名举报需要大 V 和官微联动",网易,2013 年 6 月 15 日,http://help3g.163.com/13/0615/06/91D22PVB00964JJM.html。

政治界、思想界、舆论界、娱乐界的标志性问题,社会转型时期重大问题,舆论的热点、难点、焦点问题,每一个意见领袖的微博的蝴蝶效应都十分明显。

(4)官员微博与普通网民互动。一方面,官员微博与普通网民微博互动是客观存在的;另一方面,对于二者的互动又难以进行细节性观察。对官员微博与普通网民进行界定有一定难度,其难度主要体现在官员微博粉丝多,但收听的人相对较少,而且其中的粉丝官员身份难以辨认。

(5)草根互动。草根微博不但与意见领袖在政治上互动,而且也在草根微博之间互动,他们谈论政治、捍卫自身权利、关注政治伦理。他们能够反映社会意见,是意见领袖意见的主要来源,在一定程度上是社会发展的晴雨表。

(6)网络水军互动。网络水军是指在论坛大量运用灌水、诽谤、诬陷、抹黑等手段攻击竞争对手、编造轰动事件、混淆公众视听等。政治上的"网络水军"也大量存在,他们对政治事件、政治问题、意识形态问题、政治人物或褒或贬,从而达到操控或影响政治发展势态、政治舆论、政治运行按既定轨道行进的目的。

2.互动引发的伦理问题

(1)微博自由的界限问题。微博自由都是个人言论自由在网络上的延伸,微博自由的边界仍是法治。微博的言论自由必然要求法治来保障,没有法治的保障,微博的言论自由就如同脱缰的野马,使言论自由变成言论暴政的自由。乱用言论自由的自由,会超越法治的界限,侵犯他人的隐私,以正义名义破坏私人领域,从而对他人的人心和人身造成伤害。微博自由的最大化在逻辑上必然要求法治的最大化,法治的最大化就是指,凡是法律没有规定的,其言论在微博上都可以说。微博上的网民每一个人都有平等的言论自由,都有平等的法治保障。微博自由的最大化在逻辑上必然要求权力的最小化,其理想的境界是没有权力的乌托邦世界。没有权力的乌托邦世界毕竟是不现实的，它不能保证人们不互相伤害，即使不互相伤害，没有权力也会带来诸多的不便。在现实世界，权力的最小化就在于执行规则，保障宪法的言论自由在微博上得以贯彻和落实。

（2）意见领袖们的政治责任问题。意见领袖们的政治责任也是微博自由的责任，同时又比微博自由的责任更大。具体有以下责任：①传播思想的责任。一个微博承载的思想其力量是无穷的，其影响力、冲击力是巨大的，其思想的破坏力是也巨大的。意见领袖在传播思想时一定要慎重，不能追求思想的华丽外表，不能追求思想煽动的效果，而要传播思想的理性。在非理性思想中寻求理性，在思想多元化中寻求理性共识，在理性共识中寻求包容。②舆论引导的责任。意见领袖不是社会不满的发泄者，不是社会灾难的控诉者，不是网络暴力的支持者，不是网络意见的跟随者，不是仇恨的制造者，而是理性的捍卫者。意见领袖的政治责任在于分析微博舆论的根源与机制，探求解决与化解民怨之道。③辨别是非的责任。网络言论鱼龙混杂、泥沙俱下、传谣造谣在所难免。意见领袖不应被各种言论所裹挟，在各种言论中应保持独立的价值立场及客观公正的立场。

（3）官员们的政治责任问题。官员微博的政治责任的核心就在于为微博言论自由提供保障。这要求官员微博的政治责任一方面要履行公共权力，使公权不在网上超越权力界限，在界限之内为网民服务，使公权在微博领域保障公民的言论自由；另一方面通过微博这一平台观察民情、协商对话、化解民怨，使以民为本、执政为民落到实处，而且要充分意识到网络公民不是抽象的人民，而是具体的公民。如果说在现实中官员要落实好群众路线，那么具体体现在微博上就是要落实好公民路线，解决微博公民诉求的思想问题和现实问题。

（4）网民们的政治责任问题。微博技术一方面缺乏现实社会中的礼仪、权威、法律关系的约束;另一方面却特别容易在网络公司、金钱等的操纵下迅速形成虚假舆论和权威,从而导致政治责任的缺失。因此,网民应该增加政治伦理意识,增加法治意识,提升责任感,要充分认识到,微博网民在运用言论自由的同时,不可忽略言论自由的责任担当。

微博技术的政治伦理、微博内容的政治伦理与微博传播的政治伦理三者并不是截然分开的,三者是相互影响、相互渗透、交互重叠的。微博技术是前提,没有微博技术,就没有微博内容的传播,就没有微博的传播与互动。微博技术作为实现公共权力的手段,微博技术的政治伦理必然影响微博内容的政治伦理的实质、形式、边界及范围,必然影响传播的政治伦理的速度、广度、深度、时间及空间。微博内容的政治伦理如"自由主义的剃刀",修剪与限制微博技术本身政治伦理的无限扩张和公共权力的无限渗透,为微博内容的政治伦理留下特有的空间和地盘,为微博传播政治伦理打下了良好扎实的基础。微博传播的政治伦理为微博技术本身的政治伦理拓展了空间,也限定了其存在与发展的空间。微博传播的政治伦理为微博内容的政治伦理提供了平等启蒙互动的立体维度,也化解了被动灌输的不平等传播模式。

总之,微博技术带来了政治伦理问题,深入研究这些政治伦理问题具有重要的理论意义。

二、微博舆论的政治生态化

(一)微博舆论与政治民主

1.微博舆论的社会性

客观世界具有三大要素:信息、能力和物质。不同的学科领域对信息的理解也不尽相同。

新闻传播学将信息理解为对事物运动状态的描述,是物与物、物与人、人与人之间的特征传输,而新闻则是其中具有价值的那一部分信息。哲学家认为,事物的特征需要通过一定的媒介被其他事物感知,这些能被其他事物感知的、表明事物特征的内容就是信息。人们就是通过信息来认识和区分事物的。"数据是事实未加解释的原始表述,而信息是用于表达意义的经过记录、分类、组织、联系或解释的数据。"[1]

托马斯·杰弗逊曾经说:"有一种称为思想的东西……它的天性使它比任何事物都难于财产化……它的典型特征是,没有人会因为他人占有了思想的全部而导致自己占有的减少……它不可被限制,或被独占。因此,发明在性质上无法成为财产权的客体。"[2]达尔指出:"多种信息来源与表达意见的自由是民主政治的两项必要条件。"[3]"如果公众参与政府事务,则他们必

---

① 柯平、高洁:《信息管理概论》,科学出版社,2007年,第17~20页。
② [美]劳伦斯·莱斯格:《思想的未来:网络时代公共知识领域的警示预言》,李旭译,中信出版社,2004年,第100页。
③ [美]罗伯特·达尔:《论民主》,林猛等译,商务印书馆,1999年,第93页。

须有机会了解与其在政治体制中的地位相一致的消息和情况。"①科恩也提出了民主的智力条件，"公民有能力运用理性处理问题的条件。而公民理性判断能力的前提之一是提供信息，使公民能根据这些信息采取明智的行动"②。按照科恩的理解，民主即是一种社会的自我管理。社会成员深入广泛地参与到公共利益决策的前提是必须有足够的信息，进而做出理性的分析，形成正确的观点，获取足够多、准确且完整的信息参与民主的基础。这是必要的支撑，否则参与民主就是空谈。公民只有在充分了解获选人的具体翔实的信息才能选择出合适的代表人，这些代表人也只有获取了充分、准确及翔实的信息才能在公共事件公共利益中做出正确的决策。

获知了信息，就可以对问题形成比较完整的看法，有助于形成意见和原则，并采取适当的行动。反之，如果提供的信息是虚假或不完整的，根据这些信息制定的政策也必然是不合理、不科学的，有可能对社会公共利益造成损害。因此，一个实行民主的国家必须鼓励并保护新闻自由和出版自由，并且这些媒体机构有能力迅速地报道和揭露有关公共利益的事实和观点。同时，媒体的独立性必须得到保护。人民必须获得真实全面的信息，而不是在权力的迫使下只能听到当权者希望他们听到的信息。

正如杰斐逊所言，为了防止民治政府的崩溃，最有效的途径是"通过公开报刊的渠道使他们获知自己事务的全部信息，并且想方设法使这些报刊能给予全体人民。我们的政府既然以民意为基础，第一个目标就是要保持这种权力。如果要我在无报纸的政府或无政府的报纸之间做出选择，我会毫不犹豫

---

① ［美］埃里温·艾默里、迈克尔·艾默里：《美国新闻史——报业与政治、经济和社会潮流的关系》，展江译，新华出版社，1982年，第20页。

② ［美］科恩：《论民主》，聂崇信等译，商务印书馆，1988年，第158页。

地选择后者。应该是每个人都可以获得报纸,而且能够阅读报纸"①。

另一方面,"不仅作为社会成员的公民有获取信息的权力,政府也同样需要获得足够的来自社会的信息,以维持政治体系的正常运转。美国学者戴维·伊斯顿认为,政治就是关于重要公共利益的决策和分配活动。政治系统就是通过互动为一个社会权威性地分配价值;而政府过程就是公民和政府之间的信息输入、输出及反馈过程"②。政治系统的平衡依赖于输出—反馈—输入这一过程的协调。因此,政府与社会之间的信息流通就显得至关重要,"如果没有足够的信息,任何系统都不能在一个稳定的世界中持续下去,在一个变化着的世界中更不能持续下去"③。

2. 网络时代的信息自由

卢梭说:"人是生而自由的,却无往不在枷锁之中,自由是人类与生俱来的基本价值目标之一。"④追求自由是人类的本性。自由也是人类与生俱来的第一位的自然权利,只有在自由的权利得以保证的基础之上,其他的权利才有意义。自古以来,对自由的追寻就成为人类思考和行为的最大动力之一。对自由的含义的理解也随着历史的发展不断变化。

今天的世界已经进入信息时代,互联网的大范围使用使我们在现实世界之外构建了一个虚拟的"第二世界"——网络社会。现实世界的基本要素是物质,而网络社会的基本要素就是信息,网络中充满了信息。信息是网络存在和发展的基本意义,是接入到网络中的各个节点发生联系的载体和桥梁,是网络用户之间沟通的载体,是网络社会与现实社会之间进行能量交换

---

① [美]科恩:《论民主》,聂崇信等译,商务印书馆,1988 年,第 161 页。

② [美]戴维·伊斯顿:《政治生活的系统分析》,王浦劬译,华夏出版社,1999 年,第 26 页。

③ 同上,第 366 页。

④ [法]卢梭:《社会契约论》,何兆武译,商务印书馆,1980 年,第 8~9 页。

的纽带。而网络为人类社会带来的最重大也是最深刻的改变，就在于庞大的信息资源和自由的信息传播。

今天，我们在网络上所接触到的信息形态之丰富已经远远超越了文字、图像、声音等形式。电子邮件、网络社区、网络论坛、即时通信工具、网络会议、网络电话、在线视频、在线音乐、网络游戏、电子图书、电子商务、数据存储、文件下载与共享等等各具特色的网络应用服务正在我们的生活中占据越来越重要的位置。换句话说，我们的生活方式正在愈发地"网络化""数字化"。一切的个人与社会行为——学习、工作、购物、社交、娱乐休闲——都被科技转变为 0 和 1 数字信号，这些行为在网络中都变成了信息的交换和互动行为。当网络空间成为人类生活的重要场所，自由便有了一种新的解释——信息自由。

信息自由，是人类的自由理想与诉求在信息活动领域中的表现，它是指人类在不受非法限制的情况下，自由地从事信息的获取、认知、表达活动的一种状态。信息自由是公民的一项基本权利。①

在全球信息高速公路的背景下，信息自由是以网络为媒介实现的。因为网络中没有严格意义上的"中心网络"或"核心设备"，其信息传播的开放性和便捷性为大众发布信息和接收信息提供了极大的自由。任何人都可以设立自己的网站、论坛、博客或者建立 QQ 群，并在其中自由地发表言论。在网络上获取到的信息，无论其内容是有关身边的人和事，抑或是有关地球另一端的人和事，只需点击几下鼠标即可完成，即实现了世界范围内信息的自由获取。可以说，在信息时代，或者说网络

---

① 蒋永福：《信息自由及其限度研究》，社会科学文献出版社，2007 年，第 51 页。

时代里,信息自由是在网络环境下,公民享有的不受时间和空间限制而进行的信息沟通、交流或发表自己观点时所表现出的一种状态。它是发展公众舆论的一种方式,是公民获取信息、传递信息、表达自己思想的权利。①

在网络空间中,信息自由主要表现为以下方面:

(1)获取信息的自由。网络的出现使人类的社会生活进入到数字化和信息化的全新阶段,人们获得信息的渠道被极大地拓宽,人们不再仅仅依靠报纸、广播和电视等传统的媒体渠道获取信息,网络才是今天人们最主要的信息来源。网络上的信息天文地理、科技社会无所不包,只要轻轻移动鼠标,就可以轻而易举地获得,不论经济、文化、政治、社会或是娱乐八卦,比起传统的大众传媒更加方便快捷。人们端坐家中,就可以利用网络在图书馆"博览群书",或是"参观"博物馆,这些在线的信息资源可以任由用户浏览或下载;用户可以在网络中浏览自己感兴趣的信息,国际新闻、体育直播、八卦消息、金融评论、房产分析、文学艺术、个人博客、社会杂谈等等,而且是随时随地都可以浏览。网络的存储量是近乎无限的,这些数以亿万"兆"计的数据分散存储在同样数以亿万计的电子设备中,利用搜索引擎可以用几个简单的词汇搜索到相关联的大量链接或专业网站,用户可以自由地浏览不同的网络内容。比如想读书看报、阅览杂志,可以登录网上图书馆或下载报刊的电子版;想要查找专业资料,可以使用搜索引擎或登录各种专业的网站或论坛。人们不再被动地等待媒体发布信息,而是可以主动地寻找自己需要的信息。网络提供的高速开放的技术环境,以及分门别类、内容丰富的各种网站和网络社区为用户广泛自主地获取信息提供了极大的便利。

---

① 杨景荣、纪凌云:《论网络信息自由与道德自律》,《现代情报》,2012 年第 8 期。

(2)传播信息的自由。"网络中的信息传播具有受众广泛、匿名性、实时互动、异步传输、开放与自由等特点,而对于人类社会的日常运转影响最大的在于信息传播的高度自由。在网络中,人们可以突破时间的限制和空间的阻隔,自由地获取自己感兴趣的任何信息内容,掌握了信息的主动权。任何一个网络用户,只要他有意愿,都可以在网络上自由地发布和传播各种各样的信息,并加以评论,自主地阐述自己的意见。提供信息的网络服务商(网站)与网络用户之间、网络用户与用户之间可以很方便地实时沟通,随时互动交流。网络空间为其用户提供了一个全民参与、自由交流的公共空间,模糊了信息的传播者与接收者双方的差别。网络最令人激动的地方,莫过于个体获取、发出信息的自由性和交流的互动性,世界似乎尽在你点击鼠标和敲打键盘的手中。由此带来的网上言论自由似乎不言而喻。"[1]

(3)利用网络表达意见的自由。"所谓表达自由,即是指公民在法律规定或认可的情况下,使用各种媒介或方式表明、显示或公开传递思想、意见、观点、主张、情感或信息、知识等内容而不受他人干涉、约束或惩罚的自主性状态。"[2]"信息在网络中的传播是非常高效的,且网络的扁平化结构决定了信息在网络中的传播难以受到外界的干扰。因此,人们可以将网络作为自己的'出版社',而无须负担额外的成本或担忧。用户可以在 QQ 群中聊天、建立个人博客或微博、在论坛中发帖,技术水平更高的用户可以建立自己的个人网站, 通过这些方式和渠道传播新闻消息, 表达自己对社会和政治的意见观点,或者与其他用户进行讨论,交换信息和意见。在网络上,每个人都是一个没有执照的电视台。"[3]人们可以自由地表达观点,并与他人交流和互动,网

---

① 蒋永福:《信息自由及其限度研究》,社会科学文献出版社,2007 年,第 61~63 页。

② 甄树青:《论表达自由》,社会科学文献出版社,2000 年,第 19 页。

③ [美]尼葛洛庞帝:《数字化生存》,胡泳、范海燕译,海南出版社,1996 年,第 2 页。

络所提供的表达自由和话语空间的宽广程度是任何其他传统媒介无法达到的。更重要的是在网络中发表言论无须财富的支持，不用经过政府部门的审查，自己的想法不会因外力的因素被过滤掉。

李怀德认为："表达自由，是言论、出版、著作、新闻等自由的合称，是指公民有权通过口头、书面或音像设备自由地表达自己的思想和意见。"①有学者认为："现代意义上的言论自由、表达自由……应当是内涵完全相同的概念。我们论及言论自由或者表述自由，实质上就是指以预言或者任何其他方式表达思想的自由。"②也有学者认为，表达自由和言论自由不能简单地等同："国人常有称意见自由为言论自由者，然言论自由的意义实甚狭窄，不足以包括意见自由的全部。"③

这也是民主政治必须保护表达自由的原因。只有公民们可以对他们关心的公共问题畅所欲言的时候，公民才能感受到表达自己观点的愉悦。如果政府在进行决策时也充分考虑到公民的不同意见，并让公民知道政府已经考虑到他们的意见，那么即便是持最激烈的反对观点的公民也会认可政府对公民的负责的态度，从而增强政府和社会的向心力和凝聚力。正如凯尔森所言："只有他自己的意向与社会秩序中表达的'集体'（或'公众'）意愿协调一致，某个国民才会感到他在政治上是自由的。只有社会秩序是由其行为受到约束的个体创造的，才能确保集体和个体意愿之间产生这种和谐。社会秩序是由个体意愿确定的。政治自由，也即社会秩序下的自由，是参与社会秩序之创造的个体的自决……在民主的制度框架下，共同体的意愿常常通过多数派与少数派之间持续不断的讨论，通过大量参考与某个主题之赞成和

---

① 李怀德：《论表达自由》，《现代法学》，1988 年第 6 期。
② 张新宝：《言论表述和新闻出版自由与隐私权保护》，《法学研究》，1996 年第 6 期。
③ 王世杰、钱端升：《比较宪法》，商务印书馆，1999 年，第 96 页。

反对意见而生成的。这类讨论不只在议会进行，更重要的是，它还在政治聚会，在报纸、书籍和其他公共意见的平台上进行。也可以说，没有公众意见背景的民主，是民主的反动。"①

　　民主政治需要政府和社会保护其成员表达意见和交换信息的自由权利，并且为这些交流创造便利的环境和渠道，以保证每一个公民，只要他愿意，都可以在不受外界干扰的情况下自由地表达他们的观点，平等地与其他人进行讨论，甚至对政府提出质疑。必须保证公民的意见最终是通过广泛的互动和辩论而统一的，而不是因政治权力的强迫，或对信息的垄断和阻隔使公民受到压制和诱导而统一。在民主的国家里，公民可以自由地参与公共讨论，向政府表达他们的意见和要求，并得到及时的回应。即便政府某项决策并不完全符合他们的理想，甚至相去甚远，公民也可以在表达不同意见的过程中向他人阐明自己的立场，获得他人的关注，以彰显自己作为公民的权利。因此，表达自由对于民主而言，即便不是全部，也至少是非常必要的条件之一。

　　3. 网络时代表达自由的发展

　　　　从心理学的角度讲，每个人都有说服他人的意愿和倾向。但是在现实中，由于个人语言表达能力、社会影响力、社会环境等因素的限制，这种愿望的满足被抑制。公民不一定总能自由地表达自己真实的意愿。人是社会性的动物，不论在任何时候都会本能地避免使自己被社会大多数孤立的情况出现。在发表自己看法时也同样如此。在发表言论前，个人会首先评估自己所处的社会舆论环境和舆论倾向，如果自己的观点是属于大多数的主流观点，就会很愿意表达出来；如果发现社会舆论的

　　①　Kelsen, Hans, *General Thoery of Law and State*, trans. *Anders Wedberg*. Harvard University Press, 1961, pp.285-288. 转引自王四新：《表达自由与民主政治》，《环球法律评论》，2009 年第 1 期。

观点与自己的观点不相符合,甚或相反,那么个人为了避免陷入被孤立的境地往往会选择隐瞒自己的真实想法,保持沉默,或是表达出与社会舆论方向一致的言论。因此越是与主流观点相左的观点越难以表达出来,继而愈发沦落到边缘的境地,而主流观点的强势地位则愈发巩固。这种情况在传播学中被称为沉默的螺旋。①

人们大都生活在固定的生活圈里,对比参照别人的生活已是常态。互联网则改变了这种局面。网络的覆盖面积是全球性的,可以轻易地延伸至个人生活圈子之外的地区和人群。因此,公民在表达自己观点的时候可以超越有限的社会舆论范围,在更广泛的人群中寻找支持自己意见的伙伴。从统计学上讲,即便是再偏颇、再小众的观点,将之置于全地区、全国甚至全世界的范围内,其持有者的数量都不会太小。公民可以自由地发表自己的观点,了解他人的观点,并在此过程中寻找自己的同盟者,主动地避免陷入被孤立的状态。同时网络空间里的信息传播渠道是没有限制的,人们在表达意见时所处的环境更加开放和复杂;并且人们在参加网络社区里的讨论时都是匿名的,这就令因外部环境的压力对个人表达意见的影响大大降低。一旦个人在表达意见时不必害怕陷入孤立的状态,在表达时就更趋于积极主动。可以说,在互联网的帮助下,公民行使表达自由权利的能力和意愿都得到了加强。

在一定意义上,网络对提升表达自由最重要的贡献即是使公民表达意见的欲望得到了满足。在以往媒介技术不发达的社会里,"一面是代表传统权力的主流媒体的强行灌输,一面是普通观众的集体失语。而失语并不是观

---

① Noelle-Neumann, E., *The Spiral of Silence: Public Opinion—Our Social Skin*, univorsrty of Chicago Press, 1993, p.202. 转引自袁峰等:《网络社会的政府与政治》,北京大学出版社,2006 年,第 42~44 页。

众不愿意表达,一旦他们找到了恰当的出口,就会大面积地释放自身的压抑和不满"。而"开放式的网络环境正是为观众话语的表达提供了条件。在这里,权力精英的话语中心消解裂变成无数个自由的话语单元,大众群体获得了自己应有的话语权,渗透出由传播者主权向受众主权转型的传播文化形态。在网络空间,人们得到了自我的解压、情绪的宣泄,张扬了人的自由个性,这对现实中难以找到宣泄出路的人们来说,是一种宝贵的、必要的自由"①。

微博使媒体进入了自媒体时代,也使政治进入了微政治时代。在微博上,每一个网民都是信息和事件的自由收集者、采编者、编辑者、发布者。个人在微博上想说什么、想表达什么都是个人的事情,凭借的是每一个网民的兴趣和爱好。没有一定限度的微博自由,其他的内容都会扭曲变形,会变成舍勒所说的:一方面是"官式文化群氓的支配范畴",另一方面则是"市民趣味的、下意识的奴化形式"。

微博改变了政治生活,让政治生态图景发生了重大变化。《人民日报》所表达的信息让人感受到春天的一缕春风,其标题是"宁要'不完美'的改革 不要不改革的危机"②。文中说:"无论方案多么周密、智慧多么高超,改革总会引起一些非议:既得利益者会用优势话语权阻碍改革,媒体公众会带着挑剔目光审视改革,一些人甚至还会以乌托邦思维苛求改革。对于改革者来说,认真听取民意,又不为流言所动,既需要智慧和审慎,更要有勇气与担当。从微观上说,担当不仅是改革者的事,也是所有国人的事。改革者有担当,国人也要有担当。国人与改革者共担当,中国的改革才能成功。"③

---

① 王虎:《网络恶搞:伪民主外衣下的集体狂欢》,《理论与创作》,2006 年第 6 期。
② 参见人民日报评论部,2012 年 2 月 23 日。
③ 参见张爱军、张广鑫:《微博政治功能初探》,《自然辩证法研究》,2012 年第 12 期。

(二)微博影响政治决策

2011年,政府几乎所有的重大政策文件在微博上都有评论、回应、批评,重大政策也都有调整。微博促使官员改变思想和行为,网民的议政也收到了实际效果,比如"6·20"郭美美事件迫使公共慈善透明,"7·23"动车事故迫使中国铁路进行改革,"11·16"血色校车事件使校车安全管理提上议事日程等。有些官员因微博引发的不良事件而被处分、调任、停职甚至下台,有些领导干部的不良行为、权力滥用行为因微博而得到有效的遏制。微博使政治体制改革一步一个脚印加速地行进。微博改变了政治语言生态系统,它使假大空的语言逐渐失去生存的空间,使亲民性语言、通俗性语言、民间性语言及网络式语言深入人心。

微博成为检验各种思想观点的大市场。各种不同的思想不再以系统化、理论化、体系化、深邃化的方式出现,而是以思想碎片的方式呈现在网民的眼前。各种思想在微博中可以成为买卖双方的碎片市场,网民在瞬间就可以对思想观点进行批评、取舍、捣碎、重新组装,并在微博中检验,一个宏大的思想,以思想碎片的方式传播出去,也会以思想碎片的方式凝聚在一起,并在传播中发挥巨大的思想力量。

(三)微博使政治主体平等化

在现实中的平等基本上有四条,即人格平等、法律面前人人平等、机会平等和反对特权。即便如此,仍然存在着政治等级秩序,无论是韦伯的科层政治秩序,还是托克维尔的美国政治秩序,或者是中国的专制政治秩序,都在表达着一个政治常识,即世界是立体的。微博使政治结构形态发生变化,所有的立体政治秩序都被夷为平地,变成平面的政治世界。中国的政治制度框架,诸如人民代表大会制度、政党制度、民族区域制度、群众自治制度等特定的结构和层级在微博里都消失了,都成为网络的平等的主体,所有的人都从制度中走出来,进入了一个新的政治世界;所有的人失去了原来的政治身份、失去了原来的社会地位,成为平等的交流政治的网民。

微博使精英政治走向大众政治,使精英政治与大众政治平面化,精英失去了相关信息的垄断权,精英与大众平等地共享同一信息,甚至大众的信息来源要超过精英的信息,使精英处于信息笼罩的被动状态,使民主政治变为互动政治,并使互动政治日常化、生活化、便捷化、速度化。对于中国来说,由于现有体制的参与形式有限,网络就成为公民参与的重要平台,政治微博成了政治参与、政治表达的新形式。政治微博由于其传播速度快、信息量大、针对性强、互动性高,在中国的国家政治中起到了举足轻重的作用,具有明显的中国特色。

(四)微博使政治输入和政治输出保持平衡

政治有输出和输入,良好的政治生态在政治输入和输出中保持着良好的平衡,政治输出通过反馈使政治输入渠道通畅,民意得到良好的表达。政治输出的质量取决于政治输入的质量,取决于公民的理性表达。传统政治是以政治输出为主,以政治输入为辅,现代政治是二者保持平衡。中国的政治输出功能发达,政治输入功能萎缩,政治输入取决于政治输出,公民被动地接受输出产品。所谓的政治输入民意也是被代表民意,本来民众没什么感觉,经常是被政治输出搞得有了感觉。微博改变了这种被动的局面,由被动变为主动。微博政治输入使传统政治输出失去了功效,政治输出产品越来越多地考虑到了微博的声音。

微博成了政治谣言的粉碎机。微博具有自我净化能力和自我感知能力。

在微博上,谣言进入是低门槛的,谣言的粉碎也是低门槛的,造谣的成本低,粉碎谣言的成本更低,网民素质都比较高,对谣言都有基本的判断力和识别能力。如果有谣言,就需要权力代理人去判断谣言,这自然减轻了网民的判断负担,但是权力代理人也是人,他们也有判断的局限性,他们的判断力也会如网民一样出现失误;他们的理性也有限,而且他们又不是谣言的直接接触者,他们的判断甚至不如网民的直觉,权力代理人对谣言的判断和追查比网民自我辨别的成本更大。而网民自己通过与别人的沟通与交流,再加上网民高手的参与,谣言往往在传播的过程中就被粉碎,真相自然就会出现在人们的眼前。必须指出的是,在利益的驱使下,权力代理人经常会做出背离常识的判断,甚至成为造谣和传谣的推手。让权力代理人介入和管理,只会把一汪清水搅混,让事实远离真相。网民通过不同的渠道,对权力代理人的谣言进行理性分析,使得权力代理人微博现形。

任何现实事件只要有一个网民关注,就会有一大批网民跟进;只要有一个网民撒谎,就会有一大批网民质疑。谎言在质疑中失去了抵抗能力。尤其是那些网络意见领袖对事件的质疑,瞬间让谎言暴露在光天化日之下。

三、微博舆论的负向功能

当然,微博也不是尽善尽美的,它更像一把双刃剑,有正向功能也有负向功能,其负向功能主要表现在以下方面:

(一)易受不良信息干扰

政治社会化是一个政治信息的传播过程。个体政治知识、政治态度及政治价值的获得和内化主要是在政治信息传播基础上完成的。网络在提供充足信息的同时，又表现出良莠不齐的特点，色情、反动的信息也掺杂其中。个别有效监管的缺失，使"微民"即微博网民的人生观与价值观不稳定、不成熟，使他们缺乏深刻的鉴别能力，在难辨是非真伪或受不良信息诱导的情况下不易把握正确的方向。

现实社会中的规范、规则、道德在网络虚拟世界中被曲解、被扭曲的现象十分普遍。虚拟的网络世界成为部分放纵自我的平台，在表现自我的同时，容易迷失自我，偏离主流社会的轨道，从而影响"微民"政治社会化的效果。西方资本主义大国以网络作为其意识形态渗透的重要手段，大肆宣扬和输出其政治体制与价值观念，推行文化霸权主义。面对混乱的信息，部分"微民"容易被错误的观念误导。

(二)削弱政治思维能力

现实生活中的政治现象夹杂着许多复杂因素，它需要政治主体运用政治思维能动地进行分析与判断，以便做出正确的回应。而"微民"在网络政治社会化过程中，更加习惯运用虚拟的人际交往替代现实中的人际交往，逐渐退化了在现实世界中学习的政治能力，这势必会制约青年政治思维能力的发展。

政治社会化的最终结果是培养出符合社会要求的政治人，使其按照社会公认的特定行为模式进行活动。网络政治社会化可以在虚拟社会中进行角色换位，尝试扮演不同的政治角色，体验不同的政治技术，在不断进行的角色实践中逐步把握担任现实社会中的各类政治角色的尺度。但网络上的虚拟交往剔除了互动双方的许多现实社会属性，与现实社会情境中的社会化相比差异很大。"微民"的网络政治社会化过程由于缺少现实政治实践行为的调整，很容易造成其对现实政治环境的不适应，丧失了从事政治实践的能力。

(三)主流文化功能弱化

网络的发展在传统政治信息传承方式上又增添了新的路径，由组织化向个体化发展。同时，社会公共权威及教育者的权威在弱化，多元化容易使传统的政治文化在传递过程中难于把握，从而发生偏离和扭曲，背离社会主流政治文化，公信力遭受破坏。公信力危机还会产生多米诺骨牌效应，人们不再相信权力，不再相信权力支配的媒体，不再相信权力说出的、做出的任何承诺，权力者越想建立公信力，公信力消失越快。这种极端不信任封堵了民间和官方沟通的渠道、和解的渠道与解决问题的渠道，导致政治无序和社会无序，进而引起社会动荡。这恐怕是任何人都不愿意看到的结果。为防止出现这种情况，加强微博的管理就显得十分重要。

总之，微博政治有积极的方面也有消极的方面，积极的方面大于消极的方面。从积极角度来说，微政治已经进入中国人的政治生活。在微政治时代，一个人，一台电脑，一个手机，140字的微博，就能成为撬动政治的"大力士"。在微博政治时代，一个人就可以还原事件的真相，一个人就可以改变事件的性质，微博影响、改变、创造着中国。然而换个角度来说，微博政治的非理性也会影响现实政治的正常运转，促使我们有必要采取有力措施控制微博的消极影响，从而推动网络政治文明的建设，共建网络和谐社会。

(四)容易促成网络谣言

谣言，绝不是网上的特产，但却是网上的经典，微博更为谣言提供了足够的土壤，让其可以迅速地生根、发芽、开花、结果。随着微博的发展，微博传递信息过程中的谣言也开始增多。自然，谣言是存在于每个历史阶段的，但是微博作为一种快速崛起的、强大的自媒体,为谣言传播提供了更加快速、便捷的平台,谣言已经不可避免地成为网络发展的"病毒"之一。

利用自媒体平台的传播特性,谣言借助微博这一新兴的媒介形态显示出了强大的危害性。假微博与假新闻一样正成为危害社会真实的蛀虫。"在微博上造假,与在市场上买伪劣产品一样,都是侵害用户权益,扰乱社会秩序的行为。"①微博中的谣言传播,是阻碍"自媒体"良性发展、污染网络舆论的重要因素,并由此引发了造谣与辟谣的一系列行为。

---

① 江平:《微博瑶言扰乱社会秩序》,《新闻实践》,2011 年第 12 期。

第四章
微博舆论的传播过程

结合以往对网络舆论的研究结论可以发现，多数学者都注意到了其发酵、酝酿和爆发的现象，并重点研究了爆发期的"雪崩效应""共振机制"等；也有学者将生命周期理论引入网络舆论研究，但缺乏对其合理性的证明，也未触及具体的分期方法。这些研究为对网络微博舆论演化过程的剖析奠定了一定基础。

以往对网络舆论的研究达成的基本共识是：网络事件传播的最基本范式为"三棒传播理论"，经由网络媒体—传统报纸媒体—权威网络媒体之后使事件"放大"，成为网络热点事件。①也有研究者提出"二级传播模式"，即网络媒体报道—传统媒体积极应和，社会关注度高（即影响力大）。目前，国内一些公共事件解决过程中已经形成了一种新的议程设置模式，即"网络（书BS、微博、博客或手机短信等）提出议题—传统媒体关注—全社会参与—政府行为"，这也是"公众议题—媒介议题—政策议题"的递进过程。②这些研究描述了网络舆论影响社会事件走向的基本路径，但在演化过程的内部解析

---

① 李彪：《网络事件传播空间结构及其特征研究》，《新闻与传播研究》，2011年第3期。
② 赵桂华：《"新媒体事件"与传媒公共性》，《新闻爱好者》，2010年第9期。

上仍为空白。

一、生命周期理论下的微博舆论传播

(一)生命周期理论

美国哈佛大学教授 R.G.费农(Raymond Vernon)最早提出了产品生命周期(Product Life Cycle Theory)理论。该理论认为,产品生命具有周期性,形成、成长、成熟、衰退是其生命周期中的四个阶段(见图 4-1)。该理论的提出,首次明确划分了产品从无到有、从有到无的几个阶段,各个不同阶段采取相应的市场营销组合策略,为增强企业竞争力、提高企业的经济效益提供了理论指导。

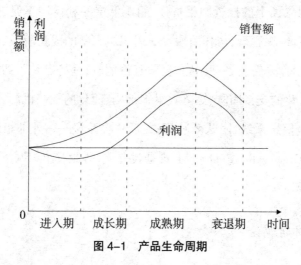

图 4-1　产品生命周期

之后,产品生命周期理论得到了深入研究,获得了新的发展。组织生命同期理论和电机生命周期理论相继被提出,同样对网络微博舆论的研究具有启发和借鉴意义。

1972 年,格林纳(Greiner)提出了组织成长与发展的五阶段模型,后又补充了一个阶段,形成了组织成长与发展六阶段模型。他认为,一个组织的成长大致可以分为创业、聚合、规范化、成熟、再发展或衰退五个阶段,每个阶段的组织结构、领导方式、管理体制、员工心态都有其特点,并据此提出了组织成长与发展六阶段模型。这六个阶段包括:创造阶段——组织诞生初期,其阶段特点是企业家精神培育、信息收集、艰苦创业及低回报;指令阶段——企业持续成长期,随着组织结构功能化、会计制度建立,以及资本管理、激励机制、预算制度、标准化管理的出现,组织变得更加多样化和复杂化;授权阶段——分权型组织结构引发组织又进入了一个成长期,其阶段特点是分散的组织结构、运营及市场层面的本位责任、各自的利益中心、盛行的财务激励机制、基于阶段性回顾的决策机制;协调与监督阶段——企业的成熟阶段,各种正式的管理系统被一一建立起来,如正式的产品组群、正式的规划评估、产品组层面上的投资回报责任、组织低层的利益均享促进等等,以此来协调和监督组织管理;协作阶段——组织进入新的成长阶段,这一阶段强调通过团队协作来解决各项问题,克服官僚危机,其特点是跨功能区的任务团队、去中心化的支持团队、矩阵式组织结构、简化的控制机制、团队行为教育计划、高级信息系统、团队激励等;最后一个阶段——外部组织解决方案阶段(Extra-Organization Solutions),即通过并购、持股及组织网络等外部手段实现组织成长。

(二)危机周期理论

管理学者斯蒂文·芬克(Steven Fink)提出了影响深远的企业危机生命周期理论。危机生命周期理论是指,危机因子从出现到处理结束的过程中有不同的生命特征。它包括五个显阶段:企业危机酝酿期、企业危机爆发期、企业危机扩散期、企业危机处理期、企业危机处理结果和后遗症期。从诞生、成长、成熟到死亡,每个阶段都有不同的征兆显现。

　　这一理论告诉我们:危机是有迹可寻的,但不一定是线性发展的;危机处理的最适时间点越早越好,最好让危机永远无法形成,或一形成就被处理掉;不同的危机阶段有其不同特征,能辨识端倪才能处理危机进而掌握管理之道;危机生命周期中,危机扩散最具破坏力,甚至会造成连锁反应产生另外的危机。危机管理的研究涉及了政治学、管理学、传播学等多学科的研究视角。从公共关系角度提出的危机管理一般被称为危机传播。危机传播理论为网络微博舆论的过程学研究提供了借鉴。以下基于危机生命周期的公众认知变化过程图(见图 4-2)和群体认知形成过程图(见图 4-3)很好地说明了网络微博舆论中网民的认知变化过程。

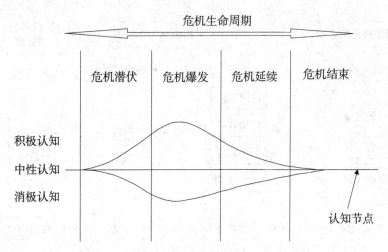

图 4-2　危机生命周期的公众认知变化过程图

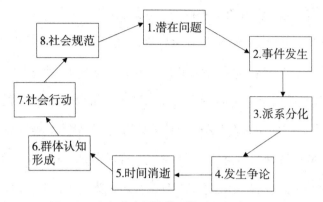

图4-3　危机生命周期的群体认知形成过程图

本章以下内容我们将详细考察网络舆论在生命周期不同阶段的演变过程(见图4-4)。

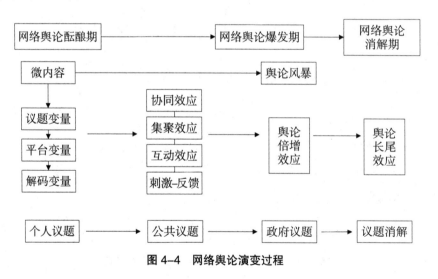

图4-4　网络舆论演变过程

二、微博舆论的"发酵期"

网络事件议题来源有网络媒体与传统媒体两大渠道。具体而言,分为两种情况:一是舆论原发在网络,传统媒体进行接力和共鸣;二是传统媒体首先报道,后在网络上引爆。两种不同的信息－舆论来源有着殊途同归的演变过程。

网络微博舆论的酝酿期遵循媒体政治的运行规则(信息简单化、图表达标化、政治人格化、叙事模式化)和网民的媒体消费习惯(重图片、轻文字、重直观、轻抽象)。具体而言,通过"政治—技术—社会心理"的三维震荡,信息上升为舆论,并开始发酵;敏感因素被触动,议题性质开始发挥选择作用;同时,发布平台的选择和解码机制也构成了网络舆论倍增效应的遴选机制。完成遴选机制后,被选择的个人议题进入公众视野,网络媒体与传统媒体开始协同,进入公共议题阶段。

网络微博舆论的连锁反应有四个基本的特征:一是注意的焦点始终清晰地集中在核心议题上,后续的议题分化同时也是议题的深化。二是议题的主干作为分枝从中央图形向四周放射,参与主干创造的有网络意见领袖,也有各种媒体。三是当事方的反馈具有乘方效应。即能够满足网民信息需求的新信息能够迅速降低信息树生长的速度,并且能够有效地减少信息树的主干数;相反,如果当事方的反馈增加了更多的信息需求,则信息树会进入湍流状态,即信息需求也呈现出立体化,信息主干增长速度会加倍甚至翻几番,信息分枝也会加速生长。信息树主干越多,则网络微博舆论持续时间越长,社会影响越大,网络风暴的规模也越大。四是各分枝形成一个连接的节点结构。关键词、视频、信息反馈节奏等决定了节点的层次丰富性。

在此过程中,伴随着意见流和信息流的涌现,网络作为新技术的典型代表,其巨大威力产生于信息与舆论的循环互动。纵观网络舆论的产生、发展及消解过程可以发现,网络中的"信息—舆论"流动恰似一条河流。在通常情况下,网络舆论与其他媒体一样,承担着娱乐、信息交换、知识分享等功能。此时的信息流动是平稳的。而网络舆论风暴产生时,可以从一定时间内信息流量的急剧增加、信息主体的增加、信息流速的减慢和信息内容的分散化加剧来看出这种变化。

信息的流动,实际上就是信息在网络中的不断复制过程。信息的流动结构也就是信息的复制与传播途径。"在第一发布之后,由于本身潜力的不同,以及其他因素的作用,有些信息会进入到流动过程,而有些则几乎没有流动。信息流动结构的研究,意在揭示信息内容如何才能流动,流动的模式如何。信息流动模式体现了信息中期传播的作用机制。"①

在网络中,信息的流动通常是一个网状渗透型结构。它沿着网络的物理结构渗透,在这个渗透过程中,信息本身不断复制繁殖,形成分流,最终呈几何级数的增长。而复制是在进入到新一轮的发布过程中同时完成的,即以直线式、队列式和层次式等方式进行再次发布,开始它的下一个生命周期。因此,信息的发布结构对于信息的流动会不断地起作用。

在网络世界,由于网络具有匿名性、及时性、互动性等特点,网民可以在这里更加自由、开放地讨论,由此也有更高的信息诉求。当一个新闻事件发生后,无论是经由传统媒体还是网络媒体首先曝光,都会引发网民对信息公开,即信息共享的需求。这种需求一旦无法及时得到回应,就会经中介放大扭曲,从而引发更加强烈、更加深入、更加频繁的信息共享。信息流从最终客户一端向原始供应商一端传递时,无法有效地实现信息的共享,使得信息扭曲且逐级放大,导致需求信息出现越来越大的波动。

---

① 彭兰:《网络新闻传播结构的构建与分析》,《国际新闻界》,2003 年第 1 期。

(一)议题性质

一个微小的信息能否发展为轰轰烈烈的网络事件,议题性质是重要的初始影响因素。调查发现,易进入网络舆论视野的主要有八大类:涉"官"与涉"腐"的问题,涉及社会"公平"与"正义"的事件,涉及百姓切身利益的话题,涉及公共安全、重大事故、自然灾害、环境污染等事件,涉及伦理道德的事件,涉"富"或贫穷差距的话题,涉及民族正义及宗教信仰、中外关系的话题,涉及公众人物及知名企业、敏感地域的新闻。①进一步分析,这八类事件都具备以下四个要素:

第一,议题的公共性。能够成为社会热点的网络舆情必然内含着公共性的价值取向。据人民网舆情监测机构给出的分析报告,2009 年,约有三分之一的有较大社会影响的热点事件是由网络舆情引发广泛关注的。这些热点事件主要涉及公民权利保护、公共权力监督、公共秩序维护和公共道德伸张等社会公共问题。2009 年,影响力最大的网络热点事件,涉及的主体也主要是公权力大、公益性强、公众关注度高的"三公部门"和其中的公职人员,说明这些词一旦进入网民视阈,极易刺痛网民"绷得最紧的那根弦"而引起网民的心理共鸣,进而引起网民的意见啸聚,成为网络热点事件。

第二,事件的相关度。与网民的切身利益相关度越高,越容易引起大众关注和同情,所谓感同身受。比如"最牛钉子户",事关个人财产保护、老百姓与公权力机构的对抗、住房等成为社会普遍问题的因素,个人是自己利益的最好保护者,也对此类事件具有天然敏感性。

第三,事件的负面度。越是与刻板印象中负面因素相符合,越容易成为

---

① 参见乐国安:《突发性网络集群行为的社会心理学研究》,《南开大学学报》,2010 年第 11 期。

敏感因素,从而引起网友的关注。中国传媒大学网络舆情(口碑)研究所副所长李未柠在接受《中国青年报》记者采访时说,互联网是负面舆论或口碑的放大器。相关统计资料显示,62%的中国网民更愿意分享负面评论,而在全世界的比例只有41%(见图4-5)。心理学研究表明,由于人们对外部信息安全的天然关注禀赋,人们对外部世界可能影响信息安全的负面信息具有天然的接近性和高关注度。对2009年网络热点事件进行信息倾向研究发现,负面信息更能引起网民的关注,占到总体的64.2%,即占到了总体的近2/3,正面信息仅为9.8%,多为提升国民爱国热情和民族主义的正面消息。①

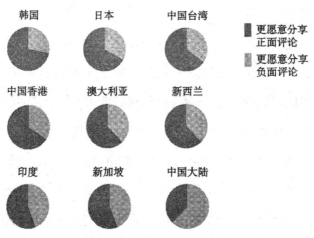

图4-5 亚太地区网民用户习惯调查结果②

第四,事件的模糊性。事件还处于发展之中,网络舆论参与其中能够左右现实时,往往更能引起网络舆论的热潮。如果事件已经尘埃落定,则会失去许多吸引力。如在"最牛钉子户"的网络微博舆论中,钉子户本身的命运就存在不确定性。"钉子户"就是在这种不确定性中争取着舆论的关注,事件结

---

① 参见喻国明:《网络舆情热点事件的特征及统计分析》,《人民论坛》,2010年第4期。

② 资料来源:Nielsen Webinar Recap:Aisa Pacific Social Media Trends. 2010年7月30日,http://blog.nielsen.com/nielsenwire/global/webinar-recap-pacific-social-media-trends/。

局和当事方的进退留有巨大的想象空间，网络舆论在此时介入的可能性最大。此外，网络微博舆论常常与流言、传闻甚至谣言同步发展，蝴蝶效应的发生伴随着后者的产生和扩大化。而随着流言和谣言的澄清与消散，网络微博舆论也进入新的阶段。同时需要说明的是，如果网络舆论关注的主体是虚假信息，并且经过发酵，发生连锁反应后也产生了舆论风暴，最终演化为网络事件，就会对当事各方造成巨大伤害，浪费大量信息和实体资源，严重动摇公众对舆论的信心，产生恶劣的社会影响。

因此，就议题本身而言，敏感因素叠加度是发生网络微博舆论的决定因素之一。越是负面的公共议题，越能激发网友的心理共鸣；越具有冲突性的主题，越能进入网络意见领袖视野，发挥舆论的动员作用，实施权利救济。

(二)发布平台

发布平台的转换，是指初始平台存活后被转移到其他影响更大的论坛空间。完成这次转换是网络微博舆论发生的必要条件。学者金兼斌指出，出于种种原因，最初的原创性帖子可能被论坛忽略或者湮没于其他竞争性议题中。真正在论坛上产生影响、受到关注的帖子有时需要经过其他网民，特别是论坛意见领袖的重写、充实、修改、推荐（如申请置顶）等。舆论发酵的主力推手无疑还是网络论坛/BBS，特别是时政类论坛。发布平台的转换包含两层含义。

首先是初始发帖平台的安全性。如果把帖子放在把关极其严格的传统媒体的官方网站，或是与事件发生地利益相关的地方论坛，往往不能通过网络舆论的第一次把关，也就无法具备网络微博舆论的初始条件。在发布平台上，引发巨大网络舆论风暴的并非传统媒体的官方网站，而常常是那些名不见经传，但又有固定读者群的地方论坛。人民网舆情监测机构的分析结构表明,市级及以下论坛是网络舆情热点事件的集中首发论坛,而且这种平台的合适度具有相对性。如地方事件发帖,经常是异地的地方论坛安全度更高,受瞩目机会也更大。这种现象存在的原因之一就是舆论势差的存在,即在事件发生的当地,信息和舆论往往是最为闭塞的,而异地监督则更加具有可行性。如湖北"石首事件"中,当地政府为封锁消息,在长达80个小时的时间里只发布了3条新闻,其中还包括一条石首街头举行多部门联合消防演习的新闻通稿。但在"百度贴吧·石首吧"里出现了近五百个与"石首事件"有关的主帖,追踪报道石首街头的真实情况。另外一种情况是,网络平台的开放性削弱了某些强势网站的话语垄断,"东方不亮西方亮"的现象时有出现。如在杭州"飙车案"中,虽然百度连续几天对此事件"失语",但事件发生当晚,杭州知名网络论坛"19楼"里就有网民发帖《富家子弟把马路当F1赛道,无辜路人被撞起5米高》,回帖达到14万条,杭州"飙车案"迅速成为全国关注的公共事件。

其次是网络平台的首次转换的成功概率。虽然很多议题的首发论坛是市级及其以下论坛,但这些信息只有经过网络搬运工向主流论坛搬运,被主流化以后才成为热点事件,即存在信息差序流动和主流化过程。它大致是沿着以下传播路径实现影响力和信息流的转移:市级以下论坛—网络搬运工—天涯等主流论坛—网络搬运工—各类论坛。这种传播路径存在一个重要的信息结点—主流论坛和一个重要的信息桥—网络搬运工。因此,研究网络搬运工和主流论坛具有重要意义。

(三)解码机制

网络语符体现的是官民话语的博弈,本质上隶属于自下而上的民间话语体系。网民内部协同的基本模式有三种:简化、强化与同化。

所谓简化,是指利用锚定机制分离个别细节并将之贴标签的过程。"锚定"是指基于熟悉事物或社会刺激的既有认知库存,对新异事物或社会刺激予以分类和命名,将其类化到基型(或基模)中以寻求解释的过程。①也就是通常所说的"贴标签"的过程。当网络舆论中出现一个热点时,网友其实是意见的领袖,往往会首先将其类化到某种基型(或基模)中。

网民在发布和阅读初始帖时,并不会遵循新闻的基本要求——客观、全面、真实、公正,而是倾向于戏谑或悲情的叙事方式。学者刘海龙在对贵州瓮安"俯卧撑"事件、云南晋宁"躲猫猫"事件两起危机事件研究后发现,"戏仿的政治"是危机传播过程中的话语建构方式,它标志着公民尤其是网络公民意识的兴起,预示着一种新的政治表达方式的出现。但是"这种戏仿的政治也可能是一个危险的信号,它很可能表达了玩世不恭或愤世嫉俗而不是健康的怀疑精神"②。这种"戏仿的政治"的话语建构方式也导致传统媒体的介入可能性降低。

如周久耕关于房地产市场的言论一发布,网友立即联想到了"官商勾结",将其划归商人利益的代言人之列,以此来解释他的种种雷人言行。在这样一种将新的社会刺激转化为中国历史文化中熟悉的"贪官"模式后,也就完成了锚定过程。周久耕之所以短短 8 天就从官员沦为阶下囚,就在于中国社会对贪官具有强烈的敏感性和仇恨感,利用网络这样一种新的技术手段得以宣泄和表露。网络舆论中存在的许多种不合逻辑、有失连贯的知识活动——对网络事件认知的极化现象并不在于网民没有能力做出客观理性的判断,而在于情绪发泄变异成为超越就事论事地表明社会态度的运作,即借

---

① 参见张曙光:《社会表征理论述评——一种旨在整合心理与社会的理论视角》,《国外社会科学》,2008 年第 5 期。

② 引自张志安:《传媒新闻生产与公共性》,《新闻记者》,2009 年第 12 期。

由分类与命名新异事物或社会刺激给予负面评价。

这种将含有多种要素的复杂事件简化为一种类别或一种文化的代表时，往往预示着平衡即将被打破，初始条件具有敏感性，巨大涨落将会到来。在简化机制中，其中一种重要模式便是忽略大量有助于了解事实真相的细节。这种简化并非是由于难以克服的人类弱点——记忆的不可靠性，而是出于特定目的的系统忽略和省略。在讲述记忆结果时，存在自我设定的形象。如在讲述芙蓉姐姐的出位言行时，其已被定位为具有反传统的自恋倾向。在后续讨论中，其符合传统地对待友谊等观点则会被置于记忆的边缘，这部分不符合既定形象的言行被省略掉。这在某种程度上类似于吉登斯（Giddens）所说的"脱域"现象，即它们已经脱离了具体的人和事本身，主要以问题、议题为导向，在打破空间和时间过程中不断重塑社会关系。

网民解码的第二个机制是强化。强化与简化是一个过程的两个顶点，强化是简化的对等过程。当部分细节被删去后，那些保留下来的细节就更为一目了然，更加突出和重要。由于已经确定了舆论评论对象的性质，后续的言论只是为了证实这个结果的正确性。任何正面的证据都会通过重复谈论、扩充细节、深化主题等方式被强调，而其他可能成为结论的任何细节，即使考证后与现实相符，也会被选择进入忽略机制。这就造就了半真半假的拟态环境的夸张感和戏剧性。强化机制在客观理性立场上，可以分析出许多不现实之处。但参与网络舆论讨论的网民，尤其是意见领袖的明确而坚定的立场和意见，强烈的社会情绪和警觉造成了这种强化效应，从而对事件进行一种单向加工，易于被理解和记忆并引起围观。网络热词便是这种强化机制最为典型的版本。

强化的第一个机制是分离细节。即浏览、记忆和评论新闻受个人时间、爱好、兴趣及观点、倾向的影响，一般只关注有限的网站，进行选择性的信息获取；也包括选择性重构，即在信息交流时也具有选择性，因此构成了网络舆论具有群内同质性、群间异质性的特点。

强化的第二个机制是精细加工。首先是新闻事实及评论时效性的精细加工。及时性被重新定义为与新闻事件同步，消除了时间上的搁置。在新闻事件的反映和观点的呈现上真正做到了"及时"，而且把及时的含义不断逼近极限。其次是新闻内容立体式呈现的精细加工。倒金字塔式的新闻写作范式被重新定义为"观点＋事实""文字＋视频"的复式结构。倒金字塔新闻突出的是核心事实，而一网络新闻基于超文本性和互动特征产生的复式结构却是突出"观点＋细节"。这种事无巨细的新闻重现体现出的是微内容的弱者之力。

强化过程实质上是一种记忆再生及认知再建构的过程，伴随着记忆偏差及文化传递。我们发现，无论是分离细节还是对细节的精细加工，都不可避免地出现了顾此失彼、避重就轻等断章取义的解读，这就是记忆偏差，或者说是注意和重构都具有选择性。笔者认为，这种偏差尽管也有人类认知局限的因素，但更多反映的是文化传递。即实体社会矛盾在网络中的一种变形的重现。这并不能作为网民非理性的依据，而更多的应从社会文化认知和社会文化认同的角度加以解读。

与同化过程雷同的是客体化过程。所谓客体化，是指内隐的抽象产物具体化为主观上自觉可见、可触、可控的"实存"现实。客体化在某种程度上等同于同化过程。客体化机制有一定的规律可循，即只有在与网络舆论参与者的经验和态度相一致的情况下才会产生。仍然以"周久耕"事件为例，网民将其锚定为中国式贪官后，并没有停留在认知表面，而是利用技术优势，发挥主观能动性，利用搜索引擎等手段将贪官模式具体化为包含各种腐败细节的可见、可触、可控的"实存"现实，其弟弟、儿子都是建筑商的细节也被不断渲染和放大，不断靠近其豪言托市的贪官形象。网络的存在、网络舆论的兴盛,使得线上与线下、网上与网下、传媒与社会、虚拟与现实等得以水乳交融、频繁互动。这也使得社会表征理论中的客体化过程成为可能。网友从"网络哄客""网络看客"到"网络侠客"的转化也说明了客体化已在网络世界成为一种普遍的现象。

客体化这种外在引导机制,既有网民对网络功能认知的不断深入和进化,也包含了实体社会对网络社会不断深化的认知和认同态度。如网络诞生伊始,网民便与非理性联系在一起;而在社会对其逐渐认同之后,网民成为参与政治动员和社会动员的新主体,也成为社会变革的新的驱动器。

简化、强化与同化这三种机制在网络微博舆论发生时同时并存,反映了网络舆论参与者的自发性,最终形成了网民内部的协同效应。

在简化、强化和同化的"三化"机制发挥作用的过程中,情感动员无处不在。这种完全不同于传统媒体的信息解码方式也成为网络舆论发生蝴蝶效应的内在动力之一。

三、微博舆论的"爆发期"

网络舆论经过酝酿期对议题、平台的选择及解码后,开始进入"自我评价—自我假设—自我验证"的自循环状态,伴随着信息的快速细化和叠加,最终形成网络热点。此时,蝴蝶扇动羽翼已经改变了网络生态,也改变了新闻竞争的微生态,蕴涵巨大能量的连锁反应被引爆,出现湍流状态。其典型特征就是整合传播模式的运行和多元化、多样态、多层次的传播内容全部迸发,网络舆论从表象到本质、从片面到全面、从假象到真相的追问过程,信息共享的范围不断扩大,该事件很可能因此演变为全国性事件。在舆论的支持下,媒体作为民众利益的代言人,与公权力机构之间形成了博弈,博弈过程中舆论规模进一步扩大,媒体在行使话语权的同时实施了权利救济,也提高了自身的社会资本。从遍撒"种子帖",即蝴蝶扇动翅膀到一场舆论风暴,往往在几天之内发生,网络舆论的发展和爆发期也难以明确分离(见图4-6)。因此,在本节中,将这两个阶段放在一起加以讨论。

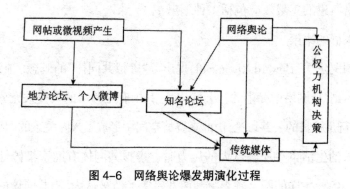

图 4-6　网络舆论爆发期演化过程

(一)网络舆论的集聚效应

网络舆论的集聚效应源自经济学术语。在经济学中,"集聚效应"是指各种产业和经济活动在空间上集中产生的经济效果,以及吸引经济活动向一定地区靠近的向心力。网络舆论的集聚效应是指,某一主题在网络空间具有奇异吸引力而使众多网民、意见向该议题靠近的向心力。

网络舆论传播中的集聚效应是正反馈效应发生作用的必然结果,一旦有人阅读并回复了某个帖子,它就有可能进入点击和回复排行榜,同时在论坛资料排列中处于比较靠前的位置,然后就容易被更多的人发现并阅读回复,自然在排行榜中的位置就会更加显著,然后又吸引了更多的读者和回复,在这种正反馈作用的不断强化之下就出现了注意力的集聚效应。此种网络舆论获得了比同类帖子更多的关注率,甚至连跟帖评论也受到了同样多的注意。这种集聚效应在一定程度上可以控制信息的传播和共享,发帖者和论坛编辑可以研究多数网民的习惯，然后利用集聚效应拓展特定舆论在网络世界的传播和共享的深度和广度，吸引更多的成员进行更深入广泛的讨论，信息创新往往就会在这种情况下迸发。这种集聚效应同时也最大限度地发挥了信息社会动员的功能。

网络舆论的集聚效应包括多种形态。

1. 人群的集聚

莱因戈尔德(Howard Rheingold)提出了"虚拟共同体"的概念。他认为，虚拟共同体是"从网络中诞生的社会群体，这其中有足够多的人投入充分的人类情感，进行足够长的公共讨论，由此在赛博空间中形成了人际关系的网络"[①]。

当人的生活世界面临巨大的压力时，虚拟共同体有助于集体性的维持和恢复。各种各样的网上聊天室和游戏室等场所被认为"为共同体的新体验提供了一个空间和形式"，虚拟共同体不受身体共在的局限，"多元、解放、平等并因此提供了更加丰富的在一起的体验"。[②]

网络共同体是指为了达到预期的信息创新目标，通过应用信息网络技术，由一个或多个网络意见领袖及众多网民组成的临时性网络组织。其在合作过程中共同分担风险，共同提出假设并进行求证，共同分享收益。当顶期目标达到之后，组织即遁形或转到别的热点话题进行重新组合和整合。它包括三个基本要素：意见领袖、信息及活动的发生。网络共同体具有流动性、相对稳定性及合作性。

高度信任、良好的行为预期，鼓励冒险、乐于合作、大胆假设、深度融入、自我角色扮演、长于合作和自我组织这些特点被网络成员之间充分理解与

---

① See H.Rheingold, *The Virtual Commumity*, MA：Addison-Wesley, 1993.

② 周丽昀：《克里斯·席林"技术化的身体"思想评析》，《自然辩证法研究》，2009年第12期。

接受。正是这种独特的组织文化与思维方式为网络共同体的创新和良性演变提供了不断衍生的土壤和持续动力。网络信息流的动力在于主体间的强弱关系。而网络共同体成员之间具有互惠性关系。在网络共同体内,成员之间更愿意将敏感信息或私密信息加以传播和共享,从而提高整个网络共同体的信息承载量。换言之,网络共同体具有一定的稳定性(见图4-7),正是其成员之间这种强关系保证了组织在创新过程中可以通过其所在网络组织源源不断地获得相关信息,使得组织创新效率提升。

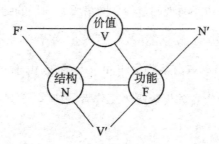

图4-7　网络共同体运作期的价值、结构、功能三角稳定关系图

另外,网络共同体在推动网络微博舆论发展过程中具有锁定效应。发生在网络共同体内部的锁定效应包括功能性锁定、认知性锁定和政治性锁定三种形态,其表现形式包括锁定于单一观点、视角或是某一信息点而切断新的信息注入,这就会使网络共同体逐渐失去内在活力。

网络共同体之间的过于团结将削弱彼此之间的竞争,也削弱了网络共同体寻求创新的动力。此外,交往结构的高度相似也将导致网络共同体结构数量的减少和网络共同体内部的"同形体化",使得网络共同体缺乏外来信息进入的机会和途径,各种创新机制僵化。这些因素都导致了网络共同体从运作期走向消解期。

网络共同体中的成员参加互动都是自愿的。人们能够忽略那些毫不相干、不太重要的、只有消极价值的信息,或是对人们当前信念构成挑战的信息。这些成员甘愿为参加这个形式松散但信念坚定的组织冒风险,但如果他们认为这个组织不尽如人意、枯燥无味,就会抛弃这种枷锁,自由离开。这种自由来去机制的缺点在于,当对立双方的支持者都坚守在自我强化的社区中时,双方之间的对话很难深入或持久地进行下去。

2. 平台的集聚

在短时间内,随着网络事件的爆发,众多媒体的注意力会集聚到有限的热点资源上来,这种集聚效应带来了物质和信息的新能量。聚集的过程也是新内容、新层次和新功能涌现的过程。网络舆论涌现的结果是:新内容(新议题)、新层次(不同观点)、新功能(改变事态)。平台的集聚改变了信息的主体,信息(事实真相)本来由某些集团和个人垄断,由于网络共同体、网络意见领袖、网络专业工作者和传统媒体工作者的协作,信息共享的主体发生了变化。

通过整理2008—2010年三年的网络热点事件,我们可以发现,网络微博舆论的首发和推动媒体主要集中于天涯、凯迪和猫扑等大型中文网站。这种平台集聚形成了品牌效应。一旦在天涯置顶或加红脸,就意味着人群的瞬间集结,也意味着权利救济的正当性与可能性成立。同时,它还预示着更多信息的涌现与影响力的升级。另外,平台集聚也增加了信息垄断带来民主阻滞的风险。这些带有商业性质的民间网站尚处于发展期,基本能够在网站管理规范与自身角色认知的动力下履行社会公器的责任,获得网民的认同,实现社会资本的累积效应。

(1)凯迪社区

凯迪网络始建于2000年,经过多年的发展,目前已发展成为中国最具影响力、传播力的意见领袖聚集的社区之一。凯迪"猫眼看人"版块连续五年荣获国内最热门论坛版块排名前两位。在中国社会科学院自2008年开始每年发布的《中国社会蓝皮书》里,凯迪社区始终被列为中国最具代表性的民意表达平台之一,互动程度位居中文论坛前列。凯迪社区选编的信息以最权威、最具公信力而著称。多年来,凯迪社区的关注视角从未在国内、国际任何一个大事件中缺位,在一些重大的舆论监督场合,凯迪社区始终处于信息最前沿。

（2）天涯社区

2008 年,天涯启动开放平台战略,开始构建天涯生态营销体系,开创了社区营销的新模式。目前,天涯社区每月覆盖品质用户超过 2 亿,注册用户超过 1 亿,拥有上千万高忠诚度、高质量用户群所产生的超强人气、人文体验和原创互动内容。天涯社区一直以网民为中心,并通过"站长在线"认可信用度、满意值、影响力满足个人表达、创造、沟通等多重需求,是最具影响力的全球华人网上家园。

（3）强国论坛

人民网"强国论坛"创办于 1999 年 5 月 9 日,当时,为表达广大网友对以北约为首的美国袭击中国驻南斯拉夫大使馆的野蛮行径的强烈愤慨,人民网开通了"强烈抗议北约暴行 BBS 论坛",开通一个多月即在海内外产生了重大影响,同年 6 月 19 日更名为"强国论坛"。强国论坛是新闻网站中最早开办的时政论坛。创办十几年来,强国论坛嘉宾访谈坚持立足高端、关注热点、展现多元、突出互动,成为最受网友欢迎的栏目。截至 2018 年,累计邀请数千位嘉宾与网友在线交流。

（4）新浪论坛

新浪论坛是全球最大的中文社区和网络主流舆论中心,以便捷、稳定、友好的互动平台为网民提供生活化、多元化的资讯交互服务。新浪论坛是新浪网历史较为悠久的产品之一,如今已经走过十多个年头。新浪论坛目前拥有数千个主题论坛,用户超过千万,是目前中文论坛中的领导者。作为最传统的用户交互模式,新浪论坛始终是互动社区的核心产品,是新浪乃至整个中文互联网的原创舆论中心。

研究者在庆幸这种平台集聚为舆论影响社会带来巨大威力的同时,也不免担忧由此带来的垄断一面。国际上关于网络垄断集中度的主要指标是赫氏指数。在中国,这方面的研究还刚刚起步。由方兴东主持的,定位为"中国高科技第一智库"的互联网实验室于2011年2月17日首次发布了《互联网垄断调查研究报告》。报告称:"中国互联网产业已从自由竞争发展到垄断竞争阶段,垄断已成为影响产业健康发展的一个重大障碍。"该报告指出,中国互联网垄断"比较集中分布在搜索引擎、即时通信、电子商务等三大领域,分别出现了以百度、腾讯和阿里巴巴为首的、稳定的寡头垄断"。在新闻传播的垄断问题上,这种主要依靠自律的商业组织常常面临垄断优势下的行为失范。"删帖"作为一种把关权力,经常会沦为商业组织追求自我保护与商业利益的特权,而使公众受制于这种隐形人,限制了网络舆论的权利救济功能。

3. 话语的集聚

具体而言,网络微博舆论的发生通常伴随着新的网络热词的诞生。它的生成过程也是话语的集聚过程。网民在涉及敏感话题的传播初期常常会发明一些"暗语",避免言论被管制。当讨论的社会事件已经由于人群的集聚和传统媒体的介入而公开化时,这些"暗语"就会演变为网络热词,成为某个事件引发的舆论狂潮的标签,为后续事件带来深远影响。《谁控制了网络——无疆界世界的幻象》一书的作者指出,这些"暗语"虽然有助于民众意见的传播,但同时也因为其独特性和晦涩性影响了传播的广度和效度。只有掌握"暗语"的人群达到一定规模,才能对实践产生影响。这种话语的集聚推动了网络舆论的升级,延续了网络舆论的扩大效应和生命周期,也是网络舆论爆发的一个重要路径。

(二)多种传播方式的聚合互动

网络微博舆论,是多角色、多渠道、多介质的媒体聚合互动的结果。传播行动主体有网民、网编、传统媒体记者;传播渠道有个人传播、群体传播、民众传播;传播方式多样,有口头传播、文字传播、图片与视频传播;传播介质亦多种,有社区 BBS 论坛、官方新闻网站、网络自生媒体、贸易门户网站、娱乐网站、各类小型专门类网站与自媒体(包括博客、播客、帖吧等)等。近几年,网络微内容演变为舆论风暴的过程中,最频繁使用的介质便是博客与微博。这两种媒介形式是多种传播方式的聚合体。

微博成为一种"类组织",在重大新闻发生或社会问题凸显时,它又仿佛是信息中心,能够高效集聚,吸引并号召用户参与到新闻传播和舆论扩散中来。①参与新闻报道的新闻工作者也常常将微博当作实施舆论监督的有力武器,甚至可以通过微博进行现场报道,实现信息的瞬间传播和实时影响。如《凤凰周刊》记者邓飞,通过微博直播了南昌昌北机场的钟如九"厕所攻防战"事件,使事件得到了全国网友的实时关注。微博实际上已经成为一种最廉价、最快捷、最有效率的传播方式,优势胜于任何其他媒体。2010 年 8 月,群邑中国与新生代市场监测机构对北京、上海、广州、成都、沈阳、西安 6 个城市中年龄在 15～55 岁的 900 个微博用户联合开展在线调查发现,受众最愿意转发的内容通常是视频、图片、声音等形式,这同时也是受众经常评论的内容,因此文字结合动态感觉的微博内容更具传播力。②

---

① 程刚:《微博:在"乌合"与组织之间》,《今传媒》,2010 年第 5 期。
② 肖明超:《微博带来新话语空间,裂变式传播信息》,《瞭望》,2011 年第 1 期。

博客的新鲜性和即时性依靠网页的呈现得以提升。博客为使用者提供了搜索功能、系统分类和相互链接的功能,其本质上成为网络界面形式的数据库,从而扩展了新闻生产领域,实现了信息聚合。这也解释了为何突发性新闻会以惊人的速度在博客中迅速传播。这种博客行为带来了一种新的新闻扩散模式。许多博客新闻网站都具有事实核查能力和集中分类机制,受众可以借此决定一则消息是石沉大海还是万众瞩目。

由于手机用户对新闻事件的评论成本远高于互联网用户的评论成本,我们认为,一个舆情事件中使用手机进行评论的用户占到总体的 15% 以上,其成为舆情热点事件的可能性就比较高。可以这样认为,手机网民已经成为网络舆论的重要参与者和表达主体,随着 4G 和 5G 时代的来临,这一比例还会有所提高并且影响和作用也会越来越显著。[①]

(三)多元传播主体的刺激－反馈机制

以往的相关研究主要将网民、网媒及传统媒体列为网络微博舆论中的传播主体,而忽略了一个重要主体——事件相关者。鉴于网络微博舆论发生的特殊性,事件相关者不仅包括公权力的拥有者和使用者,也包括事件中的其他方。如果事件中的某方涉嫌造假,或是私人道德方面经不起网友拷问,也会导致舆论的急剧降温。

当然,在当前中国,以权利救济为旨归的网络微博舆论能够激起舆论扩大,聚集更多受众的,更多情况下还是公权力机构中的代表。他们对舆论的回应,尤其是不当回应,阻碍了信息的流动速度,降低了信息的透明度,因而更容易形成舆论突变,造成更多人群的集聚,更大范围的事态扩大和更多的

---

① 喻国明、李彪:《2009 年上半年中国舆情报告(下):基于第三代网络搜索技术的舆情研究》,《山西大学学报》(哲学社会科学版),2010 年第 2 期。

信息需求和现实要求。因此，只有引入事件相关方反馈这样一个重要的主体，才能客观认识网络微博舆论发展和爆发期的演变规律。

　　总之，通过集聚、协同与反馈，网络舆论由微内容发展为舆论风暴，爆发出超强的影响力与变革力，如图4-8所示。

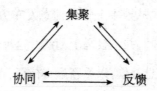

图4-8　从"微内容"到舆论风暴的演变动力机制

四、微博舆论的"消解期"

(一)舆论风暴消解的条件

　　网络微博舆论的消解，部分原因在于实现了参与者的愿望和需要。任何一个自然现象都有生命周期，当消费者、媒体等舆情主体消耗掉全部社会资源和情感，或者事件得到了有效控制，事件关注度便会逐渐衰减。对"舆情危机"的处理首先是对大量和集中出现的、与事件实施刺激方明显对立的、良莠齐现的舆情信息的种种处理。但是仅处理有关的信息还远远不够，还需要针对舆情所反映的中心内容，即事件本身和后果进行处理。

(二)舆论风暴消解期的特点

　　网络微博舆论的消解与信息公开程度和速度成正比。如果信息拥有主体能够满足网民的信息需求，甚至主动引导议题的走向，网络微博舆论的发生就会具有瞬间特征。在一些网络事件中，短期内集聚了大量人气，事件本身的冲突性引发了众多质疑,但如果信息拥有主体对其及时做出回应,则会产生舆论哗变,网民内部会迅速发生倒戈,使舆论快速消散。

反之,如果信息主体不能适应网络微博舆论,在经历媒体互动的议程设置、多元传播方式的协同作业及议题转换的深度挖掘之后才部分满足网民的信息需求,则会使网民从根本上怀疑信息发布方的公信力。即使事件结束,舆论也会持续一段时间,并不会马上消解。这种情形下,需要信息主体额外提供有效信息,进行信息补偿,以重新赢得信任,在舆论上反败为胜。

网络这种特殊空间,为受众提供的既是媒介工具,又是传播环境,在这里,自我呈现不受身份、地位、年龄、收入等物理世界的诸多制约,也打破了时间和空间的限制,同时摆脱了身体在场带来的束缚,参与者可以自由进出、随意发言。在发言互动中,体现了多元、异质和互为主体性的特征,参与者同时感受到了彼此之间的连接感。这种连接感在对某个突发事件或热点问题的讨论中得到了强化,构成了意见交换、舆论形成的新社群。参与者走出了自我孤立和封闭,在一定程度上打破了"沉默的螺旋",参与到了物理世界中更为遥远的公共领域,重构了自我对世界的认同。这种彼此连接感的建立和自我认同的重构意味着社会资本的增加。

微博舆论的另外一个特点是,如果同类事件发生,舆论具有记忆功能,对该类事件具有敏感性,舆论会迅速集聚。但如果同类事件中缺少新的吸引因子,注意力就会呈现猎奇倾向,对旧闻采取"不闻"的态度。

此外,网络微博舆论的消解期除了具有长尾效应外,还具有复燃性。即上一次的网络舆论引发的舆论风暴即便未能成功实施社会动员,也会在事件发生地留下严重的民意创伤。在特定条件下,经沉淀后复燃的燃点更低。关于这方面,需要更多学者进行实证研究。

应该指出的是,网络舆论在蝴蝶效应的潜伏期,群体观念应具有可延展性。即成员对某一问题的看法在方向、深度、广度等方面并没有结构化或轻度结构化,因此具有认知无极限的特点。而在爆发期,群体观念又具有易感性,其燃点很低,任何细节都可能对事件的扩展起到推波助澜的作用,使得网络微博舆论的扩散越过新节点,进入新阶段;在爆发期,群体认知还会迅速结构化,改变起来难度较大。

第五章
微博舆论的影响变量及模型建构

中国互联网络信息中心首次提出了"互动参与指数"以反映网民的社会参与程度。报告显示,中国网民 2009 年的互动参与指数为 49.0,高于 2008 年的 47.0,也高于美国的 45.8。[1]这一特征在各种突发公共事件中突出表现为公众在公共领域中参与程度的提高。美国皮尤研究中心(PewResearch Center)的分析显示,在全球范围内,报纸的渗透范围在下降,由 1996 年的 60%下降到 2004 年的 39%,而互联网作为新媒体的功能则日益显著。

网络事件爆发后,种子帖被发出,信息升级为舆论。而网络舆论的一个帖子能在源源不断冒出的网帖中存活下来,是因为该网帖自成一个开放的、进化的系统,具有自适应能力。尽管网民在一个事件中所持的态度是种短期行为,具有有限理性,但基于网络事件的网络舆论却具有复杂性系统和自适应能力。网民在以态度为组织、以网络意见领袖为领导的复杂性系统中尽量降低信息损耗,减少内耗,合理处理信息冗余,实行想象决策、自我分工、资源交换以实现协同效应。这一系统包括三个因素:网络媒体参与度、网民参

---

① 参见 CNNIC:《第 25 次中国互联网络发展状况统计报告》,2010 年 1 月 15 日,见 http://www.cnnic.net.cn/uploadfiles/pdf/2010/1/15/101600.pdf。

与度和网络意见领袖参与度。

一、网民的内部协同

"网民"一词最早是由米歇尔·霍本(Michael Hauben)创造的。霍本认为,"网民"的概念有两个层次:一种泛指任何网络使用者,包括黑客、病毒制造者等;另外一种是指特定的对广大网络社会(或环境)具有强烈关怀意识,集体努力建构一个有益于大众的网络社会的网络使用者(将黑客、病毒制造者、网瘾沉溺者排除在外)。网民作为一种自媒体,在起源于微内容的网络热点事件发展过程中扮演了重要角色。

(一)协同优势

1. 庞大的用户群与瞬时传播造就"压力集团"

随着经济水平的提高,网络技术的普及与通信工具走入寻常百姓家,网络在中国拥有庞大的用户基础(见图5-1)。CNNIC2013年12月公布的数据显示,截至2012年12月,中国有4.2亿网民使用手机,4.7亿网民使用即时通信工具,3.09亿用户开通了微博,他们中的"公民报道者"托起了两种新锐的网络舆论载体——微博和QQ群,每天都有可能用手机与互联网实时播报公共事件。网络传播由线性传播进化为非线性传播方式,受众也由原来单一的"聆听者"和"被教育者"身份演进为拥有几乎与媒体同样话语权的信息发布者,而且这个信息发布者也由传统媒体一人布道式的"教堂式传播"变为众人喧哗的"大集市式传播"。如此庞大的用户基础不仅将网络媒体推上了主流媒介的位置,也使得舆论救济由临场发挥的投机性模式过渡到了媒介参与制度安排的固定模式,即"网络(BBS、微博、博客)等提出议题—传统媒体关注—全社会参与—政府行为"的模式。与传统自下而上寻求权利救济的路径有所不同,网络舆论习惯借助政治制度安排中的机遇,在民众监督无效的前提下转而利用人数和技术优势寻求上级机关的救济。如果上级机关仍不采纳民意,则挖掘上级机关的隐私。这种靠体制外监督产生的体制内监督在当今中国特殊的管理体制中有着巨大的影响力。

2. 自我赋权意识强烈度

赋权一般被定义成"给予权力或权威;给予能力;使能,给机会",哈佛大学著名管理学家奎因·米勒(Quinn Miller)指出,赋权是指发展积极的自我能力意识,对周围的社会政治环境有批判性的、分析性的理解和认识,同时可以增强个人和集体的资源。网络社群因观点一致而结成暂时的联盟,对意见的扩大和发挥社会动员能力进行自我赋权。

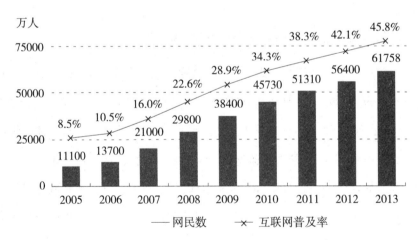

资料来源:CNNIC 中国互联网络发展状况统计调查,2013 年 12 月。

图 5-1　2005—2013 年中国网民规模和互联网普及率[1]

自我赋权。不是与政府权力和既有权威部门的简单交接,而是在各种力

---

[1]　资料来源:CNNIC:《第 33 次中国互联网络发展状况统计报告》,2013 年 12 月。

量的错综交织和此消彼长中进行的长期博弈。从整个"华南虎照"事件的发展演变过程分析，网络社群正是借助新媒体事件的解放力量而实现了自我赋权，并彰显了自身的影响力。这种博弈包含了网民参与网络社会建设的积极性和主动意识，这是网络公民社会建构的基本要素。

从网络舆论引发连锁反应来看，网民正是借助网络的解放力量而实现了自我赋权，包括质询的权利、调查的权利、了解真相的权利和追求信息透明的权利等，把论坛影响力变为生产力。

首先是话题选择。网民通过参与网络议程设置进行自我赋权。在互联网上有一句话道出了公认的事实："全民话题，论坛制造"，它打破了官方的话语垄断权，建立了具有内生秩序的网络社群。

其次是舆论建构。网民强化了网络媒体的民间属性，将舆论当作公共品进行协同创新。公共品具有非排他性和供给的不可分性。"非排他性"是指集体中的每个人，包括参与公共物品创造的那部分人群都拥有相同的权利使用公共物品。"供给的不可分性"是指一个人对公共物品的适用不会耗尽或降低公共物品为他人所用的可用性水平。缔造共同价值的过程包括分享自身的价值，强化共同价值，同时也促使他人做出更多贡献。网络信息作为巨大的信息仓库，拥有大量工具，可以对内容进行组织、搜索、检索和呈现。它也鼓励人们不断创造信息、沟通知识。这样，人们能够访问并使用互联网上不断创造出来的公共物品，而无须减少已有公共物品或降低其对他人的价值。

最后是离线行动。通过现场调查主动参与到事件进展中来。如"邓玉娇"事件，在网民的监督下，仅仅一个月就得到了圆满解决。

3. 信任度与约束感强

一是意见的约束。新的媒介技术赋予人们愈来愈强的信息"过滤"及"自我选择"的能力，也使网络公共空间分化的问题凸显。随着舆论的不断推进，网络舆论会自动聚集为针锋相对的两种意见，其他零散的另类意见会被逐渐排挤而退出公众视野。这种约束呈现出网络舆论主体的分化倾向，使得舆论主体同质化特点更加明显。美国学者罗伯特·D.帕特南（Robe D.Putnam）认为，增强的信任感会导致公民参与，后者反过来又能促进信任的增加。意见领袖对于其认同的信息积极地传播，对于不认同的信息不传播，这样就能起到信息流动的协调功能。对于不认同的信息，意见领袖不仅不去传播，还有可能批判性地传播，传播与信息相对的负面信息，产生负面的效果。意见领袖对于不认同的信息有着干扰信息传播的作用。网络微博舆论中网络舆论主体不仅会对事件本身发表看法，而且会对如何发挥网络的社会动员功能提出计划。如实施人肉搜索，或对当事主体做出某种共同行动的约定等。如果有不同意见群体发表异议，则会通过语言等方式对其实行打压，从而实现对未来行动的约束。正是通过这两种无形的约束，网民在网络舆论竞争中赢得了优势。这两种约束机制发挥效力取决于网络意见领袖在该网络舆论发展过程中的组织能力和凝聚力，从而实现网络舆论下的身份认同和一致决策。

4. 共享偏好度高

"网络微博舆论发生过程中网民具有较高的共享偏好，乐于将自己的目标、技术和信息与他人分享。即使缺乏直接的收益，信息也得到广泛共享，这是由于在线互动的某些特征及互联网参与者的文化所致。互联网，至少对于非商业性网站来说，主要是一种维持参与者关系的'礼品经济'，而不是一个利己主义、独立的行动者之间进行商品交易的场所。"①

与物理社区的交换文化不同，严格的、双向的、实时的互惠并非必须。对

---

① 参见［美］詹姆斯·E.凯茨、罗纳德·E.莱斯：《互联网使用的社会影响：上网、参与和互动》，郝芳等译，商务印书馆，2007年，第159页。

于贡献者而言,提供信息礼品的成本远远低于其能获得的潜在回报,但这种信息礼品使得贡献者在网络世界被奉为信息灵通人士,提高了其自我成就感,且由于拥有众多接收者形成了规模经济,创造了积极的网络外在性。亚当·斯密(Adam Smith)提出,摆脱了自我利益的"看不见的手",从总体上会对社会产生积极的影响(虽然自由市场也有消极作用)。这种利用鼠标对社会实施影响的过程创造了从地区到全国范围内不同层次的个人社会资本和集体社会资本。

5. 网络的数据库功能被充分利用

信息数字化带来的数据库功能和记忆特性为搜索引擎技术的更广泛应用及网民自我满足信息需求提供了可能。网络记录的个人言行尽管权威性难以保证,但其容量却在不断更新和扩大。这种数量的累积经过相互之间印证后也具有了某种权威性。同时,它还具有公开性,任何人只要进行简单注册,通过形同虚设的审查,就可以从时、空两个层面接近信息。

在网络事件中,越是经过数据挖掘得到的信息,越具有吸引力;越是被作为他者客观记录的内容,越被视为权威资料。如许多网络事件的焦点人物在新闻图片中的形象会被进行细节性放大,并被追问细节背后的细节。这就使得正常的信息公开具有了探秘性质,满足了热门"窥伺"的心理。自然,对这些细节进行反思性解读,在许多事件中具有"敲门砖"的功能。许多网络事件都是通过对这些细枝末节的放大,而迅速演变成全国性的重大现实事件的。

6. 网络舆论呈树状结构

思维导图是大脑放射性思维的外部表现。思维导图利用色彩、图画、代码和多维度等图文并茂的形式来增强记忆效果,使人们关注的焦点清晰地集中在中央图形上。同样,网络舆论利用视频、音频、图片、文字等图文并茂的形式协同还原网络事件本身，使得受众的关注焦点清晰地集中于事件的本质。如"周久耕事件"中，无论是天价表的发现，还是豪华车的挖掘，网民的焦点都是在力图证明"维持高房价是为了维护百姓利益"的雷人言论发出者是一个"贪官"。

7. 网络舆论容许网民产生无限制的联想，并将这种联想的成果与重任分享，这就使得思维过程更具有创造性

网络舆论总是从一个中心点开始的。每个关键词自身都成为一个子中心，整体合起来以一种无穷无尽的分支链的形式从中心向四周放射，或者归于一个共同的中心。尽管网络微博舆论的信息树图是在二维平面上呈现出来的，但它可以代表一个多维的现实，包含空间、时间和传播内容。

8. 协作流程化

对网络事件的性质本身达成一致舆论后，网民便在意见领袖的带领下开始了流程化的网民协作。一方面是意见的"分形"，即新闻评论，对事件发生背景、事件发生原因、事件可能走向等做出分析和预测，同时伴随着网民的迭代——对意见的叠加和重复；另一方面则是信息的"分形"，这种分形是与任务驱动的信息搜索引擎使用相伴而生的。网民协作一般分为以下几个步骤：确定任务—收集信息—运用信息分析评价—再确定任务。网络意见领袖的传播大约可分为三个层面：第一个层面是网络意见领袖与博客读者之间的双向传播。网络意见领袖发表博文，即是向博客读者进行兼具大众传播与人际传播双重性质的信息传播。读者通过留言、跟帖、转帖或者向网络意见领袖发电子邮件表达意见，即是向网络意见领袖进行人际传播。值得注意的是，博客读者往往还是一个关键的传播中介者，他既可能通过人际传播影响其他非博客读者，以成为网络意见领袖的间接读者，还可能通过人际传播影响大众媒体，吸引后者的卷入。与此同时，他也可通过大众传播接收大众

媒体的资讯,再将之反馈给网络意见领袖,以促成后者的行动。第二个层面是网络意见领袖与大众媒体之间的双向传播(此处的大众媒体包括门户网站、大型论坛、博客服务提供专业站点等网络媒体,而且后者是网络意见领袖非常重要的传播放大器)。一方面,网络意见领袖通过发表博文获得大众媒体的关注,使得后者跟进到事件或话题中来;另一方面,网络意见领袖也常常通过大众媒体传播的资讯发现值得关注或聚焦的事件,进而发表博文,形成公共话题。与此同时,大众媒体在吸纳网络意见领袖的传播信息后,又通过自身大众传播渠道影响大众媒体读者,不论其是否为博客读者。第三个层面是网络意见领袖与其他网络意见领袖间的互动。双方可以采取转帖、开帖辩论或附议等形式,就某一话题形成蜂群效应。而一旦一方网络意见领袖成功地将其余网络意见领袖吸引到话题中来,在其余网络意见领袖中又会形成与此相类似的具有三个层面的传播的循环。

9.放射性思维带来裂变式传播

在网络事件发生之始,信息需求会呈现井喷趋势。众多网民通过微内容集聚,思维方式呈树状。这与美国科学家东尼·巴赞(Tony Buzan)提出的思维导图如出一辙。东尼·巴赞通过研究发现,人类头脑的每一个脑细胞及大脑的各种技巧如果能被和谐而巧妙地运用,将比彼此分开工作产生更大的效率,形成以放射性思考(Radiant Thinking)为基础的收放方式。

网络微博舆论发生过程中,网民的信息需求具有立体性,既有与事件本身高度相关的细枝末节,又有其发生背景、前因后果等制度性反思。这就使得一个网络事件的"信息树"格外庞大。网民的信息"需求树"急剧膨胀,伴随着对事件的深度评论,形成如下网络事件过程链条:信息公开需求增加—未得到及时回应—信息公开需求翻番—被迫部分回应—动用全部信息资源满足公开信息需求—媒介的社会动员能力发挥—信息需求得到适度满足—信息树不再生长—网络舆论消散。

(二)协同效果影响因素

《纽约客》专栏作家詹姆斯·索罗斯基(James Surowiecki)在《群体的智慧》(*The Wisdom of Crowds*)一书中提出,在一定条件下,民众群体比个体及小群体专家更聪明,群体不沦为"乌合之众"建立在四个基本条件之上:观点的多样化,意见的独立性,背景的分散化和有效的集体决策机制。网民协同效果如何,这取决于如下四个影响因素:

1. 自我议程设置效果

在网络微博舆论发生后,网民通过论坛、博客、新闻点击、新闻留言等方式对某些重要问题进行反馈、讨论、传播,自我设置议题,促使传统媒体、权力部门来关注热点事件,引导热点事件的解决。"议程设置主体变化后,议程设置的力度并没有减弱,而是在和传统媒体的交互性设置中,议程主题传播的范围更广,影响更大。传统媒体的议程设置是沿着'议程设置者—媒体—受众'的单线程流动,网络媒体则是沿着'网民—网络媒体—传统媒体议程设置者—传统媒体'的环形立体流动。"[①]同时,不容忽视的另一面是,议程设置主体的更迭,在依靠意见的自由市场难以掌握充分的信息时,也会滋生留言,使得网络暴力肆意横行,在网络媒体和传统媒体的交互推波助澜中易产生网络集群现象。

自我议程设置,主要通过"显性模式"和"优先顺序模式"来完成。"显性模式"在网络传播中最常见的形式就是网络专题。网络专题与传统媒体的专题报道相似,是指围绕某一主题,集中运用网络媒体文本、音频、视频等表现

---

① 参见焦德武:《网络议程设置与网民自我赋权》,《淮南师范学院学报》,2009 年第 6 期。

手法给予新闻全方位、连续、深入的报道。作为网络媒体优势的表现形式，网络专题通常涵盖了众多子话题，形成了多层次、立体式的报道模式，"优先顺序模式"在网络媒体中也得到了极大运用。网络信息浩如烟海，网站对新闻的排版会影响该议题在受众心中的关注度。网络媒体借此实现议程设置功能。①

2. 议题转换次数

互联网凭借技术特性在信息扩散和动员方面具有无与伦比的优势，其能否建构有效的公众舆论则取决于网络舆论的分割程度。一方面，网民态度的极化降低了这种分割程度。舆论形成初期，网民意见的极化程度越高，越容易形成具有影响力的舆论，进入传统媒体的选择体系。另一方面，在舆论形成后期，网络舆论是否具有一致性和持久性则取决于隐性议题的挖掘。网络舆论具有共同目标，运用一定的网络技术共同达成这个虚拟目标，甚至在进行线下行动时，这种分割也会在共同行动目标、步调中得以弥合。这在一定程度上消解了网上公共行动风险带来的冲击。

不管限制如何严格，互联网体系仍然存在极大的腾挪空间，其几何递增的传播方式让每个不可能的尝试几乎都成为可能。不争的事实是，在进行新闻传播的宽泛度和深刻度上，在话语的即时表达及获得响应上，互联网正在代替传统媒体的优势地位。

3. 舆论—信息树的立体化程度

在网络事件发生之初，众多网民通过微内容集聚，思维方式呈树状。网民的信息需求具有立体性，既有对与事件本身高度相关的细枝末节的描述，又有对其发生背景、前因后果等的制度性反思。这就使得一个网络事件的

---

① 马陈静:《解读网络议程设置》,《青年记者》,2010 年第 5 期。

"信息树"格外庞大。网络舆论利用视频、音频、图片、文字等图文并茂的形式协同还原网络事件本身,使得受众的关注焦点清晰地集中于事件的本质。

4. 与网络历史事件的关联度

网络事件在经过一定时间的发酵之后形成一个热点,之后由于缺乏新近信息的刺激会处于冷冻状态,即网友既未完全忘却,也由于没有新的刺激而无从再次"冲高",网络侠客再次转变为网络看客。在这个新闻节点上,如果有类似事件发生,也会发挥联想机制的作用,再次形成新闻热点。联想机制的作用在于:一旦意识历史再次重复带来的刺激感,会引起网友热血沸腾,以往网络事件造成的巨大影响成为激励他们勇往直前的强大动力;二是类似事件发生引发的联想机制会使网友借鉴以往的经验在锚定机制、客体化等方面都借用原来的做法。

联想机制在意见领袖中发挥影响的可能性更大,因为他们熟悉网络思想史和网络事件史,对于曾经造就社会巨大影响力的网络事件的发生起因和过程都了然于胸,对于网络事件的走向也有更加强烈的引领愿望和能力。联想机制发生的路径包括类似事件性质、类似事件起因、类似地点等。总之,联想机制这种在熟悉和创新中间游走的方式在形成新的网络微博舆论上有着与众不同的作用和方式。

当然,联想机制发挥作用的另一面是跻身网络事件的门槛在不断提高。换句话说,成为网络事件,发生网络微博舆论的阈值在不断提升。随着社会极端事件的层出不穷,天然偏爱"坏消息",甚至以"坏消息就是好消息"为职业信条的新闻媒体对某些曾经敏感的新闻产生了钝感。同样,网友的新闻敏感性和社会同情心及责任感也在日益高企的网络事件的门槛前钝化。

"何以至此,阈值使然。这跟水的沸点类似,更高的压强推高了水的沸点,100℃已经不能让水沸腾起来;同样,如果今天打开报纸看到在幼儿园疯狂砍人的郑民生,明天打开电视看到正在插播最新的矿难消息,后天上网发现铺天盖地的关于毒奶粉的讨论,我们体认和感知'坏消息'的触发点就在无形中被慢慢推高。"①阈值上升,我们的同情心就会变得稀薄。这也造成了网络社会影响力的萎缩。

二、网络媒体

(一)公共领域作用

"网络(论坛)载发—版主推荐—网民关注—传统媒体记者介入"已经成为网络微博舆论发生的基本路径。《2010 复旦—慧科社会舆情热点事件分析报告》指出,网络媒体显示出类似"公共领域"的作用。网友与论坛及微博等媒体之间形成了舆论热点事件发展的循环互动,打造了网络公共领域。可见,网络微博舆论的发生离不开网络媒体这个重要变量。天涯、猫扑、凯迪三大商业网站已经成为网络微博舆论的重要触发地。强国论坛两位资深版主曾经说过,如果把一个帖子推荐到论坛的主要位置,其点击量可能会成千上万倍地扩大,网络热点事件与如何推荐关系重大。天涯论坛一位女性版主直言不讳地说:"没有我们的努力,网络热点事件可能要减少 90% 以上。"②

网络媒体在网络微博舆论演变的过程中主要发挥把关作用,其主体是网站编辑和版主。网站编辑是网络媒体跻身主流媒体之后诞生的一种新职业,其职能是核实信息的真实性,审查帖子是否符合伦理道德、社会公德等,对话题进行选择性保留与推广。在目前中国网民素质参差不齐的现实下,网

---

① 参见易艳刚:《我们对坏消息的免疫力正在增强》,《学习博览》,2010 年第 11 期。
② 陈阳波:《谁是"网络风暴"幕后推手》,《人民论坛》,2010 年第 9 期。

站编辑的"把关人"角色必不可少，其对热点话题的把握使得网民的注意力得到了较为合理的配置。网站的第一种把关人是版主，即论坛管理员，其职能是推动该版面的讨论风气，并尽可能经常发表与该版内容有关的言论或回答论坛网民的问题。他们在发挥"把关"功能时，是居于网民与网站编辑之间的把关人。

（二）信息整合作用

信息整合是指按照一定的编辑意图和新闻逻辑将已有信息集合在一起，生成满足不同用户需求的新的信息集合体，实现信息价值的增值。网络媒体作为网民智慧的集散地，对信息的整合经历了三个阶段：一是传统媒体"商店式"整合，二是门户网站"连锁"式整合，三是网络媒体搜索引擎的"超市"式整合。网络媒体的信息整合实质上是在当今网络媒体没有采访权的现实制约下，网站编辑对信息进行消化梳理后的"二次写作"，是新闻的一次生产，在信息过剩时代，创造出了"独家新闻"的价值。在网民的树状思维下，信息整合体现了新闻信息的新质，为网络舆论引发连锁反应创造了无数可能。总之，信息整合的过程也是涌现的过程，是新质、新层次和新功能涌现的过程，它改变了信息的主体。信息（事实真相）本来由某些集团和个人垄断，现在由网络共同体、网络意见领袖、网络专业工作者和传统媒体工作者共享。

网络媒体对微博舆论的影响因素包括网络媒体的知名度、网络媒体与传统媒体的结盟程度及网络把关人的新闻敏感性等。

首先，网络媒体的知名度与微博舆论高度相关。互联网实验室发布研究报告，全球网站500强中有60家中国大陆网站，天涯社区是唯一上榜的综合社区类网站。如果事件能被天涯置顶、加精，则意味着会形成网民人数的指数级增长、观点的涌现与网络意见领袖的集结。对以往微博舆论的统计也表明,天涯社区发起和推动的热点事件几乎能够载入网络事件观念史。"邓玉娇"事件、"陈易卖身救母"事件、"世家子弟斗富"事件和"铜须门"事件奠定了天涯杂谈第一大中文论坛的地位。

其次,网络媒体与传统媒体的结盟程度与微博舆论存在相关性。中国特有的媒体管理制度决定了只有实行资源共享,才能取得效益最大化。传统媒体拥有采访权,但却有许多限制,而网络媒体则拥有众多新闻线索等待落地。网络舆论的介入使得地方报纸的报道也可能成为全国关注的焦点,这大大刺激了传统媒体与网络编辑"结盟"的热情;另外,网络对原创内容的渴求,也需借力传统媒体。网站编辑除了利用把关权力推荐热帖外,还会利用剩余信息的边际价值,如有些编辑会每天群发一些有新闻价值的帖子给各媒体记者。这种"结盟"往往能使一个热点被急剧放大。这种结盟,即资源共享,使得二者都在市场竞争中赢得一定的优势,充分挖掘了资源的潜力。这种"结盟"也逐渐成为微博舆论发生的动因之一。

最后,网络微博舆论与网络编辑生产和挖掘热点事件的能力有关。而天涯、猫扑、凯迪网、西祠胡同这些有影响力的论坛在微博舆论中的作用,在很大程度上取决于网络编辑的表现。天涯编辑在访谈中曾提到,在话题选择上注重从精英到草根的转变,在向草根文化倾斜的努力下,天涯成为一个话语场。它在网络议题设置方面已经发现了一些有规律的东西。陕西发现华南虎的照片见报后第三天,署名"党指挥枪"的网民发出了质疑照片的第一个帖子《陕西华南虎又是假新闻?》,为"华南虎照"事件的发展触动了舆论扳机。版主贸正晶曾谈到,"我们比较关注有一定代表性的社会话题。那些思维缜密、有敏锐观察力的网友,会不断地发现、举证,是推动事件的关键因素,这种执着的精神是杂谈的支柱"。

值得注意的一个问题是,随着微博舆论产生的知名度和美誉度的提高,网络的垄断程度也在不断提高。尽管品牌化、特色化是网络发展的两个正确的方向,但在少数几个网站掌握话语权,充当网络把关人的角色越来越明显的当下,网络话语权资源过于集中,网络垄断的苗头逐渐显现。这与实体社会中商业垄断表现出相似特征。一部《互联网垄断报告》对这方面的情况进行了迄今为止最为全面和客观的调查和描述。这种网络垄断可能存在的危害包括滥用话语权、代表伪民意、与其他达成共谋、出卖民众话语权和商业化倾向严重等。

三、网络意见领袖

(一)构成与特征

意见领袖(Opinion Leader)是西方舆论学中一个重要的概念,是指在人际传播网络中经常为他人提供信息,同时对他人施加影响的"活跃分子"。他们在大众传播效果的形成过程中起着重要的中介或过滤的作用。所谓网络意见领袖,是指在以互联网为平台的新型的人际传播网络中,经常为网民提供信息、观点或建议并对网民施加个人影响的人物。Burson-Marsteller 研究小组(2005 年)调查发现,网络上有一批"e-influentials",意即网络意见领袖,他们通过在聊天室、论坛、公司网站和博客上进行信息传播而创造或改变舆论、建构潮流、引领时尚。

网络微博舆论中的舆论领袖是指能够敏锐感知和判断网络舆论微内容发布的重要性,能对事件形成自身鲜明观点,影响其他网民持久关注,实现信息落地,从虚拟世界走向现实参与的人群。权力分散到个人之后,最重要的资产不再是原有的金钱、地位,还包括想象力、人格特性和决策力。网络意见领袖是这类资源禀赋的富有资产者。

(二)网络意见领袖三要素

网络信息层出不穷,以数以百亿比特计的速度和规模出现在互联网领域,争夺有限的注意力资源。与传统媒体的意见领袖相比,网络意见领袖面临的环境更加复杂,信息接收量更大,意见形成和传播的门槛也更高,就像一场没有终点的信息竞赛。以技术作为标准,网络意见领袖在论坛中通常表现为高的发帖量及回帖量,博客中则表现为其博客具有较高的点击率和评论数,这些因素通常可以根据个人资料直观地反映出来。

然而技术标准的认定并不足以使我们对网络微博舆论中的意见领袖产生全面认识。从社会学角度似乎更能勾勒出网络意见领袖在发挥网络微博舆论中的作用。传统媒体中意见领袖与三个因素有关:一是体现了某些价值观,对于追随者具有吸引力;二是拥有获知大量信息的能力;三是拥有广泛的社会联系。通过对近几年来网络微博舆论发生事例的分析可以看出,由于网络舆论的特殊形态和发展历程,网络意见领袖的判断标准已经发生了根本性的变化。加州大学伯克利分校萧强教授认为,网络活动中的"代表性人物"或者"发言人"应该具备以下几种要素:拥有发言平台、言说可以形成身份认同、身体力行、某方面的专家及私人品行可靠。[①]这基本揭示出了网络舆论意见领袖的基本要素。换句话说,"基于对公共领域关注的价值观""认知、判断和行动力具备优势"及"社会联系的广泛性"是网络舆论意见领袖的三大要素(见表5-1)。

---

① 参见胡泳:《我们需要什么样的网络意见领袖》,《南方日报》,2009年7月1日。

表 5-1　网络舆论领袖的三大要素

意见领袖类型	传统媒体意见领袖	网络意见领袖
要素一	体现价值观	关注公共领域
要素二	获知大量信息的能力	认知—判断—行动能力优势
要素三	社会联系	社会联系的广泛性

其一，价值观具有草根性。与以往社会资本较为丰富、社会地位较高、拥有精英式价值观的传统媒体意见领袖相比，网络舆论意见领袖产生范围更广、草根性更强。从产生途径看，是通过非政治制度渠道，如网络发帖数、点击率、影响力等文化、心理因素自然选择的结果，而不是由正式制度安排——组织任命或选举产生的。基于网民的构成基础，网络意见领袖的构成也同样具有草根性。从显性结果看，尽管社会名流、大众明星等发帖更容易引起受众关注，从而跻身于网络意见领袖行列，但在具有社会动员功能的网络微博舆论发生过程中，网络意见领袖的价值观具有鲜明的草根性。云南省宣传官员伍皓，从发帖数、点击率等硬性指标，从对网络的热衷程度看，具备网络意见领袖的资格，但由于其特殊的社会身份所代表的立场和价值观，使他无法成为真正的网络意见领袖，他提出的"网络舆论等同于啄木鸟说"受到了众多网友的抨击。已有网络舆论意见领袖的评选结果也证明，具有草根性价值观是网络舆论意见领袖的重要条件之一。当然，我们并不是说官员身份无法代表公共利益，而是强调在当前社会条件下，基于公共理性，关注公共领域的草根意见领袖更能获得响应。

其二，对网络信息具有认知力，对网络事件具有判断力和行动力，在认知、态度、行动三个层面具有权威性和可靠性。在认知方面，主要强调对信息的高度熟悉和准确运用。网络意见领袖具有相对较高的网络媒介素养，能够更加熟练地使用网络，掌握网络的最新交流技术，了解网络世界的重大事件和重要历史。在态度方面，着重于对事件的全面判断和解读。网络意见领袖能够凭借其独立的思考能力和丰富的知识对发生的网络事件提出自己的观点。在行动方面,重点在于身体力行,勇于承担责任和压力。网络意见领袖敢于就新近发生的网络事件发出自己独特的声音,引导网民对事件的认知,吸引传统媒体的注意力,并在必要的时候参与到事件中,影响事件的走向。

其三,社会联系的广泛性。网络意见领袖的身份在某些网络微博舆论中与其在现实社会中的职业、兴趣和爱好可能会重合,这有利于他更好地利用自身所拥有的知识、技能、经验和人脉的资源。如在"华南虎照"事件中,傅德志是典型的意见领袖,他的社会关系具有广泛性,在他的人物关系图谱中,不同行业、不同职业的强关系或弱关系者共同形成了稠密的社会联系网。人立方搜索结果显示(见图5-2)。

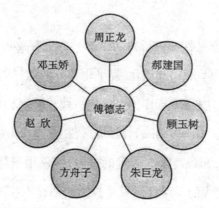

图 5-2 "华南虎照"事件意见领袖之一傅德志人立方搜索结果

衡量一名网络意见领袖水平的高低有两个指标:一是看他的原创帖能不能得到网友的认可,能不能被推到论坛首页和网站首页;二是看他引导或者掀起过多少有名的网络热点事件。①这些人群通常为固定人群,具有熟谙网络使用技术和技巧的特点,每天都在发表意见,关注热点,并且制造热点。

---

① 参见侯兆晓:《网络民意渐成民主渠道》,《民主与法制》,2008 年第 16 期。

根据以上三个要素，现阶段网络舆论中的意见领袖的来源大致可以分为三类:第一类是传统媒体意见领袖在网络舆论世界的迁徙,这部分人群包括作家、学者、艺术家及传统媒体记者,如韩寒、于建嵘、邓飞等,他们在现实中从事与信息传播、文化传播相关的行业,信息来源广泛,拥有丰富的信息资本,在网络世界更加活跃;第二类是其他行业的业余观察家和自由撰稿人,他们在实体社会中也是某个行业的专家,只不过不属于传统的文化圈,在网络舆论中摆脱了行业局限,利用自身的知识资源发挥影响力;第三类是自由职业者,甚至是无业游民,这部分人群的草根性最强,气质离知识分子很远,但在公共事务关怀这一点上却能与知识分子遥相呼应。

(三)行为动机

分析网络舆论意见领袖的行为动机,一个重要视角是知识权力的新特征。网络社会的权力呈现出知识化、扁平化和分散化三个特征。权力知识化的第一个表现是权力来源的知识化,它是一种非强制的权力,是一种"软权力"。阿尔文·托夫勒(Alvin Toffler)曾经说过,在支撑权力的支柱——暴力、财富和知识——之中,知识产生高质量的权力,不仅用于惩罚、奖赏、劝说,甚至用于转化,具有更大的灵活性。只是权力的凸显不仅改变了权力的形式,也改变了权力的运用方式,具有全新的劝诱性、共享性特征。运用知识权力可以努力控制信息的生产和流动,还可以推销自己的价值观念,争夺对"博弈"规则的支配权。"由罗纳德·英格尔哈特(Ronald Inglehart)领导的世界价值观调查(World Values Survey,2001)显示,中国人具有比较普遍的物质主义倾向,而后物质主义者不足4%。但是中国公民政治参与过程仍然表现出引人注目的一些'非物质主义'倾向,获得个人内心的心理平衡,或维持一种

'常识性的正义平衡感觉',是许多中国公民参与政治过程的主要动力。"①因此,分析网络事件中的网络意见领袖的行为动机主要有以下方面:

首先是作为虚拟社会资本的网络威望。网络意见领袖的威望是通过他在网络事件中对蝴蝶效应的推动来发挥作用的,而网络威望也是他在事件中耗费心力和体力的最大收益。网络威望的获得能够满足他在潜意识中对成为权威和英雄的需求,虽然可能对现实生活并没有实际的改变,甚至有时会带来负面影响。集体社会资本的一个典型例子是,人们觉得通过扶持有意义的事业会提升自尊,做一些有助于他人的事情会令自己的心情更好。

其次是作为社会实体资本的商业利益。网络意见领袖会被商业利益所诱惑。如许多论坛编辑都与网络推手有较为稳定的合作关系。当网络推手为了满足私利或是某个企业和组织的利益时,知名论坛的编辑一面为了满足制造网络热点的工作需要,另一面也为了从网络推手里获取商业利益,在充当重大网络舆论连锁反应孵化器和推动者的同时,在许多网络文化事件中也助长了低俗文化的泛滥和推广。如在"艳照门"事件中,新浪、搜狐、猫扑等知名网站的论坛编辑加入其中,在这次震惊全球的不雅事件中扮演了中转站和加油站的角色。这便形成了许多网络推手制造的热点事件"搭便车"的现象。这在一定程度上恶化了网络舆论的生态,使得网民注意力被绑架和出卖,网络舆论的权威性和网络世界的真实性受到质疑。这种"搭便车"现象制造的网络狂欢,在释放网友过多精力的同时,也浪费了注意力经济的部分价值。

(四)影响因素

调查显示,网民的年龄和文化程度低于传统媒体的使用者,因此在舆论

---

① 王丽萍、方然:《参与还是不参与:中国公民政治参与的社会心理分析——基于一项调查的考察与分析》,《政治学研究》,2010 年第 2 期。

酝酿和发酵过程中,容易受到权威效应的影响,更容易成为民间意见领袖的追随者。另外,网络意见领袖会对海量信息首先进行"把关",省却了普通网民的时间和其他评估及使用成本,可以引导和组织新参与者,使其社会化,吸引他们长期参与。在网络舆论发生连锁反应的过程中,网络意见领袖是如何发挥效应的呢?通过对网络事件发生过程的观察,主要有以下几个影响要素。

事实的模糊度与网络意见领袖在网络微博舆论中的作为呈正相关。网络事件发生后,网民在网络意见领袖的带领下,力图打破信息不对称,实现网络信息链的供求平衡。信息供求双方展开博弈:一方将网络视作社会资本的有机组成,争取网络权利的完整运用,对有关事件的信息要求知情权和参与权提出了诸多信息需求;另一方则把持传统信息资源,将信息看作是既有权力的一部分。双方的力量越不均衡,网络意见领袖的用武之地也就越大。针对有争议的新闻,尤其是在事实不清晰的情况下,网络意见领袖便会形成自身的独立判断,发布可能含有合理想象与偏见、成见等因素的见解,并在网民中引发共鸣,使得网络舆论与实体社会的互动走出虚拟世界,造成事态的扩大。

网络技术的发展与发达同网络意见领袖发挥作用的大小呈正相关。日新月异的通信技术成为网络意见领袖具有预言他们命运的一大利器。意见领袖常常对网络技术先知先觉,并能利用其增加自身权威性。搜索引擎等技术的出现大大增强了信息的透明度。尽管难免出现侵犯个人隐私等负面行为,但搜索引擎、人肉搜索等技术使得个人的任何行径几乎无法遁形,从而增强了意见领袖的行动能力。

网络意见领袖的稳定性与网络微博舆论呈正相关。网络意见领袖在网络微博舆论中的表现具有稳定性。某些人群重点关注某一类议题。尤其是当具有公共性的社会议题出现时,他们会在最短的时间内利用网络搜索引擎等技术掌握尽可能多的新闻细节,整合多方网友意见,对事件发出最有影响力和推动力的评论,并对下一步的行动提出计划和建议。在网络舆论发挥社会动员能力方面,网络意见领袖具有十分重要的分量。如在"周久耕"事件中,网友在阅读了"维持高房价是为了维护老百姓利益"这样的雷人言论后,发布了《遍撒英雄帖,追查南京市江宁区房产局局长周久耕》的帖子,署名"华阁"的网民第一个发现周久耕抽"天价烟",他在其他类似事件中也曾发挥了中流砥柱的作用。天涯论坛意见领袖会定期在线下举行聚会,讨论热点事件;平时会通过 QQ 或 MSN 建立圈群,形成一个相对稳定的组织。

网络舆论意见领袖的创新度与网络微博舆论呈正相关。网络意见领袖是网络创新的引领者和实践者。其在网络热点话题中的创新越多,蝴蝶效应发生的概率就越大。如在"邓玉娇"事件中,署名"屠夫"的网民便是网络意见领袖之一。他首创了在网络事件的实体社会中现身的方式,充当现场记者,进行参与式报道和深度报道,发回大量具有原创性和冲击力的第一手报道,并在此基础上发表意见,带动舆论。而云南"躲猫猫"事件中的首创网民调查团也引起了舆论高峰(见图 5-3)。

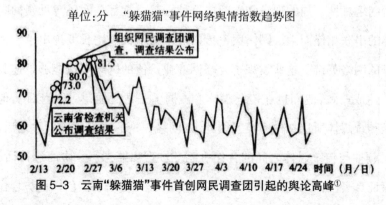

单位:分　"躲猫猫"事件网络舆情指数趋势图

图 5-3　云南"躲猫猫"事件首创网民调查团引起的舆论高峰①

网络意见领袖的知名度与显性化程度与网络微博舆论呈正相关。网络知

---

① 资料来源:中国传媒大学网络舆情(口碑)研究所/艾利艾咨询(简称 IRI),2010 年 4 月 28 日。

名度的来源有两种：第一种是现实知名度，直接转化为网络影响力。如名人博客实行实名制增加了其真实性和权威性。这里的片言只语，即使只是猜测性的信息，也可能演变成一场风暴。由于其在现实社会生活中同样具有影响力，名人对草根网民的关注焦点和意见形成具有一定的引导作用。因此，这部分人的话语力量不可小觑，需要多加了解，并与之形成良性互动。活跃在公共领域的知识分子大多在网站上开设了博客、专栏，及时对重大社会问题评论跟进。同时，各大网站出于商业利益和聚集人气的目的，也以他们的微博、博客、专栏作为吸引眼球的一大手段。第二种是网络知名度。许多意见领袖尽管是匿名存在，但其网名已经具有名人效应和品牌效应，其关注点和言论更具有信息价值。

网络意见领袖社会联系的广度与网络微博舆论应呈正相关。虚拟世界和现实世界之间存在一种有趣的张力，一些虚拟关系会发展为现实生活中经常能找到的重要的关系，双方通过网络增进了解，激发认同。"微博上有很多关注我的媒体朋友，当他们看见这则新闻之后，便开始转载。只有当传统媒体介入的时候，才有了更为强大的传播力。"网络舆论蝴蝶效应的发生伴随着网络意见领袖的现身和崛起。这种崛起通常都是网民意见领袖同传统媒体的串联相伴而生。网络舆论传播效果的指数级增长涌现出了一大批内容型的网络英雄，这些发现了互联网商业价值的网络英雄能够迅速和传统精英达成一致，他们也在传统媒体上占据了一席之地，甚至可以说，他们也是被传统媒体所选择的精英。因此，在网络舆论的蝴蝶效应触发之后，网络意见领袖与传统媒体之间的合作机制基本现出雏形——协商选择话题，共同验证真实性，质疑公权力机构，实施救济等。这种资源互补、优势合作的方式大大提升了网络舆论的社会影响力，也以这种方式形成了网络媒体与传统媒体的协作效应。

（五）行动模式

想象决策。在网络微博舆论主体中，意见领袖的决策方式通常是想象决策，且其要求网友执行其决策的交易成本为零，是依靠平时的经验和权威累积的信用。意见领袖拥有非凡的预测能力，为网民的参与指明了道路。他的主要职能是提供新评论、提出新议题、做出新假设、提供新信息、贡献新线索。一旦这个供应链组织形成，这个开放、动态的系统便会自动形成一种凝聚力，在意见领袖的高度协同化管理、运作下，组织及其成员具有很强的竞争力。

"预言的自我实现"与"预言他人命运的巫术"。网络事件的发生伴随着网络舆论的产生。而此时的网络舆论通常都是零散的、随意的、主观的。当网络事件引起意见领袖的注意时，网络舆论才真正开始了头脑风暴，即开始了大胆假设的过程。对事件的每个细节做出最坏设想，对事件的走向做出预测，对事件的当事人的历史进行评价——这种"头脑风暴"在网络微博舆论发生时呈现极化现象。而对事件的预测常常能够不幸言中。

哲学家、心理学家和社会学家常常会谈到，世界上的不少事情不会因我们对它有什么看法而受到影响，但有些事情却会因我们对它持某种看法（包括做出某种预言）而受到影响。这个预言本身导致所预言的事情出现，就是社会科学中所谓"自我实现的预言"或"自我应验的预言"。换句话说，个人对自己或他人的心理预期将会影响个人或他人的行为，而导致预先的心理期望在个人或他人日后的行为中得到验证。在网络舆论进入连锁反应阶段，甚至是初始条件的初期，常常会有网友根据感觉、经验、情绪和某种类型人群的刻板印象，对网络舆论中的当事人做出最为负面的想象，并对其命运做出预测。如官员一旦被曝光某些细节，无论在现实社会中他是否有多面性，在网络舆论中一定是"最腐败的官员"(这也导致了"少数人的暴政"和"暴民的狂欢")。这些言论被重视之后,就会进入预言—预言的实现—再预言—再实现的循环中。这既得益于强大的网络搜索技术,使得不幸被言中的网络舆论有视频或音频等有形证据作为支撑,不再是空中楼阁,这些"真相"细节的发现又会刺激网民,尤其是意见领袖的探索热情。于是,预言就渐渐变成了现实。当然,不可否认的是,这与现实的残酷性也不无关联。即中国正处于转型期,在信仰缺失的年代,腐败、贫富分化等现象呈现上升趋势。

(六)意见领袖言论边界

微博意见领袖是互联网的产物、微博的产物,他们因其思想魅力、人格魅力、判断魅力、宽容魅力、知识魅力、睿智魅力拥有了诸多粉丝和拥趸。他们的微博点击率、转帖率、评论率、互动率数以万计。微博意见领袖分布于经济、政治、文化、社会各个层面,尤以政治层面为主,这符合人天生是一个政治动物的基本预设,也反映了社会要求加快政治体制改革步伐的强烈愿望。微博意见领袖是形成凝聚民意、制约公权的重大舆论力量,意见领袖的作用发挥得好,有利于政治进步;如发挥不当,则会造成政治瘫痪症、政治肥大症、政治拥挤症。微博意见领袖的政治责任重大,因此为微博意见领袖设置边界、强化其边界意识十分重要。

1.道德文明的边界

文明的基本标志是理性与责任。理性是西方启蒙思想家的重要内容,也是现代伦理的重要内容。理性取代神性,通过人的眼光观察世界,一切以人的理性为标准,需要人有基本的分析能力、判断能力、逻辑推理能力。现代文明首先是自由的伦理文明,即自由与责任不可分,没有自由就没有责任,在微博上的言论自由同样受到自由的伦理规制。

微博意见领袖的责任主要包括传播思想的责任、舆论引导的责任和辨别是非的责任。责任就是边界。意见领袖在传播思想时一定要持客观公正的立场,传播思想的目的是让网民实现韦伯所言的"头脑清明",感受其思想的魅力。人类发展的历史,既是生产力决定生产关系、经济基础决定上层建筑的历史,也是思想观念影响人们行为的历史,在一定条件下,思想反作用的力量甚至会超过生产力决定的力量,超过高科技、互联网、微博的力量。一个微博承载的思想力量是无穷的,其影响力、冲击力是巨大的。他们不应追求思想的华丽外表,不应追求思想煽动的效果,要传播思想的理性、价值与信仰。在非理性思想中寻求理性,在思想多元化中寻求理性共识、舆论引导的责任。意见领袖是理性和公正的捍卫者,他们不是社会不满的发泄者,不是社会灾难的控诉者,不是网络暴力的支持者,不是网络意见的跟风者,不是仇恨的制造者,不是革命的推动者。意见领袖的政治责任在于分析、探求解决与化解民怨之道,辨别是非。意见领袖是真理、真相、常识的捍卫者,不可否认,网络言论鱼龙混杂、泥沙俱下,传谣造谣在所难免,意见领袖不应被各种谬论、各种假象、各种传说所裹挟,应保持客观、公正的立场,形成独立的判断。

2. 法治的边界

微博自由是个人自由在网络上的延伸,微博自由的边界仍是法治。微博的言论自由必然要求法治来保障,没有法治的保障,微博的言论自由就如同脱缰的野马,使言论自由变成言论暴政、多数人的意见暴政。乱用言论自由,会超越法治的界限,侵犯他人的隐私,以正义名义破坏私人领域,从而对他人的身心造成伤害。微博自由的最大化在逻辑上必然要求法治的最大化,法治的最大化就是指,凡是法律没有规定的,其言论在微博上都可以说。每一个人都有平等的言论自由,都有平等的法治保障。微博自由的最大化在逻辑上必然要求权力的最小化,其理想的境界是没有权力的乌托邦世界。没有权力的乌托邦世界毕竟是不现实的,它不能保证人们不互相伤害,即使不互相伤害,没有权力也会带来诸多的不便。在现实世界,权力的最小化就在于执行规则,保障宪法的言论自由在微博上得以贯彻和落实。法治面前人人平等,法治的边界既是普通网民的边界,又是微博意见领袖的边界,法治之内无特权。

微博意见领袖在捍卫法治、宣传法治的重要性、辨析法治的边界性等方面发挥着独特的作用。比如2013年7月21日,女歌手吴虹飞发表了"想炸"北京人才交流中心的居委会和建委的微博,被北京警方拘留,引起了不小的网络争议。在这场争议中,特别需要法治意见领袖对此进行分析和评论,以解网民之疑惑。北京大学教授、网络意见领袖之一张千帆在网络杂志《大家》上发了《宪法保护危害轻微言论的自由》一文,此文一方面指出吴虹飞言论的非理性,另一方面又指出了吴虹飞的言论"并不足以构成清楚、可见和严重的社会危害,因而仍然处于宪法第三十五条的保护之下。"其网络文章迅速在微博上传播和发酵,取得了良好的社会蝴蝶效应,准确地夯实了法治边界的界标——是宪法而不是具体法律。

3. 知识的边界

人的理性是有限的,人存在着不可避免的无知,每一个人都掌握着相关的分立的知识。知识的限度也是理性的限度,超越知识的限度也就是超越理性的限度,会导致知识与理性的狂妄和自负。有知识的人要充分认识到知识的限度和理性的限度,否则就会成为知识的破坏者甚至毁灭者。意见领袖会成为煽动家,微博会成为意见领袖煽动的场所。每一个意见领袖都不是通才,都是专业人才。在专业领域发微博,既能把知识运用自如,也能把社会问题说得清楚。如果意见领袖不承认自己的无知,在专业之外发表意见,将对社会产生不良的影响,也会受到相关专业网民的质疑和批评。网络意见领袖是专业知识的领袖,是专业知识的佼佼者。在专业之外发微博,其智商、智慧与普通网民没有太大的区别,也会因此失去了意见领袖的魅力。具体地说,搞经济学的,在经济领域发微博;搞政治学专业的,在政治领域发微博;搞社会学专业的,在社会学领域发微博;搞法律专业的,在法律领域发微博。在专业领域内发微博,既是对专业知识的挑战,也是对专业知识的更新,同时与网民在专业领域微博的互动,会激发专业知识的活力。

4. 思想的边界

微博是思想多元化的聚集地、聚散地。网络意见领袖是微博上传播和阐述各种主义、各种思想、各种价值观的主导性力量,诸如社会主义、民主社会主义、自由主义、民主主义、民族主义、民粹主义、混合主义、自由左派、自由右派、老"左"派、老右派、新左派、新右派、维权派等各种主义、各种价值观、各种思想、各种理念、各种新名词、各种新概念等大都是由网络意见领袖发表并阐述的。在与网民互动的阐述过程中,各种不同的思想由一而生多、由多合一的情况不断出现,不同的碎片化的亚种主义、亚种思潮、亚种价值观、亚种理念、亚种思想不断衍生。

在政治伦理多元冲突和深刻分化的情况下,如何才能保证网络长治久安、和平共处? 这同样一方面需要网络意见领袖表达思想的清晰性,另一方面需要他们寻找出独立于各种不同主义和思潮的政治概念,拓展公共理性空间,提供罗尔斯所说的"公共质询"指南。微博意见领袖特别需要"我不同意你的观点,但我誓死捍卫你说话的权利"的宽容性精神品质。

5. 社会心理承受能力的边界

社会心理承受能力的边界是由中国的历史文化传统和中国的国情决定的,也是由网络不同的价值观决定的。网络意见领袖的观点要充分考虑到中国的具体国情,充分考虑到不同价值观共存的底线和边界。这个底线和边界就是不能发表反人类公平正义的思想和观点,不能突破人类的基本正义感。

一般而言,网络意见领袖都在自己的专业领域内具有自身分析问题的能力和解决问题的能力,得出的结论一般来说具有客观性、公正性、独立性。即便如此,也应该充分考虑到网民的社会心理承受力,言论要具有社会可接受性和耐受性。如果意见领袖的观点过于强烈,就可能骤然打破人们的心理平衡,引起网民过强的反感,会对网络意见领袖形成阻抗、拒斥心态。其表现就是,凡是微博意见领袖说的,不管对错与否,都要反对,反对就是一切。网民还对网络意见领袖的观点、个人、群体进行污化处理,比如把专家污化为"砖家",把教授污化为"叫兽",把公共知识分子污化为"公知",把爱国者污化为"爱国贼",把传播现代文明的意见领袖称为"美狗"等。

网络意见领袖也有剑走偏锋、非理性失控、结论失公允、打破边界的时候,比如有清华教授称:"强奸陪酒女比良家女危害小"、贵州某官员微博称:"不爱国者为败类人渣"等具有强烈刺激网民耳目的言论引起了网络的轩然大波。在网民们看来,前者挑战了法律的道德底线,后者挑战了政治的道德底线,破坏了社会可以承受的边界。

综上所述,微博意见领袖要有充分的边界意识,捍卫边界意识,唯其如此,才能发挥意见领袖的正能量,防止、淡化、削弱其副能量,从而推动和加强道德文明、法治文明、政治文明的建设。

四、网络推手:一个辅助变量

网络舆论作为公共物品总是面临被个体消耗或过度开采的危险,这种自由使用导致了一种大众悲剧。在网络信息爆发和网络声音传播过程中,拥有众多网络关系的网站或网络公司,借助于其在用户拥有量、信息服务技术和资源集中等方面的优势地位,操控民意,造成"舆论垄断",形成了"爆料—收费—消负"的恶性循环。这种"舆论垄断"效应,从企业之间的不正当竞争行为逐渐拓展到行政权力和公共利益领域,使得网络舆论被人为操控,成为金钱的附庸和少数人牟利的工具,丧失了其作为公共话语平台的意义。网络推手是人们过度依赖网络舆论资源、争取控制社会资本的样本。

有无网络推手的幕后操作也是决定网络微博舆论能否发生、发生效果如何的辅助变量之一。

(一)网络推手的定义、指标及其发展史

"推手"本是太极拳的一个术语,在与网络结合后衍生出了新内涵。"网络推手"指的是为了推广产品或维护形象,借助网络事件快速传播特征,在幕后运用媒体资源进行事件营销,以获取知名度和美誉度的团队或个人。

"网络推手"首次见诸媒体是在 2005 年 10 月,由浪兄、立二拆四、非常阿锋三人接受上海《解放日报》采访中首次提出。①

网络推手的典型事件包括"芙蓉姐姐"事件、"二月二姐姐"事件、"王老吉"事件等。网络推手经历了由兴趣到利益、由公益到商业的发展历程。其主体也由个人发展到灰色组织,再到正规的商业机构。回帖一边倒、点击量与回帖不成比例、回帖速度过快、IP 地址重复,成为网络推手出现的四大指标。一般来说,回帖和点击量的比例在 1：50~1：100 属于正常,一旦低于 1：10,基本上就有人为操作嫌疑。

随着网络的更加普及与影响力日增,网络推手正在进入新阶段——从娱乐

---

① 参见陈廷雯:《"网络推手"打造网络奇迹 川女命运三月间改变》,《解放日报》,2005 年 11 月 14 日。

和商业策划,逐步深入到社会问题、公共事件策划,随之也出现了新特点:

首先,网络推手的行为涉及范围更广。网络微博舆论也常与网络推手联系在一起。除传统的商业营销外,他们介入的事项延伸到了公益行动、监督公权、产品宣传、个案炒作、危机公关及制造传播谣言等。

其次,行为目标更具公共性。知名互联网专家刘兴亮曾把网络炒作分为正面、中性、低俗、恶性四个层面。其中正面的网络炒作就是指为了公共事件进行有意识的信息强化,进而达到影响舆论、改变事态、实现权利救济的目的。如彭宝泉策划网帖"民女许身救父"引起网民关注,在4天内营救出"被精神病",且被关押的郭元荣就是一起典型的网民策划的网络公共事件,引起了人们对网络推手正当性的争论。武汉大学冼阳将此事件定性为中国网络推手在互联网发展史中的大事件。社会问题网络推手,或者说集中于网络公共事件策划的网络推手才是研究舆论救济的研究变量之一,也是网络推手对网络权利救济真正具有研究意义的价值所在。本书所言及的网络推手即是指这部分人群。

(二)网络推手的策划流程与效果

网络推手制造的网络事件,其策划思路与自然发生网络微博舆论的演化过程十分雷同:利用转帖与顶帖持续制造热点话题;利用网友细化与叠加集聚网络的巨大能量;利用话题转换,与传统媒体信息交互放大,为实体社会受众所关注和谈论,便是利用网媒与传统媒体的协同放大效应释放网络能量。不同之处在于:其一,利用网络的目的不同。前者工作的目的是为了实现明确的商业目的,其与广大网民是分离的,是躲在网络背后,利用网民力量的商业分子;而后者主要是为了社会正义感和自我满足感。其二,发生路径不同。前者是熟谙其特征后根据其主要特征加以主观推动,而后者则是网络世界的自然演进,具有不可控因素。以下是一份网络公关策划书的样本。[1]

表 5-2 网络公关策划书样本

魔力网络公关群"激动门"事件策划书
一、目标 将在 15 天内通过"大量发帖、发布暗访视频、上传大量图片、网站建博客、网友跟帖逐渐演变成各大网站相互转载",造成舆论轰动,以达到宣传的目的。
二、具体过程 整个过程分为潜伏期、成长期、轰动期、尾声期。 潜伏期:以在各大网站和论坛发主帖、网友回复为主。 成长期:上传大量图片及文件,使事件在一夜之间造成轰动。 轰动期:在各大视频网站上发布暗访视频,让事件继续造成轰动。 尾声期:水军在相关帖子和视频中回复和发帖,完成宣传任务。
三、水军任务 1 小时要发 50 个主帖。
四、报酬 1.土豆网。在土豆网做到 20000 的回复量(但不排除帖子被删掉,20000 是所有的回复,如果删掉,将继续回复),则网络推手的报酬为 20000 × 0.8 元 =16000 元。 2.博客。在新浪、搜狐、网易、腾讯等各大门户网站建博客,若能建 5000 个,付给网络推手的报酬为 5000 × 1 元 =5000 元。 3.主帖。在天涯、网易、新浪、腾讯进行主题宣传,策划书的"预算"是 13000 个主题,付给网络推手的报酬为 13000 × 0.65 元 =8450 元。 4.主题回复。主题回复是造成轰动的一个非常重要的部分,同时进行炒作,"预算"是 50000 个,付给网络推手的报酬为 50000 × 0.4 元 =20000 元。

在网络推手推动的网络事件中,有如下几类人参与:被炒者、策划者、发布者(写手、网络编辑或社区版主)、传统媒体和网友(见图 5-4),其中,唯有普通网民被蒙在鼓里。网络编辑和版主们则是左右被炒作者曝光率的关键力量。一位资深网络推手在谈到网络事件策划时曾写道:"在炒作过程中,必

---

[1] 根据网络资料整理,2010 年 8 月 4 日,见 http://club.china.com/data/thread/1011/2716/25/04/1_1.html。

须要保持适度的正反观点互驳才能引起网友们自发地发帖、跟帖。要利用话题转换平衡言论,形成相持局面,持续制造热点话题,延续人物的曝光率"。而网络编辑通过首页推荐、制作专题、网络版主加精、置顶、将标题飘色等方式加入事件的传播通道中;然后,传统媒体的接棒又将被炒者的网络关注转移到现实生活当中,成为普通老百姓街头巷尾的谈资。最终便是实现舆论的集聚和社会动员,达到舆论权利救济的目的。

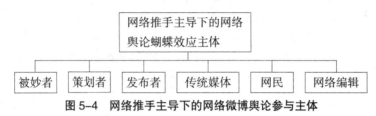

图5-4 网络推手主导下的网络微博舆论参与主体

　　网络推手策划的网络事件实际上是利用网络微博舆论发生的几个要素,利用媒体和网友的心理主观推动的事件。其操作方式也与网络微博舆论大同小异。即通过网络新闻、论坛、博客、QQ群、搜索引擎、视频及平面媒体整体推广,网络公关与传统公关并驾齐驱。网络推手制造网络事件的第一步是培植蝴蝶效应发生的土壤——发现争议性人物,策划夺人眼球的事件,发表有争议性的言论,雇用水军发帖顶帖,引爆舆论;之后联络网站编辑、论坛版主制作专题,在数家大型网站上推广;随后吸引众多传统媒体纷纷跟进。网络推手收取被曝光者的好处费后,也可以转身提供"消负"服务。同时,当这种"消负"的利益成为吸金的渠道后,会刺激更多的网络微内容进入到网络微博舆论的爆发过程中(见图5-5)。

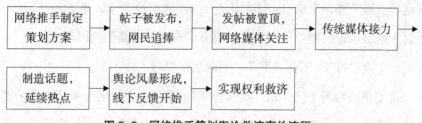

图5-5 网络推手策划舆论救济事件流程

(三)网络推手、网络黑手、网络水军与伪民意

网络推手、网络黑手与网络水军都是网络高度发达、网络传播效果引人注目的新媒体发展阶段的产物,建立在多元文化的发展需要的基础之上,都是传统媒体把关人功能弱化前提下与网络协同作用的结果,都有制造伪民意、操纵舆论的嫌疑。

对于在注意力经济时代夺人眼球的热点话题,在利益的驱动下,媒体间的合作在默契中形成。这也解释了为什么网络推手只制造了网络事件的原点,而操作性网络营销事件却能够此起彼伏的问题。有鉴于此,学者提出传统媒体在网络热点事件中已从传统的把关人陷入被渠道化的危险之中。

三者的区别在于手段有所不同:网络推手利用正当的吸引网民注意的策划手段实现对公共事件走向的控制;网络黑手则是利用散布谣言等不正当手段实现商业利益;网络水军则是出卖自身话语权,利用发帖行为营利。

网络推手成为一个行业之后,形成了网络营销师与网络黑社会的分水岭。随着网络营销师的操作流程逐渐曝光,网友对其运作也有了一定程度的戒备,使得许多网络营销案例归于失败。其根本原因在于许多网友并不认同人为制造的网络事件,许多热点话题经过策划之后引起网友追捧,一旦网友发现自己只是受人操控的木偶,就会因为被愚弄而心生愤怒,从而产生戒备。因此,网络推手对于网络微博舆论的产生影响日趋衰微。有种观点认为,网络热点是不能制造的,网民认同是网络微博舆论产生的重要条件,网络推手对于网络舆论的商业侵蚀正在被媒介素养日益提高的网民所化解。

对于网络推手,还有以下几个问题值得探讨:

首先是网络推手的作用。其一,网络推手从负面角度为网民提供了更多的精神食粮。当人们对纷繁复杂的网络资源难以取舍时,网络推手却以蝴蝶效应中蝴蝶扇动翅膀制造风暴的速度在网络中提供新信息,为网民提供了更多的谈资,也帮助网民更加深入地了解网络,熟悉网络运作流程,使其不断提高媒介素养,学会如何使用媒介。其二,改变了文化生态。对于"网络红人"的推出,网络推手通常瞄准的是那些违反正常价值观和审美观的人和事,推广的是畸形文化,扩大的是一些边缘价值观的影响,在一定程度上浪费了注意力资源,有些"利用性"等话吸引注意力的做法则冲击了道德底线。其三,创新了商业手法。网络推手使新闻事件营销、舆论事件营销、人物事件营销、活动事件营销等手法在广告公关领域成为一种通行的做法。其四,网络营销无论是成功还是失败,都从不同角度扩大了网络的影响力,使网民的"弱者之力"受到重视并发挥至极致。

其次是网络推手存在的原因。原因不外乎以下几点。

一是网络的高度发达及网络传播效果的引人注目。网络媒体的互动、交流、去偶像化、去中心化直接造就了草根的联欢,也启发了市场的嗅觉,为网络新媒体与商业挂钩提供了演练的平台,那些市场敏感性高,且对传统行业有厌倦感的人士率先发掘了这个市场。

二是多元文化的发展需要。网络之所以能够捧红普通人,通过网络事件创造经济利益,与风生水起的网络力量密切相关。网友之所以能与网络推手"英雄所见略同",在已知或未知的情况下在网络事件中参与分形与迭代,根本上还是因为这些网络推手把准了网民文化热点的命脉。学者展江曾评论,无论是网络红人还是网络推手,都是多元文化的象征。"近年来,这种来自网络的力量,既有纯粹草根的意愿,也有利益集团的意愿。比如网络推手这个行业的产生,就是一种进步的象征。事实上,网络红人也是新媒体的话语权变得强大和自由的必然产物,这是多元文化时代使然。"①

三是公关业适应网络社会的新举措。被称作"线上公关"或"e公关"的网络事件营销,利用互联网的高科技手段营造企业形象,为现代公关提供了新的思维方式、策划思路和传播效果。对互联网具有的个性化、互动性、信息共享化和资源无限性等传播优势的充分挖掘,使其在公共关系传播中的影响力不断增强,提升了网络媒体的传播力。它从新的角度促进了企业产品、服务的销售,能够有效地预防网络世界的公共关系危机。网络公关业务已经从过去的尝试变成了现如今各个企业必配的营销手段之一。

四是大众媒体放弃把关人身份,对低俗文化随波逐流的结果。无论是门户网站还是传统媒体,都采取了不同程度的企业化运作方式。因此,对于在注意力经济时代夺人眼球的热点话题,在利益的驱动下,合作极易在默契中形成。这也解释了为何网络推手只制造了网络事件的原点,而操作性网络营销事件却能够此起彼伏的现象。"设置议题的权利和主体转移,这个过程也有一定的必然性。但问题在于,有些传统媒体的从业者抛却专业素养,不维护自己工作的严肃性。有时候网络上传出的一些荒唐的事情,像2009年的'艾滋女'事件,本来大众媒体应该承担守门人的角色,但一些媒体却被网络牵着走,从某种程度上说,丧失了自己的公信力。"②

五是网民中熟悉网络媒体运作规律的人群渐成气候。"一个好的网络推

---

① 《网络红人炒作流程揭秘》,《羊城晚报》,2010年11月9日。
② 胡泳:《不要神化网络推手》,《人民日报》,2010年6月10日。

手网络知识面要广,熟知网民心态;要有相当的策划能力,文字功底要好;有广泛的媒体资源。"①不可否认,网络推手是网民中媒介素养较高的人群,而这些人将其运用媒介的能力转移到了操控媒介的领域。

网络推手的行业现状及其监管也是值得学界关注的问题之一。网络推手成为行业之后,形成了网络营销与网络"黑社会"鱼龙混杂的局面。如部分网络推手不仅为企业提供品牌炒作、产品营销、口碑维护、危机公关等服务,也按客户指令进行密集发帖,诋毁、诽谤竞争对手,甚至控制舆论,左右法院判决。这种现象被称为网络"黑社会"。因此,网络推手在矮化网络文化、传播低俗文化的同时,也挑战了道德和法律底线。操作性网络事件如何在收获经济效益的同时也能获得社会认同、提升社会效益,是这个行业面临的最为紧要的问题之一。

五、微博舆论建模分析:案例分析

本节内容主要选取"华南虎照"事件作为案例样本进行分析。

"华南虎照"事件起因于陕西农民拍到的一张虎照,从而引发了卷入政府、科学家、媒体、农民和科研鉴定机构等众多当事方的一连串的连锁反应。这个"悬着三颗人头"的公案最终导致政府诚信遭质疑,官员停职,拍照者被定罪,"打虎派"完胜。讨论内容也从一张照片的真假扩展到新闻价值、政府诚信、个人信用、科研机构的权威性、科学的可靠性、科学家的行事作风、濒危动物如何保护、农民的社会地位和社会价值观重建等许多公共问题。从一张小小的虎照演变成国内外闻名的公共事件,"华南虎照片"再次见证了网

---

① 《解密网络水军生产链》,《新闻报》周末版,2010年10月27日。

络的巨大威力。因此,笔者选取了"华南虎照"事件作为公共事件的样本案例。这一事件所涉主要人物(见图 5-6)。

(一)样本选择

在"华南虎照"事件的舆论酝酿期,敏感因素的叠加度很高。

第一,华南虎"再现"意义重大。华南虎是珍贵的自然保护动物,目前中国存活的圈养华南虎只有七十余只,所以当陕西省林业厅宣布镇坪县村民周正龙拍到野生华南虎照片时,不仅有力地证明了野生华南虎在中国境内没有灭绝,更说明当地极可能存在一个野生华南虎的繁殖小种群。

第二,政府的信用问题。2009 年 6–7 月,《小康》杂志联合某门户网站,会同有关专家及机构,对中国"信用小康"进行的调查结果表明,相对人际信用和公司信用,政府信用最受关注。而在"华南虎照"事件中,政府出面公布虎照,并给予拍摄者奖励,同时跟进国家自然保护区的申报等,都证明了政府对于虎照在未经充分论证的前提下宁信其有, 对于网友的种种质疑转移话题,以打太极等方式予以回应,使政府陷入了信用危机。

图 5-6　"华南虎照"舆论效应图谱

　　第三,背后的利益链条。从利益相关者理论分析,这一事件有着众多的利益相关者,分别为陕西省林业厅、周正龙、国家林业局、相关专家等。对"发现者"周正龙来说,是一夜成为百万富翁的致富梦想;对镇坪县来说,是推广旅游的最好名片,会带来可观的经济效益;对陕西省来说,是生态保护成就的最重要体现;而对国家来说,标志着这种仅产于中国的动物还未灭绝。换句话说,假如发现了华南虎,这一片山林就可能申请成为国家级保护区,陕西和镇坪县不但可能得到若干环保和科研经费,还可以开发旅游景观,发展老虎经济。因此,陕西有关部门下发紧急通知,开始申请成立保护区,从而增加了人们对照片真实性的怀疑。

第四,民众与权力的关系。在虎照事件中,一个最突出的问题是,民众种种言之凿凿的质疑都被相关政府部门当作浮云,并未给予正式回应。这就引发了一个重要问题,当权力不能及时、正确地回应民众期待时,权力能够受到公民权利的监督、制约与"驯服"吗? 能指望民众的权利、利益会得到权力及时、有效的保护吗? 因此这一事件备受瞩目。

第五,专家的科研作风。专家被当作权威的代言人,同时也是体制内既得利益的知识阶层。在民众追求真相需要裁断时,专家被当作政府的傀儡消解了其独立性和权威性,一起"科学之争"最终演化成为"意气之争"。这大大吸引了受众的眼球。

以上这五项敏感因素使得事件的发展具备了新闻价值。敏感因素的叠加使得网络舆论的社会影响不断扩大,最终引发了一场舆论风暴,成为当年甚至互联网发展史上的里程碑式事件。

(二)微博舆论演化过程分析

"华南虎照"事件的网络舆论演化过程相对复杂(如图 5-7)。可以看到,尽管该事件历时较长,发展过程也较为复杂,但同样可以分为网络舆论酝酿期、爆发期和消解期三个阶段。在爆发期,有网络媒体和传统媒体的协同作战,有多种传播方式的互动,也有相关方的反馈。

首先,以关系和话题为纽带的网络共同体的形成和消散是一个重要线索。网络为人们提供了全新的互动领域与交往空间,当人们接入互联网并开展互动活动时,网络社群便诞生了。"华南虎照"事件中的网民可以分为"打虎社群"(打虎派)和"挺虎社群"(挺虎派),其中,"打虎社群"以傅德志、"第一印象""老编"和郝劲松等为代表,"挺虎社群"以周正龙、关克等为代表。网络社群的自我赋权也是社会权力或公共权力的放开与扩大,在"打虎社群"的步步紧逼下,相关政府职能部门最终不得不撤销早先的鉴定,并承认虎照为假,严惩造假者和相关公务人员。这些都是网络社群通过自我赋权过程而彰显社会权力或公共权力的结果。

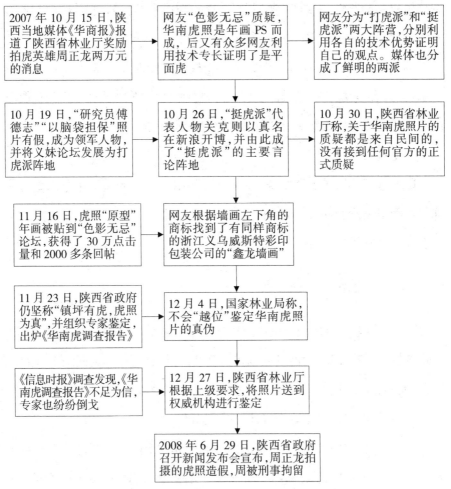

图5-7 "华南虎照"事件舆论演化过程

其次,在网络消解期出现了网络议题的自我消解功能。当该议题不受网民关注时,或虽被网民关注却被传统媒体过滤时,或该议题引起的舆论压力场影响到决策层采取符合民意的行动时,此议题舆论会逐渐消解,并带来新的公共议题的转向。

"华南虎照"事件具有长尾效应。公权力部门对于网络舆论的疑点给予正面回应,并对行为失当的政府官员予以处分平息了民愤,但仍然留下了许多疑点。著名打虎派领军人物傅德志也在自己的博客上写道:"于兴奋中还要冷静。周老虎的招供中还有一些疑点……刑事侦破提到周老虎折叠年画虎作案,技术上也是不太可能实现的。周老虎照片中老虎轮廓边缘是清楚的,不是折叠所能够达到的效果。"

这些疑问的关键是,陕西警方的调查处理过程并不透明,而且不全面,本来应该是官方的事情,现在全靠网民质疑来寻求答案。"对媒体,当地政府之前规定不准上山,现在是不准采访老周,算不算封锁消息?"小鱼啵啵啵表示,多数关心此事的人,都有类似疑问。这样的公共事件招来那么多怀疑,"我认为陕西方面应该避嫌,异地审讯,给全社会一个交代"。这些都使得在类似事件发生时会唤起联想记忆,引发更大的舆论影响。

(三)微博舆论影响因素分析

1.网络参与度

网络参与度是网络微博舆论发生的重要变量之一。这点在"华南虎照"事件中同样得到了验证。网络作为民间舆论场,为公众提供了一个能表达真情实感与个人观点的巨大平台。利用这个平台,民意施加影响于决策者,并影响政府决策。在"华南虎照"事件中,网民在意见领袖的带领下,不断扩大虎照为假的舆论影响,并将虚拟舆论的影响扩展到了线下,给政府及传统媒体都形成了巨大的舆论及现实压力。

（1）网民

作为二级指标之一，网民在事件进程中发挥了重要作用。在2007年10月的"华南虎照"事件之前的"人肉搜索"中，网络抢占先机。从网络率先发出质疑开始，网络舆论开始逐步摆脱传统媒体的"束缚"，独立呈现强大效应，甚至传统媒体都只能紧随其后，亦步亦趋。可以说，是人肉搜索对传统媒体进行了议程设置。这标志着网络舆论开始由幕后走向台前，日益呈现主流舆论特质。其主要行动路径如下。

第一，自我赋权。在虎照风波中，网民主动质疑照片的真实性并积极通过各种途径证明其假设正确，是自我赋权的重要尝试。其次，网友具备了质疑和自我表达的基本能力，能够适度提出自我诉求并予以明确表达。网友向当地政府提出了组织专家验证照片的真伪性，调查周正龙所拍之虎是否为"真虎"，还原虎照现场等要求，都证明了网友理性和成熟的自我赋权素质。借助新媒体事件，网络社群实现了自我赋权，公民的知情权、参与权、表达权和监督权通过网络平台得到了实现，打破了此等权利未能履行或部分履行的旧貌，正是从这个意义上讲，新媒体事件为网络社群自我赋权提供了契机，从而扩大了社会权利，与之相对应，政府权力相对下移。同时还证明，理性思考的力量打破了知识权威的垄断。

第二，自我分工。网民分为"围观者"和"评判者"。"围观者"即看客，这些人娱乐心理较重，常常被卷入"恶搞"行列。如很多网友将周正龙拍到的华南虎处理成了加菲猫、玩具猫、纸老虎等。这些投入的成本较低，政治风险较小，只需要旁观呼喊，尤其是由于网络的匿名性，没人在乎"是否是一条狗"在围观。而收益却也很高，在娱乐之中满足了自己追求正义、充当英雄的心理。在该事件中，人数最多、范围最广的便是这些"围观者"。他们通过围观实现了自我议题设置，使得权威网络媒体和传统媒体注意到了事件的存在，同时还呈现出"打虎"和"挺虎"的两种极化态度,完成了议题引导功能,并评出经典语录吸引眼球,如"盛世出猛虎,虎啸振国威"等。

第三,高共享偏好。网络微博舆论发生过程中的网民具有较高的共享偏好,乐于将自己的目标、技术和信息与他人分享。美国学者克劳科认为,即使缺乏直接的收益,信息也可得到广泛共享,这由在线互动的某些特征及互联网参与者的文化所致。互联网,至少对于非商业性网站来说,主要是一种维持参与者关系的"礼品经济",而不是一个利己主义、独立的行动者之间进行商品交易的场所。①与物理社区的交换文化不同,严格的、双向的、实时的互惠并非必需。对于贡献者而言,提供信息礼品的成本远远低于其能获得的潜在回报,但这种信息礼品使得贡献者在网络世界被奉为信息灵通人士,提高了其自我成就感,且由于拥有众多接受者,从而形成了规模经济,创造了积极的网络外在性。亚当·斯密提出,摆脱了自我利益的"看不见的手",总体上会对社会产生积极的影响(虽然自由市场也有消极作用)。这种利用鼠标对社会实施影响的过程创造了从地区到全国范围内不同层次的个人身份、个人社会资本和集体社会资本。

网民以网络为依托,发表看法、提供证据、提出假想,在网络舆论的自由市场中实现共享。自华南虎论坛成立之后,许多网友成了专业的打假人士。白天上班浏览论坛,晚上就直接守在论坛上,相互联络,交换信息,通宵达旦。他们从网上或现实中收集信息发到论坛,信息和舆论资源在网络媒体与传统媒体之间自由流动,二者相互援引报道,互相利用对方的资源,实现了信息资源的共享。

第四,技术政治特性的现实转移。其一,利用了人肉搜索技术。曾在"虐

---

① 参见[美]詹姆斯·E.凯茨、罗纳德·E.莱斯:《互联网使用的社会影响:上网、参与和互动》,郝芳等译,商务印书馆,2007年,第159页。

猫事件"中发挥重要作用的上海网友"西方不败",通过百度"华南虎吧"仔细分辨了年画照片左下角的商标,并分辨出一个繁体的"龙"字,遂找到了有同样商标的浙江义乌威斯特彩印包装公司的"鑫龙墙画"。年画的出现还启动了更多的人肉搜索。其二,摄影学知识得到应用。中国刑侦界痕迹鉴定专家刘持平从拓扑学的角度,认为从照片和年画"截取的老虎躯干部位图像的拓扑性质相同"。动物学家、华南虎专家胡慧建的意见是,老虎姿态未发生变化,40张数码照片中的老虎不是具有生命意义的老虎。"神探"李昌钰发表的意见是,照片中的老虎长时间保持静态不合常理,而且照片中的老虎和年画中的老虎斑纹形状相同,姿态也很相像。其三,计算机仿真技术。36岁的上海交大机械制造自动化博士"桑丘"看到华南虎新闻后,"当时感觉颜色怪异,老虎影像生硬,无法融入整个场景"。之后,他试图用计算机视觉技术来证明"周老虎"是"平面的"。这些都为假老虎现形提供了至关重要的技术佐证。

(2)网媒

网站产生的集聚效果是惊人的。腾讯新闻频道编辑赵国臣说,QQ跳出框里可以有即时新闻,同时在线3000万人。3000万人同时议论一件事,调查一件事,好比"链式的病毒式传播"。它的重要作用在于对焦点事件的发现和生产。如天涯,作为一个社区,起到了产生内容、过滤出有价值内容的作用。这件事首先在一个小众的摄影论坛受到网友质疑。同一时期,也有天涯网友开始发帖质疑陕西华南虎是假新闻。但在最初的帖子出现一周之后,该事件仍然没有太大的进展。当时,网友对这样的"小事"并不那么关注,但天涯没有放弃,仍然持续地推荐相关评论。随着传统媒体的跟进,这一事件迅速发展,并引发了长达几个月的争论。没有天涯网友的质疑,没有众多网友的讨论,"华南虎照"事件最多是茶余饭后的谈资,而传统媒体是绝对不可能对此产生兴趣的。

另一个参与网站是华商网。在虎照争论白热化以后,华商网发现了这个事件的巨大新闻价值和可能带来的流量及影响。于是,整合了论坛内讨论老虎的帖子,建立了"华南虎论坛"。当时的版主"大饼"发布了开坛公告,在日后的 5 个月里,这个论坛里有将近四万帖子产生,并被网友称为"一段永远值得回忆的日子"。

一个网名叫"020202"的统计高手用精确的统计将所有的帖子进行了分类和数据分析:从 10 月 12 日虎照发布到 11 月 2 日的 21 天里,只有 160 个针对老虎事件的帖子,平均每天 7.6 帖。"华南虎论坛"建立后到年画出来的 11 月 15 日,14 天内有 1217 个帖子,日均 86.9 帖。从年画被曝光到 12 月 4 日网易的 6 方鉴定结果发布,19 天产生了 18974 个新帖,日均 998.6 帖。从华商网"华南虎论坛"诞生到 2008 年 3 月 7 日,一共产生相关帖子 40069 个,平均每天发帖 313 个,平均每小时有十多个新帖子。这位网友将 40069 个帖子作了全面的整理后发现,回复(顶帖)者多达 68 万条,访问人次达 3000 万次。[1]

(3)意见领袖

意见领袖的身份显性化使其观点更明确,影响更大。"这些网络意见领袖由最初的'隐姓埋名',到现在越来越多地站到台前,愿意公布自己的姓名,愿意让社会公众认识自己,直接与有关领导与部门进行交流与对话,越来越呈现'显性化'的趋势。"[2]其参与动机符合如下两条:

首先,自我肯定和自我成就心理。网民从摄影学、计算机仿真科学、几何学、动物学、植物学等学科角度提出种种质疑和验证,根据各种知识对事件

---

① 龙灿:《亡华南虎网事:一只老虎的蝴蝶效应》,南方日报出版社,2009 年。
② 季明、李舒、郭奔胜:《网络意见领袖"显性化"》,《瞭望》,2008 年第 25 期。

进行推理证明,甚至进行虚拟模拟,显示出了较高的专业素养和知识水平。[1]网民还具有一定的英雄主义情结,表现出一定的"好斗"倾向:主要表现在对自己认为的真理义无反顾地维护,言辞激烈地批驳造假者,同时还展现出对社会公共问题的热切关注,嬉笑怒骂,针砭时弊,具有拯救苍生、愤世嫉俗的英雄主义倾向。正如知名网络意见领袖小刀断雨所说:"如果一个人没有用自己独立的观点引导过网络热点事件,他根本在网络江湖业没有地位可言。"

其次,自我激励与自我责任赋予。网友"小鱼啵啵啵"是在"华南虎照"事件中发挥关键作用的意见领袖之一,对他的事后访谈证明了自我激励与自我责任约束是其行动的强大动力。自华南虎照风波爆发以来,"小鱼啵啵啵"天天守着电脑直到凌晨三四点。网下,他是一名事业单位公务员,本分、规矩;网上,他是一名执着的"战士",曾参与"学生打老师""彭水涛案"网民运动。他在网上找到了现实中所没有的"伸张正义"的成就感。[2]"华南虎照"事件中,他把自己定位在一个倾注大部分精力去关注和参与的倔强分子。网友调侃说:"围观改变中国",而他认为"围观也是生产力"。"华南虎照"事件作为网络的代表性事件,全民围观发挥了关键性作用。这群围观者绝对不是看热闹起哄者,而是一批有责任心、倔强到底的人士。[3]

考察意见领袖的行动路径,其中之一便是想象决策。在"华南虎照"事件中,网络意见领袖的想象决策同样发挥了关键作用,这与其质疑精神如影随形。其主要方法仍然是提供新评论、新议题,做出新假设,提供新信息,贡献

---

[1] 王茜:《网民卷入争议性事件的心理成因分析:以"华南虎"事件为例》,《中山大学研究生学刊》(社会科学版),2009年第1期。

[2] 参见潘晓松:《"打虎":网上武松文字战》,《南方周末》,2007年12月27日。

[3] 参见小鱼啵啵啵:《时隔两年华南虎事件关键网友自曝真相:我情愿倔强得一塌糊涂》,新浪个人博客,http://blog.cntv.cn/13519007-1425478.html。

新线索。如在虎照被传统媒体曝光之后，网友"第一印象"在 9 点多即提出"疑点甚多"；网友"sdkfz"15 点 23 分提出摆拍虎图成虎照的设想："如果是找个老虎的图放在那摆拍的，根本不需要后期制作。"在虎照为假已经在网民中成为主流呼声后，一网友发帖呼吁："能否发动网友从各种书籍资料上寻找到周正龙所拍华南虎照片的原版图案？"几天之后，四川攀枝花的一位网友就发现周老虎的原型为自家墙上的年画老虎。网友"小鱼啵啵啵"上传了老虎年画后，周正龙所拍华南虎为"纸老虎"终于成为有根有据的铁案，这场白热化的争论终于可以尘埃落定。

意见领袖的行动路径之二便是"预言的自我实现"，"预言他人命运的巫术"。"华南虎照"事件发生前期，网络意见领袖傅德志就从专业角度断言华南虎照片系造假，同时为造假者指出三条出路：投案自首为上策；保持沉默为中策；继续忽悠，直到警车停到家门口为下策。在事件经过国内外媒体和各地政府部门推动之后，周正龙果然被不幸言中——"警车停到了家门口"。根据陕西省政府 6 月 29 日公布的调查结果，证实华南虎照片确是周正龙造假。6 月 28 日，涉嫌诈骗犯罪的周正龙已被公安机关提请检察机关批准逮捕。最终，周正龙被判有期徒刑两年六个月，缓期三年执行，并处罚金 2000 元人民币。

网络意见领袖之所以能够预言他人的命运，是由于对真相的掌握和造假者的了解，同时也得益于强大的网络搜索技术，使得不幸被言中的网络舆论有视频或音频等有形证据作为支撑。这些"真相"细节的发现又会刺激网民，尤其是意见领袖的探索热情，于是预言就渐渐变成了现实。当然，周正龙不幸命运的根本原因在于其贪财动机。

路径之三是与传统媒体的串联。"华南虎照"事件的网络微博舆论的发生伴随着网络意见领袖的现身和崛起。中科院专家傅德志、网友"小鱼啵啵啊"等都在这起事件中声名鹊起,而这种崛起是与其同传统媒体的合作相伴而生的。他们重视传统媒体发布信息的需求,积极利用传统媒体的空间资源,在报纸版面和电视画面中现身,将网络声音转移到了传统媒体上。同时,他们与传统媒体的记者、编辑等也保持私人联系,共同推动事件发展。如央视记者赵文忠与意见领袖傅德志、"小鱼啵啵啵"等在线下也保持着强关系,共同协商选择话题、共同验证真实性、质疑公权力机构等。这种资源互补、优势合作的方式大大提升了网络舆论的社会影响力,也由此形成了网络媒体与传统媒体的协作效应。

(四)模型的修正

如上所述,在"华南虎照"事件中,网络参与度是一个重要影响变量。网民、网络意见领袖是两个重要的二级指标,与网络微博舆论的发展呈现明显的相关度。而网络论坛作为重要的辅助变量也发挥了重要作用,技术的重要作用在此过程中凸显。因此,如何给予技术要素合理的权重,也是下一步修正模型的重要内容。

此外,在网络媒体与传统媒体协同过程中,意见领袖与传统媒体的联动也是一个应该纳入视野的重要维度。以往相关研究结果所言的网络媒体与传统媒体互动过于笼统,网络意见领袖如何与传统媒体协同需要进一步实证研究。

除对模型的绝对验证之外,还有相对修正之处——仍然是网络媒体与传统媒体在网络微博舆论中发挥作用的不同方式。网络媒体通常是占有数量优势,但不具有决定作用。这在很大程度上是由于网络媒体并未被纳入正式的制度安排;而传统媒体虽然参与行为有限,却效果明显。原因在于中国特殊的媒体管理制度,正式制度安排的效能具有非正式制度安排的乘数级效应。

总之,通过对以上三个案例的分析表明,网络微博舆论的三要素模型大体成立,尤其是相关方反馈正指数要素,作为一个创新点,发挥着关键作用。但在不同类型的网络事件中,各变量并不发挥同等作用。未来应详细研究不同变量的影响比重。

六、微博舆论的模型解释:制度学说的视角

网络舆论借助合适的平台,通过微内容的发布,在网络系统内部,与传统媒介形成协同效应,共同深化议题,实施社会动员,最终通过公权力机构的"刺激—反馈"机制达成了指数级扩大的传播效果。上文已分析了网络微博舆论的演变过程及影响因素,并通过案例对模型进行了验证和修正。然而,模型构建的最终目的是为了应用,研究网络舆论的倍增效应,归根到底也是为了探究网络公共参与对社会的影响。网络微博舆论的社会效果如何,应该一分为二地加以分析,既不能因为网络舆论存在蝴蝶效应,能够通过舆论压力解决实体社会问题而对网络产生信息乌托邦式的幻想,也不能由于网络微博舆论的有限性而悲观失望。相反,我们应该在看到网络舆论强大影响力和生命力的同时,也看到其局限性。在这方面,制度学说提供了有效的思维视角。

(一)微博舆论的有效性

首先,网络微博舆论的存在和发展缩小了数字鸿沟。当弱势群体通过网络舆论争取到更多公平正义时,他们摆脱了"信息最后一公里"的束缚,跨越了数字鸿沟,成为网络新技术的受益人群。尤其是手机媒体的广泛应用,使得许多边远地区的农民也能发布微博,参与到信息互动和公共事件协商中来。在意见领袖的带领下,推动网络事件的出现并取得进展。

其次，原本对公共事务并不关心和热衷的人群也通过网络这种便捷的工具渐渐对其产生了兴趣，增加了公共参与度，这就为中国公共参与实践的发展奠定了基础。尽管网络舆论带来的只是改良性质的社会运动，并不会引发社会的根本性变革，但这种实践的创新意义不容忽视。

再次，中国公众对知情权的追求最终会推动社会诚信体系的重建。知情权保障程度越高，信息获取和处理就越方便，信息透明度就越高，社会交易的成本就越小，社会诚信恢复的可能性就越大，这是一个良性循环的过程。尽管迄今为止，网络微博舆论事件尚未形成系统而完整的信息披露和信息公开制度，但个别事件的创新性、示范性和连锁反应有可能在良性互动中从非正式制度转向正式制度安排。

最后，网络舆论增强了官民互动和沟通，创造了新的面对面沟通的机会，拓宽了协商民主渠道。官员也开始了与网络的亲密接触，熟悉并渐渐参与到规则制定中来，证明网络舆论的虚拟规则与现实传统规则正在走向整合和融合。这也为遏制互联网的非理性因素添加了正面的、积极的因素，更加和谐的舆论环境值得我们期待。

综上所述，网络微博舆论提高了公共参与的频率和效率，开创了公民社会的网络先河。同时，网络微博舆论也被用于多种形式的负面参与。

(二)微博舆论的有限性

网络微博舆论有限性的表现之一在于，其所关注的权利救济和公民参与目前并未形成制度化安排。网络技术本身虽然为权力转移和分散提供了更多可能性，但其实还需要互联网之外的权力制度资源的重新配置，即传统科层结构的配合。因此，对社会问题的关注和对弱势群体的权利救济并不稳定，极具偶然性。其指数级的传播效果也只限于个别事件，并且随着注意力施与的阈值越来越高,发生的领域越来越不确定,使得原有的对社会实体途径的补充功能也受到了限制。因此,对网络微博舆论发挥正面效应的社会影响做出过高的评价是过于乐观的,也有失客观。

网络微博舆论有限性的表现之二在于, 数字鸿沟导致网络舆论参与和表达的人群仍然受限。虚拟民意并不等同于实体民意,因为网民只占到国内总人口的30%左右。据CNNIC调查显示,近年来,中国网民的学历结构正在逐步向总人口学历结构靠拢,高学历人群仍然构成了国内网民的主体部分——七成以上国内网民拥有大专及以上学历。北京大学新闻与传播学院谢新洲教授及其课题组应《光明日报》之邀所作的"光明调查"结果表明:国内网民中,初中及以下文化程度者仅占2.7%;相对地,拥有大学本科学历和大专学历的网民分别占到44.3%和26.5%。另外,网民表达方式的非理性及群体极化现象也使得网络民意"窄化",而网络表达的匿名性更使网络民意中含有虚假成分。①

网络微博舆论有限性的表现之三在于,网络微博舆论带来的变化并非都是平等而公平的。在某些层面上,只是使得现实问题更加严重:比如网络推手对于互联网实行商业化的集中控制, 或通过在线资源取代传统媒体资源——通过更为本地和个人化的情境产生渗透性的影响。

网络微博舆论有限性的表现之四在于, 过度狭隘的兴趣和成员的同质性限制了网络表达的适度和合理性。已有研究证明, 利益和兴趣差异的减少,吸引成员在类似的主题、领域,以相似的方式关注、理解和评论,在很大程度上导致了成员的孤立和封闭。这不利于适度和合理地利用网络媒体进行公共表达和公共参与,削弱了网络微博舆论社会效果的正面性,同时也产

---

① 参见上海发展战略研究所谢耘耕工作室:《2010年中国公民的网络表达与公共管理分析研究报告》。

生了"信息茧房"（Information Cocoon）的问题。

网络微博舆论有限性的表现之五在于，沟通并不等同于行动。许多网民的态度只是止于舆论层面，在更多的社会参与和政治参与方面并不积极有效。如网上有很多关于拆迁的报道，但互联网的报道声势和流动性并没有改变结局，因为政治规则比其他规则更加严格。缺乏推动、监督和验证环节会导致网络舆论社会效果的折扣效应，难以跨越沟通与行动之间的巨大鸿沟。

网络微博舆论有限性的表现之六在于，网络舆论成为解决社会问题的一个有效通道后，被迅速商业化。一个不容忽视的问题是，在网络舆情监测机构的发展史上，研究机构与政府机构逐渐结成了联盟并进行合作，显示了未来研究机构与商业公司也将联手的发展趋势。舆情监测的对象包括政府舆情和商业机构舆情两类。舆情监测公司提供的服务内容既包括舆论监测，也包括舆论应对方案，甚至还包括网络删帖等"灰色"服务。这也证明了美国学者凯茨（Katz）的预言：互联网的一种可能的、特殊的用途越是依赖于社会组织，以及重要资源的流动，它就越倾向于被控制。网络管理规则的改变，在一定程度上消解了网民的话语权。

此外，网络舆论表达还经常产生侵犯隐私问题。电子邮件和数据库通过网站进行资料收集可以收集到极其隐私的信息。每次人肉搜索引擎的启动都会公布目标人详细的信息，只要被"人肉"了，保护隐私就会变成奢望。不过，一旦启动人肉搜索引擎，被"人肉"的普通人就被置于网络舆论的巅峰，网友们感受到了舆论的巨大力量，而被搜索者却往往会承受巨大的压力。

最后，网络微博舆论可能带来舆论的司法公正，这也是一个老生常谈的问题。公众舆论对纠纷的解决，是以作为新闻的纠纷舆论议程设置为前提的规范性解决，是一个从纠纷个案到伦理命题诉诸伦理公理的价值判断和论证逻辑过程。它依赖于表达自由的制度环境和客观独立报道的新闻伦理规制以及公众的媒介平等接近权的保障。解决纠纷的舆论形态主要表现为谴责与歧视,其强制力是以交往制裁、合法性制裁、经济制裁为表征的舆论制裁,以及舆论压力的潜在威胁,会导致群体舆论的激化与社会失序。①

网络微博舆论效果有限,究其背后原因在于以下几点。

首先,网络技术不仅未能实现社会的广泛动员,从而引发社会权力的重新配置;相反,却为权力资源的现有掌控者所利用,加强而非削弱了自身的权力,进一步加剧了资源分配的不平等。网络舆论作为权利救济渠道的有限性,一个最有说服力的例子便是,微博即使神通广大,能搅起一时风雨,但最终展现在世人面前的,还是并非完全正确的结论。时事评论家梁文道曾写道,即使在微博元年——网民大呼舆论胜利的 2010 年,全中国的微博使用者一起关注的许多大事件后来都不了了之,神秘地隐退于网民舆论围观的界域之外。如果只剩下了围观,目光和舆论并没有我们原来以为的那么有效。这种弱者的反抗必须依靠管制者与整个社会对这种舆论产生良性的反应与反馈,最后上升到制度层面,对后续行为做出校准。否则,这种信息和刺激只会导致相互逆反的趋势:一方面是参与者日多,声势日壮;另一方面则是越来越不可动摇的现实。②这也再一次证明了加拿大专家格雷格·沃尔顿(Greg Walton)的观点,互联网的技术特征并不会自动地推动公民社会的发展。它可以被国家或国家之外的行动者用来削弱公民社会。

其次,舆论不仅具有投机性,而且具有暂时性。当社会情绪被个体事件点燃,舆论瞬间集结,就会形成强大的气流,席卷每一个场域——学术场、科学场、名利场及官场。而一旦度过了舆论的爆发期(通常不会太长),舆论关

---

① 参见李立景:《纠纷解决的舆论范式——传播学与法学科际交叉视域中的纠纷替代性解决分析》,《河北法学》,2006 年第 9 期。

② 参见梁文道:《只剩下了围观》,《新世纪周刊》,2011 年第 5 期。

注就会转换焦点,事件主体重新回到被动地位,弱者之力就会消失,权利诉求通道也会随之关闭。因此,网络作为权利救济的手段虽然对制度安排具有推动力,但其效果因为舆论的上述特性而大打折扣。

最后,网络舆论正当性的确立依赖于与之对抗的资源,预示了网络微博舆论的去独立性和局限性。"群众书写"成为另一类现场直播的野史,依靠搜索引擎工具建立的历史观非常不可靠。

学界普遍将文中讨论的、以权利救济为导向的公共参与视为公众参与公共领域建构,甚至参与制度安排的一种实践。本章开头部分对网络微博舆论的有效性的归纳和总结似乎也预示了这种乐观的前景。我们在肯定网络微博舆论有效性的同时,更须关注其有限性。在下一节中,笔者将从制度经济学的角度考察网络微博舆论有效性与有限性同时并存的原因所在。

(三)正式制度与非正式制度的补充关系

正式制度与非正式制度共同构成了制度安排的主要内容,在实施惩罚方式、适用范围、变迁方式、可移植性等方面存在差异。正式制度与非正式制度之间并非非此即彼的替代关系,而是补充多于替代关系。二者的互补性主要体现在以下两个方面:第一,非正式制度能够促进正式制度的改进,并填补随时间发展而出现的合同裂痕;而正式制度则促进了非正式制度的稳定性。第二,正式制度能够影响非正式制度的运行轨迹,为长期交易中信任的发展提供平台。"正规规则能贯彻和增进非正规制约的有效性,降低信息、监督和实施成本,因而使得非正规制约成为解决更为复杂交换的可能方式。正规规则也可能用于修正、修改或代替非正规制约。"①

---

① [美]格拉斯·C.诺斯:《制度、制度变迁与经济绩效》,杭行译,上海三联书店,1994年,第63~64页。

当正式制度与非正式制度的变迁并不同步时,容易滋生"潜规则"。然而,当正式制度有效供给不足时,"潜规则"就有效地替代了显规则的运行。①

正式制度安排具有稀缺性,供给不足,非正式制度发挥其替代补充作用,公众更愿意相信潜规则,媒介更倾向于在灰色地带履行社会责任。从中国的政治现实看,正常的意见表达渠道效力不足。从监督部门来看,有各级人大信访、监督、纪检部门,但在二元转型社会,如果这些部门的效能在一定程度上被制约、消解,非正式制度就会大行其道。新媒体给大众带来的新体验还不仅仅是对网络非正式制度的建构,也有大众参与社会制度建构的方面。这就道出了"大闹大解决,小闹小解决,没闹没人管"的"网青天""潜规则"悄然流行的根本原因。

因此,由舆论实施权利救济虽然具有有效性,为弱势群体发挥弱者之力提供了理想的环境,并对不规范的行为形成了警示和威胁,但非正式制度不具有强制性,成员只能凭借自觉性来遵守。因此,非正式制度单独发挥效力,效果极为有限。只有与正式制度结合,才能形成社会影响,甚至推动制度变迁。也就是说,网络媒体只有与传统媒体协作,并发挥各自的优势,才能产生最大的社会影响。网络媒体通过非正式制度影响,对传统媒体形成了内部瓦解与外部示范,其在网络微博舆论中表现出了竞争意识和社会责任意识,更重要的是,形成的草根眼球效应大大刺激了传统媒体。而传统媒体凭借其体制内优势,即对下级党委具有监督和指导职能,直接推动了媒介的社会影响力,改变了权力实施者的行为路径。这也揭示了为什么网络微博舆论中传统媒介参与的性质与级别决定了舆论的社会动员功能的实施效果。而传统媒体的二元运作机制,即其市场化运作,尤其是子报、子刊的高度市场化,也决

---

① 黄玉波、戴文君:《传媒制度变迁中的"潜规则"现象》,《传媒》,2005 年第 10 期。

定了其在某些事件中被渠道化,失去了自身的把关功能,从而沦为"娱乐致死"的负面标本。

(四)微博舆论作为制度安排的补充和调整

现阶段,网络的热点事件如果得不到传统媒体的关注,是不能从根本上影响主流社会的判断与反应的。

1."有条件的妥协"与事实政治权力的暂时性

网络微博舆论发生后,大多是以海量网民关注进而改变个人命运,追求个别事件的解决作为最终结果,最终是对个人实行了权利救济,其产生的最为深远的影响莫过于因此国家修改或制定新的法律法规,从而影响了正式制度的安排。正如上文介绍网络微博舆论发生的三维条件时所指出的那样,权力阶层的肯定是网民政治机遇结构改善的必要条件。网络舆论是否能够引发蝴蝶效应式的连锁反应,能否引发制度变迁,相关方的反馈是一个重要的影响因素。而相关方提供负反馈,通常的路径都是通过正式制度影响。如具有相应行政级别的传统媒体及时介入,形成舆论压力,进而推动当地上级有关部门加以关注,最终形成事件的解决和事态的消解。事实上,许多并未形成网络微博舆论的、以权利救济为旨归的事件一再证明,依靠舆论实施权利救济只能影响愿意被影响的人。

在这方面,达龙·阿西莫格鲁(Daron Acemoglu)和詹姆斯·罗宾逊(James Robinson)探讨了 19 世纪西方国家在选举权拓展中不同社会集团的权力消长,其研究为我们提供了经验案例。他们研究发现,精英之所以拓展选举权,是因为对革命的恐惧。中国的情况有所不同。作为执政党的中国共产党是最为代表广大人民利益的,是中国工人阶级的先锋队。出于政治和经济发展考虑,维护社会的稳定是执政党的基本工作之一。当前着力推进的反腐倡廉、创先争优等党建工作,都是为了社会的长治久安和人民的幸福安康。"中央—地方"的层级结构管理体制也为调整正式制度的执行提供了应有的空间。因此,在网络舆论引发社会热点,形成舆论压力后,常常是更高级别的管理部门出来灭火,在正式制度的范畴内解决非正式制度引发的问题。

说到底,网络微博舆论是政治精英让权于民众的后果。无论是本级政府做出的响应民众的权利救济要求,做出遏制腐败、回归社会公平的种种努力,还是上级政府以层级管理的方式对下级政府形成的压力,最后推动事件的合理解决,消除网络舆论的影响,甚至允许某些制度的变化,都属于此类行为。这些都建立在政治精英妥协的基础上。而这种有条件的妥协的达成,根本原因在于法律政治权力和事实政治权力交互作用的结果。精英集团对事实政治权力的投资造成了制度变迁与持续并存的现象。

具体而言,在网络微博舆论发生时,舆论主体拥有的事实政治权力是暂时性的。在事件处于热点阶段时,众多人群集聚,形成了舆论压力集团,但其所形成的"民意的压力"也只是暂时的。在事件稍有缓和,或者新的热点产生后,这种舆论压力代理的事实政治权力就会消失。为应对迫在眉睫的舆论压力或政治压力,网络微博舆论中的相关方会被迫对经济社会利益进行再分配,以维护其法律政治权力的持续性。然而鉴于事实政治权力的暂时性,精英当时的再分配并不能保证未来的再分配。一旦民众的事实政治权力变弱,即使有类似事件发生,鉴于网络微博舆论的短暂性和逐异性,精英的法律政治权力不再受到同样大的威胁,其对网络舆论的反应就会减弱,回到原来的解决轨道上去。

2. 成本与收益之比下降,推动网络意见领袖参与制度变迁

推动制度变迁的成本与收益之比,是网络意见领袖决定自身行为的根本原则。制度变迁的成本与收益之比对于是否能够促进制度变迁起着关键

作用。只有在预期收益大于预期成本的情形下,行为主体才会去推动直至最终实现制度的变迁。当前,网络意见领袖之所以方兴未艾,越来越多地在公共事件中发声,根本原因在于其参与制度变迁的成本大大降低,而收益却无限增大。成本降低具体表现在网络发声的易得性。鼠标加键盘或加视频的发言模式大大节约了发言者的经济成本,降低了政治风险。网络的匿名性使得曾躲在屏幕后的草根成为一呼百应的民间意见领袖。在方程的另一端,另一个变量——网络意见领袖的收益在不断增加砝码。首先是通过参与事件获得网络威望,其次是网络意见领袖社会资本的增加。作为隐性社会资本,网络意见领袖增加了与传统媒体联盟的通道,使得推动制度变迁更为快捷和方便,行为具有争取事实政治权力的效力。"悲剧性事件的传播往往带来积极的效果,制度被迅速改进了。这一途径很可能演变为今后制度建设的主要途径之一,这类似于普通法系的规则生成和演变。"①

同时,我们也应该看到,网络意见领袖参与制度变迁具有有限性。这种有限性的产生根源之一在于制度的"硬核——保护带"特性和社会整体制度安排的某种固化特征。制度系统具有一个抽象的共同基础——制度硬核,在制度变迁的过程中,越是远离硬核的部分,越容易发生改变,越是接近硬核的部分,越难以改变。因此,网络微博舆论带来的社会动员后果涉及的只是制度的表层。制度通过对保护带的调整,达到制度的硬核不受外部变化或压力的影响,以实现自身系统的正常运行。

这种有限性的产生根源之二在于政治回归均衡状态后,网络意见领袖行为动机的弱化。网络意见领袖伴随着互联网成长,发展到现今阶段,越来越趋同于现实中的各类精英。随着博客的发展,一批人气高的精英博客的出

---

① 朱锡庆:《故意迟写的评论:黑车师傅太狡猾还是警察外行》,2009 年 11 月 11 日,http://blog.sina.com.cn/s/blog_49664bc50100fygk.html。

现让博客越来越偏离原来的发展路径。政治学中有一个"多元精英"的理论模型,现今博客的发展态势越来越符合这个理论模型。如新浪排在前列的博客大多数属于明星博客,有影响力的博客大多是文坛、娱乐圈、足球评论圈等领域的精英,其为普通民众争取权利救济的行为实质上也是为自身争取事实政治权力的尝试。当政治权威在制度的硬核与保护带之间,在法律政治权力与事实政治权力之间达成一种新的妥协和平衡时,精英化的网络意见领袖获得了新的政治资本,代表弱势群体、草根民众的动机就会弱化。这也解释了为什么网络微博舆论的阈值不断提高,网络意见领袖具有流动性和不稳定性的现象。

此外,在推动制度变迁的个人收益与成本发生变化后,网络意见领袖有被体制收编和商业侵蚀的风险,这进一步加大了此类人推动制度变迁的隐形成本。

第六章
微博舆论导向的调适整合

一、充分发挥微博舆论导向的积极作用

（一）不断完善微博舆论自净化，发挥正功能

微博作为网络微博舆论的第一关键词，它的发展历程为网络舆论理性人假设提供了越来越多的证据。最新统计表明，逾 60% 的微博谣言一天内被澄清，网络"水军"已人人喊打。

首先，微博自净化功能日益完善。微博在发展初期，除了碎片化特征明显外，其谣言集散地的特性也逐渐为人们所重视。但随着微博的进一步普及，微博不再是谣言的必然伴生物，其中一个突出表现是谣言在其中的生命周期越来越短。据上海交通大学舆情研究实验室 2011 年 12 月发布的《2011年中国微博年度报告》称，微博上的谣言虽然越来越多，但是有 60% 以上的微博谣言在一天之内可被澄清，三成以上的谣言在当天便被澄清。微博具有自净化功能，而且微博的辟谣功能也比传统媒体更快、更有效。

其次，微博正功能的强化——微公益的兴起也逐渐证明了网络舆论中网民的非理性假设。2011年被称为微博慈善元年。从此，公益慈善的门槛大大降低了，微博的这种特性成就了蝴蝶效应下的一件件慈善事件，颠覆了传统的公益结构。记者邓飞一条名为"免费午餐"的微博不仅成为一个公益活动的起点，也掀起了微博慈善的狂潮。此外，"微博打拐"引发了全民公益大潮，证明了网络舆论中网民理性人的可能存在。

(二)发挥微博舆论功能，促进我国政治民主化进程

1. 弱势群体获得更多话语权

福柯的话语权理论认为，话语与权力密不可分，公民真正的权利是通过话语实现的。从传播学的角度讲，话语权是指每个人都拥有发表言论的权力。在传统媒体中，政府、各界精英及媒介从业人员因为掌握了媒体单向传播的渠道，所以话语权得到最大限度的体现，但受众的声音往往被忽略，没有表达的权利，他们的想法也无法得到社会的重视，其维护权益的要求经常被忽略。特别是那些在社会中处于底层，"无权"的弱势群体，话语权几乎被完全剥夺，成为被忽视的社会边缘群体。

而互联网社会中，话语的主导权交还给个人，使更广泛的群体获得网络话语权。在网络技术的支持下，弱势群体全面崛起，成为网络事件的主要发起者与参与者，用自己的话语表达权推动了事件的发展。对于弱势群体而言，网络话语权成为他们维权和实现救助的主要方式。特别对于信息浩繁的网络世界，并不是有了自由说话的"权利"就能获得话语的影响力，受网民关注的网络事件才是弱势群体发出声音的主要渠道。

近年来，"上访不如上网"的观点越来越得到网民的认可。不考虑上访渠道畅通问题，从近些年网络事件中维权的例子来看，网络的确成为民众求助

的主要渠道之一。"开胸验肺"事件、"宜黄"事件、"罗彩霞被冒名顶替"事件、"王帅"事件等，都是当事人通过网络求助，最后得到网友响应的。

除了这些因个人求助引起社会效应的重大网络事件以外，平时每天都有很多需要救助的信息在网络上传播，特别是在 QQ 即时通讯平台、人人网上。在网络大范围的信息传播中，舆论的确起到一些作用，但完全依靠网络舆论的力量督促事件发展、实现权益维护，是我国维权体系缺失、畸形发展的表现，不能成为在网络上获得表达的机会。但网络信息海量，信息如何能够得到大家的关注、获得影响力，是需要考虑的问题。既使话语得到关注和理解，但是否能转化为实际生活中的权利？弱势群体维权不仅需要网民的关注，更需要制度的完善，使权利保护成为常态。

同时，拥有话语权的网民对事件的评价标准也不仅仅趋向主流话语，后现代主义思潮开始崛起，其根本特征是模糊中心、挑战权威与翻盘传统，"向后现代文化的转变就是引入这样一场运动，它远离人们一致公认的、普遍的文化品位判断标准而跨入一种更为相对的多元景观中，以前被排斥的、奇形怪状的、异己的、芸芸众生的文化品位现在都可以被接受。"①在此背景下，一些恶搞事件频繁发生。以"馒头"事件为代表，网民利用网络技术消解传统，试图颠覆主流文化，因此芙蓉姐姐、凤姐等网络红人的相继爆红成为一种必然。

2. 开创舆论监督的新实践形式

网络事件中最能引起舆论关注的就是网络舆论监督事件，网民愿意积极地在网上监督公权力，甚至形成了一股"网络反贪、反腐"的力量。除了互联网技术平台优势外，网民对舆论监督的高度热情既反映出我国制度上的

① ［英］迈克·费瑟斯通：《消费文化与后现代主义》，刘精明译，译林出版社，2000 年，第 155 页。

诸多缺失,也成为公权力监督的创新可行形式。"在此过程中,网络舆论监督虽然不具有'权力对权力'意义上的强制性,但却以强大的影响力和号召力将问题摆上了'台面',促使行政权和司法权等强制力监督体系主动或被动地介入到相关案件的查处中,产生了传统媒体望尘莫及的效果。"①

首先,我国的舆论监督并不能成为长期有效的监督机制,并且在没有互联网的时候,主要是通过传统媒体的力量进行监督。传统媒体资源有限,并且主要以发送信息为主,交互性非常弱。因此,民众通过传统媒体反映情况的渠道实际是不畅通的。而网络平台为网民反馈信息、履行民众舆论监督的权利和责任提供了新的实践平台。在网络舆论监督的带动下,传统媒体也更能发挥作用,大胆监督。

其次,网民对舆论监督、网络反腐的热衷也反映了民众试图通过舆论的力量督促政府行为。通过网络舆论压力,促使政府官员重视发生的事件、公开调查结果等,杜绝了私下权钱利益的暗箱操作。另外,网络舆论监督推动了政府信息公开建设进程,甚至推动法律的完善与改进。在网络舆论的新形式促进下,政府也开始通过网络平台建设政府形象,建立起宣传政府形象、传递政令信息的新实践形式。网络事件中著名的"天价烟"事件、"局长香艳日记"等都是在网民的曝光与监督下,促使行政机关采取措施。

在看到网络事件的舆论监督作用的同时,也应注意在传统媒体仍然是党和政府喉舌的媒体语境下,不能高估网络话语权的力量。网络舆论的普及性和公信力与传统媒体相比仍有很大差距,网民的网络话语缺乏还原网络事件原始过程的能力。因此,网络事件虽然能够掀起网络舆论风暴,但仍必须借助传统媒体的力量才能实施完整而有效的舆论监督。

---

① 李小军:《"网络反腐"中的"话语权"分析》,《理论探讨》,2010 年第 5 期。

(三)充分利用微博舆论,促进公共领域的形成

哈贝马斯认为,所谓公共领域,是在国家和社会分离的张力场中发展起来的,是经济市场化的产物。公共领域首先是指社会生活中的一个领域,处于国家与社会之间,接近于私人领域。在这种领域内,有关一般利益问题的批判性的公共讨论能够得到体制化的保障,形成所谓公共意见(public opinion),以监督国家权力并影响国家的公共政策。也就是说,对于涉及公众利益的事务有聚会、结社的自由和发表意见的自由。[①]

当现实社会延伸到网络,网络社会逐渐形成时,可以预见网络公共领域是哈贝马斯理想中公共领域建设的最佳场所。网络公共领域是由网络技术型构的一种全新形式的公共领域,是传播技术从纸质媒介、广播电视媒介发展到互联网媒介的条件下公共领域的重建形式。网络消除了性别、社会、政治、经济地位的事实上的不平等,赋予所有网民相等的权力,同时网络的交互性,突破时间、空间限制的特点,在一定程度上改变了公民的交往方式,同时也影响了现实的社会互动及社会关系结构。由此可见,网络是构建公共领域的理想空间。

公共领域的核心在于公民可以针对一般利益、社会问题自由发表意见,网络公共领域空间内,公民讨论的形成则依托于共同关注的网络事件所提供的话题。我国目前的网络空间中尚未形成公民参与的组织模式或是持续力量,而是依靠对特定话题的集中讨论形成短暂的公共讨论领域。因此,网络的虚拟公共空间因为各类网络事件变得真实。网络事件引发公民讨论是目前

---

① 方曙光:《网络公共领域及其二重建构——对一个网络事件的分析》,上海大学硕士学位论文,2009年。

我国网络公共领域形成过程中的主要模式。从"孙志刚"事件到"华南虎"事件，形成了公众以个人身份参与社会事件的讨论模式，而通过网络组织、传播、实施的抵制日货、抵制家乐福等活动，则探索出公民运动的新型组织形式。

（四）增强微博舆论的国际性，强化中国与世界的对话

随着我国信息化建设的不断发展，互联网对于我国的内政与外交事业方面的贡献越来越大，我国政府在利用互联网进行外交和获取"软权力"方面取得了诸多成就。

以 2008 年"5·12"汶川地震为例。根据百度报道，第一个发布地震消息的是百度贴吧的一名未来得及登录的网友，其在百度贴吧地震吧里发出的"地震了"的帖子时间为 14 时 35 分，即地震 6 分钟之后，帖子内容也很简明扼要："四川地区发生地震。"接着成都、武汉、山东等各地的网友纷纷发帖或评论，表示感受到了震感。地震发生后，网友纷纷通过网络论坛、新闻门户网站、QQ、MSN 等工具交流自己所在地区的震感经历。互联网这一新兴的信息传播形式在汶川地震的传播中发挥了独特而重要的作用。国外媒体也对此进行了报道。在此次地震中，以互联网为代表的中国各类媒体在第一时间对地震的全方位报道得到了国际社会与海外媒体的高度评价。有的文章甚至写道："从年初的冻雪到 5 月的震灾，短短几个月，中国政府的表现令人刮目相看。无论是反应的灵敏，还是应对的效率，都与以前不可同日而语。更令人瞩目的，是信息披露的及时与充分。政府通过现代传媒手段，不但将整个灾情袒露在公众眼前，而且对救灾的进展进行了不厌其详的报道。在这一刻，政府的运作不再是在黑幕之下静悄悄进行的游戏，而是展露在阳光之下。对于大多数中国人来说，政府突然由无形的主宰者变成了有形的关爱之手。

在 2008 年的西藏"3·14"事件、汶川地震及北京奥运会宣传中，我国政

府都成功运用了网络为自己的国家、政府政策与形象等方面进行了宣传,借助网络平台在国际舞台上为自己树立了谋和平、求发展的良好国际形象,并将我国优秀的传统文化、民族风情等进一步在国际上发扬光大,大大提升了自身的软实力与国际形象。①

二、关注微博舆论引导过程中带来的新问题

(一)极端民粹主义思想泛滥

互联网的核心思想在于开放性与信息共享。互联网的开放性为草根阶层的崛起提供了可能性,但同时,极端平民化思潮的风行也可能引发民粹主义,"赛博民粹主义"已成为网民,特别是青年网民政治参与的突出特点。

如今,互联网已成为网民参与时政话题、表达政治情感及讨论社会热点的第一选择。在各类网络事件中,网民积极讨论话题,参与线下活动,甚至成为著名的意见领袖。但与此同时,各种网络事件中也反映出一些网民表现出民粹主义的特点:"他们坚持人民至上的价值理念,并在实践中以民意自居,反对精英和权威,捍卫平民大众的价值和尊严。这种以互联网和信息技术为平台而形成的新型民粹主义被一些学者称为赛博民粹主义(cyber-populism)"②。网络事件则是网民民粹主义倾向的直观体现。

我国转型时期的贫富分化、城乡二元对立及社会资源分配不公平等各种问题的出现,使民粹主义有了传播的空气和兜售的市场。特别是当弱势群体

① 闵大洪:《汶川地震中互联网传播点滴》,2010年2月4日,http//new.xinhuanet.com/inter-net/2008-05/21?content_8317317.htm。

② 郭中军:《从民众正义到直接参与——青年网民赛博民粹主义倾向的政治学解读》,《当代青年研究》,2010年第5期。

和权力阶层发生对立冲突时,网民们的极端人民至上原则和终极平民关怀倾向使他们不顾客观条件、真实情况,不由分说,一边倒地倒向当事人中较为弱势的一方。比如上海"杨佳袭警"事件发生后,网民意见忽略了杨佳杀害六人、刺伤五人的事实,普遍同情杨佳,甚至有人拍案叫好,感谢杨佳"为民除害"。又如在哈尔滨"林松岭"事件中,一开始网民偏向受害的大学生林松岭,一致谴责滥用职权的警察,但当传出林松岭为高官之子时,网民舆论立马发生转向,开始同情且支持警察,谴责惹是生非的"林衙内"。网络事件中网民意见转向完全不是因为事实情况,而是根据当事人的"身份",盲目根据平民至上的原则裁定事实,已经走向了民主民权的极端。在网络事件中,民粹主义的偏向还表现为"去精英化"和"反权威"的流行。精英已经被贬义地符号化,网民不屑地称呼专家为"砖家",教授为"叫兽",权威已成为专制、独裁、走狗、潜规则、暗箱操作的代名词。我国社会转型中的确出现了贪污腐败、权钱勾结等不良风气,但网民极端的民粹主义无疑固化了消极形象,一律以刻板的印象去看待与平民相对的精英权威。

网民不顾具体事实情况的民粹主义倾向一旦形成舆论,无疑会激化阶层分化引起的矛盾,极易把事件扩大化,形成新的网络群体性事件。这样非但不能实现民粹主义倡导的民主权利,还有可能使冲突升级,加剧两极分化。

(二)网民群体极化现象及网络暴力

在对网络事件进行分析时我们发现,在厦门"PX"事件、"孙志刚"案件等公共事件中,网民理性的争论推动了事件朝着正义、公平、公正的方向发展,并对政府政策的制定产生了积极作用。在对此类事件的评论中,多数网民采取了理智的态度与谨慎的言辞表达着自己的看法,但是在"铜须门"事件、"虐猫"事件等议题中,网民受到非理性情绪的支配比较严重,甚至发展到对当事人施以网络暴力,将虚拟的道德谴责发展成为现实生活中的侵犯他人人身权利。网络事件的影响力体现为网络舆论形成的作用力。但在集体意见汇集,"围观"带来力量的同时,超越时空的大规模网民聚集也会形成群体心理与行为带来的不良后果,出现了群体极化的现象。

凯斯·桑斯坦在《网络共和国:网络社会中的民主问题》一书中提出"群体极化"理论,指出:"群体极化现象是指团体成员一开始既有的价值判断与某些倾向,讨论之后,团体成员朝既有的判断继续偏向,最终形成极端的观点。在网络和新的传播技术的领域里,志同道合的团体彼此之间会进行沟通与讨论,最后他们的想法与原先一样,只是形式上变得更加极端了"[①]。凯斯·桑斯坦试图用群体极化现象解释网络中的仇恨,联系到上述网络事件,有证据显示,"网络上群体极化倾向在网络上发生的比例是现实生活中的面对面时的两倍多"[②]。有学者分析其中的原因认为:一方面群体中非理性、易激动的特点在网民中更为严重。这一特点在讨论中很容易导致言论者态度偏激,并以十分激烈的言语表达出来。另一方面,网民群体具有以群体内同质化、群际异质化聚集的特性,因此志同道合的网民群体出现严重的"群体极化"顺向,群体极化现象可以使网民做出错误的判断或者决定,变得更加极端。

当单独的个人集结成群时,人们自觉的个性会被新形成的群体心理和群体行为所掩盖,情绪、观念、行为都在群体交流中无限放大,勒庞认为,"群体只知道简单而极端的情感;提供给他们的各种意见、想法和信念,他们或者全盘接受,或者一概拒绝,将其视为绝对真理或绝对谬论"。

网络提供的流动空间和永恒时间则让群体的形成可以脱离时空限制,

---

① [美]凯斯·桑斯坦:《网络共和国:网络社会中的民主问题》,黄维明译,上海人民出版社,2003年,第47页。

② 郭光华:《论网络舆论主体的"群体极化"倾向》,《湖南师范大学社会科学学报》,2004年第6期。

变得愈发容易。群体的形成与共同的关注点和核心议题密切相关,如果没有共同的关注点、群体心理和群体行为无法形成。虽然互联网上海量的信息可以使网民有多种选择,通过公开讨论达到意见的统一,但是部分网络事件中,网民的讨论不是消除,而是加强了群体极化现象。

在互联网平台中,网络事件成为群体行为发生的触发点。网民对热点事件的共同关注,特别是多向的交流讨论,使群体达成简单而极端的统一意见与情感,网络极端群体行为也在此过程中发酵,原本只是短时间内共同关注的小事件,却极易酿成更为极端的网络群体性事件。比如,民族情绪就很容易让大众情绪极端化,做出不理智的行为。个人的理智也许不会允许自己做出违背原则底线和法律的事,但当众人情绪高涨时,很容易因为大家的一致行动,给违背道德底线、法律规则的行为披上"合法"的外衣。在对待钓鱼岛事件时,很多网民就因为情绪在网络讨论中发酵,在网上组织起来,走上街头抢砸日货商店,造成严重后果。

在网络舆论高度一致的情况下,网民意见逐渐形成共振,极易衍生出网络暴力。这种网络暴力主要表现为线上的语言暴力,以及通过人肉搜索对事件当事人造成现实中的伤害。网民习惯性地对他人进行"人肉",而且恶言相向,在各种网络事件的讨论中都充斥着不堪入耳的辱骂,这种虚拟网络中的骚扰甚至延伸到当事人的现实生活当中。所谓"人言可畏",网络不理智的舆论造成的严重后果不可估量。但是目前还并没有相对成熟的法律法规对网络暴力进行规范和约束。因此,"人肉"等暴力行为在网民自以为是的道德高地掩护下成为合法合理的行为,而网络暴力的危害却并没有引起网民充分重视,仍旧是网络事件中的常态。

在"铜须门"事件中,部分网民除了对当事人进行文字上的口诛笔伐之外,还通过搜索引擎及各类网络技术对当事人的真实身份进行挖掘,发布网络通缉令,使网络中的冲突蔓延到现实生活之中。网民通过组织虚拟审判与网络游戏等虚拟形式对"铜须"进行集体声讨,甚至通过人肉搜索将当事人的真实姓名、出生日期、照片等私人信息曝光,贴出"江湖追杀令",呼吁全社会封杀当事人,致使"铜须"的真实身份被曝光,给当事人的家人与朋友都带来了极大的困扰。

这种对于个人隐私权等的侵犯,使得一些网民原本正义的行为最终演变成为一种超越了法律许可的犯罪行为。这种以网络通令、人肉搜索等行为为表现形式的网络暴力将网络群体极化现象推向了高潮。同时,一系列的网络暴力事件也体现了网民心理尚未完善和成熟,这令网络的自由、民主、匿名性等特征受到了广泛质疑。

(三)网络上低俗文化泛滥

互联网是开放的平台,也为草根文化提供了巨大的平台。综观网络中的流行文化,大多都是由非专业的草根群众创作,最具代表性的就是网络中流行的各种恶搞与山寨文化。从《一个馒头引发的血案》到后舍男生、山寨春晚,网络平台给草根创造了流行的机会。但也应注意,没有任何门槛,也没有任意引导的流行,网络很容易被吸引眼球的低俗文化占据,整个网络文化风气的庸俗化堪忧。比如从芙蓉姐姐、凤姐再到小月月,全民趋之若鹜的"审丑"心理逐渐走向极端。2010 年炒作的小月月极尽各种极端丑态,一时间却成为全民津津乐道的谈论话题。由此可以看到,网络中窥私、审丑的异常流行。这种"审丑"文化的流行也是社会畸形发展的一种反映,全民娱乐化的网络文化值得总结和反思。网络在开放的同时,也为各种低俗、色情文化提供了温床。以"艳照"为噱头炒作的事件频频发生,对于名人艳照、性爱视频的泄露,网民也是抱着围观的心态,一味地去追求眼球刺激,而不是冷静地思考网络隐私泄露的问题。在网络开放的信息环境中,以限制、抵制的方式处理低俗色情文化并不能达到良好的效果,而应利用网络开放的渠道,推广健康且有营养的文化产品,引导网民的选择。

社会学家科塞提出了"社会安全阀"的概念,认为安全阀可以"使过量的整齐不断排除,而不破坏整个结构,使机体照常运行"。借用此理论,我们可将互联网看作一个"社会安全阀"。在网络事件的传播过程中,民众通过在网上进行讨论、表达、宣泄各种不良情绪,可以有效地避免社会大型变动的发生。因此,对于网络事件造成的负面影响不应过分夸大,我们应该意识到,网络事件的消极影响不是互联网的主流。

通过以上对网络事件的产生、类型、特征及影响等进行简要的概述,我们对网络事件本身的发生、发展及其背后更深层次的社会因素有了更深一步的认识,但这种认识仍然停留在对网络事件认识的宏观层面上。如果只是试图对所有网络事件进行概括或是找出所有网络事件的共同特征,那么只会是对网络舆论事件的泛泛而论。因此,了解网络事件,一方面需要从宏观层面看到网络事件的共同传播规律、对社会的影响及相同类型网络事件重复出现的深层次原因;另一方面,也需要对典型的网络事件进行单独的深入剖析,从对典型事件的实证研究中详细论证网络舆论事件中普遍存在的规律与问题。

(四)相关法律管理制度不够完善

我国现在对于微博法律法规管理的制度还不够健全,仅以管理规定和公约等形式出现为例。例如,北京市在 2011 年 12 月推出《北京市微博客发展管理若干规定》,提出后台实名、前台自愿的管理方式,并于 12 月 7 日召开贯彻《北京市微博客发展管理若干规定》座谈会,表示 3 月 16 日将成为北京微博老用户真实身份信息注册的时间节点，而在此之后未进行实名认证的微博老用户将不能发言、转发，只能浏览。规定的具体内容为：

第一条　为了规范微博客服务的发展管理，维护网络传播秩序，保障信息安全，保护互联网信息服务单位和微博客用户的合法权益，满足公众对互联网信息的需求，促进互联网健康有序发展，根据《中华人民共和国电信条例》《互联网信息服务管理办法》等法律、法规、规章，结合本市实际情况，制定本规定。

第二条　本市行政区域内的网站开展微博客服务及其微博客用户，应当遵守本规定。

第三条　本市微博客发展管理坚持积极利用、科学发展、依法管理、确保安全的原则，促进微博客的建设、运用，发挥微博客服务社会的积极作用。

第四条　网站开展微博客服务，应当遵守宪法、法律、法规、规章，坚持诚信办网、文明办网，积极传播社会主义核心价值体系，传播社会主义先进文化，为构建社会主义和谐社会服务。

第五条　本市制定微博客服务发展规划，规定开展微博客服务网站的总量、结构和布局。

第六条　本市行政区域内网站开展微博客服务，应当在申请电信业务经营许可或者履行非经营性互联网信息服务备案手续前，依法向市互联网信息内容主管部门提出申请，并经审核同意。

第七条　开展微博客服务的网站，应当遵守有关法律、法规、规章和下列规定：

1.建立健全微博客信息安全管理制度；

2.根据微博客用户数量和信息量，确定负责信息安全的机构，配备具有相应专业知识和技能的人员；

3.落实技术安全防控措施；

4.建立健全用户信息安全管理制度，保障用户信息安全，严禁泄露用户信息；

5.建立健全虚假信息揭露制度，及时公布真实信息；

6.不得向未经电信业务经营许可或者未履行非经营性互联网信息服务备案的网站提供信息接口；

7.不得制造虚假的微博客用户；

8.对传播有害信息的用户予以制止、限制，发现构成违反治安管理行为，或者发现涉嫌犯罪的，及时向公安机关报告；

9.协助、配合有关部门开展管理工作。

第八条　开展微博客服务的网站，应当建立健全信息内容审核制度，对微博客信息内容的制作、复制、发布、传播进行监管。

第九条　任何组织或者个人注册微博客账号，制作、复制、发布、传播信息内容的，应当使用真实身份信息，不得以虚假、冒用的居民身份信息、企业注册信息、组织机构代码信息进行注册。网站开展微博客服务，应当保证前款规定的注册用户信息真实。

第十条　任何组织或者个人不得违法利用微博客制作、复制、发布、传播含有下列内容的信息：

1.违反宪法确定的基本原则的；

2.危害国家安全，泄露国家秘密，颠覆国家政权，破坏国家统一的；

3.损害国家荣誉和利益的；

4.煽动民族仇恨、民族歧视，破坏民族团结的；

5.破坏国家宗教政策，宣扬邪教和封建迷信的；

6.散布谣言,扰乱社会秩序,破坏社会稳定的;

7.散布淫秽、色情、赌博、暴力、恐怖或者教唆犯罪的;

8.侮辱或者诽谤他人,侵害他人合法权益的;

9.煽动非法集会、结社、游行、示威、聚众扰乱社会秩序的;

10.以非法民间组织名义活动的;

11.含有法律、行政法规禁止的其他内容的。

第十一条　市人民政府新闻管理部门、市公安机关、市通信管理部门、市互联网信息内容主管部门按照各自职责,做好微博客发展管理的相关工作。

第十二条　网络媒体协会、网络行业协会、通信行业协会等行业组织,应当建立健全微博客行业自律制度,指导网站建立健全微博客服务规范,并对网站从业人员进行培训教育。

第十三条　对违反本规定的行为,任何组织和个人都可以向市人民政府新闻管理部门、市公安机关、市通信管理部门、市互联网信息内容主管部门举报,接到举报的部门应当及时依法处理。

第十四条　对违反本规定的网站和微博客用户,由市人民政府新闻管理部门、市公安机关、市通信管理部门、市互联网信息内容主管部门按照有关法律、法规、规章进行处理。

第十五条　本规定公布前已开展微博客服务的网站,应当自本规定公布之日起三个月内,依照本规定向市互联网信息内容主管部门申办有关手续,并对现有用户进行规范。

第十六条　本规定自公布之日起施行。

又如新浪网推出的社区公约,于2012年5月8日正式执行。《新浪微博社区公约(试行)》等制度》共分五章,旨在维护微博社区内秩序,构建和谐、

法治、健康的网络环境,更好地保障用户合法权益。公约的详细内容如下:

总则

第一条　新浪微博是由新浪公司创建、运行的社交网络平台。

第二条　新浪微博用户是指新浪微博的注册用户,其行为需遵守本公约;未注册者在本平台的活动亦参照本公约。

第三条　新浪微博用户在本平台的活动不得违反现行法律法规。本平台将按照相关法律法规及用户注册协议,配合司法机关维护被侵权人合法权益。

第四条　新浪微博社区管理中心(以下统称"站方")根据现行法律法规及本公约,制定《新浪微博社区管理规定(试行)》并实施管理。

权利

第五条　用户享有新浪微博帐号的使用权。该使用权不得以任何方式转让,账号的行为将被视为注册用户的行为。

第六条　站方鼓励用户验证真实身份及申请特定标识,申请方式和审核条件公开透明。此类用户享有更高级别的服务。特定标识包括:个人认证、微博达人、机构认证等。

第七条　用户在本平台的表达不得侵害他人合法权益,不得与现行法律法规和本公约相冲突。

第八条　用户的个人隐私受到保护。新浪微博的用户真实身份验证信息由第三方平台保存。对用户隐私的保护是新浪微博的基本政策,用户自行公开、司法机关依照法定程序要求披露的除外。

第九条　用户在新浪微博的正当权益受到侵害时,可通过微博举报功能或司法途径维护权益。

行为规范

第十条 用户注册、使用微博应符合现行法律法规,不得以任何方式受让微博账号使用权,不得盗用他人账号。

第十一条 用户不得恶意通过机器或软件等非人力手段注册微博账号、发布内容或关注他人,经微博官方许可的软件应用除外。

第十二条 用户拥有设置个性化账号信息的权利(包括:昵称、头像、个人介绍、账号模板等),但不得设置含有以下内容的账号信息:

1.违反国家法律法规的;

2.包含人身攻击性质内容的;

3.暗示与他人或机构相混同的;

4.包含非法信息的。

不得使用隐晦表达等方式规避以上限制。

第十三条 用户拥有发布信息的权利,不得发布含有以下内容的信息:

1.反对宪法确定的基本原则的;

2.危害国家统一、主权和领土完整的;

3.泄露国家秘密、危害国家安全或者损害国家荣誉和利益的;

4.煽动民族仇恨、民族歧视,破坏民族团结,或者侵害民族风俗、习惯的;

5.宣扬邪教、迷信的;

6.散布谣言,扰乱社会秩序,破坏社会稳定的;

7.宣扬淫秽、赌博、暴力或者教唆犯罪的;

8.煽动非法集会、结社、游行、示威、聚众扰乱社会秩序的;

9.有法律、行政法规和国家规定禁止的其他内容的。

第十四条 用户不应发布不实信息。不实信息范围详见《新浪微博社区管理规定(试行)》。

第十五条　用户应尊重他人名誉权，不得以侮辱、诽谤等方式对他人进行人身攻击。

第十六条　用户应尊重他人隐私权，不得侵害他人隐私。涉及公众利益或经由当事人同意的除外。隐私包括真实姓名、身份证号、电话号码、家庭住址及用户不愿公开的其他个人信息。

第十七条　用户应尊重他人肖像权，未经他人同意不得擅自使用或修改其肖像。

第十八条　用户应尊重他人安宁权，不得利用微博骚扰他人。不应以评论、@他人、私信、求关注等方式对他人反复发送重复、近似、诉求相同的信息。

第十九条　用户应尊重他人著作权。发布他人原创内容需注明出处或带有明显转载标识。

社区管理

第二十条　新浪微博社区管理由站方和社区委员会共同完成。

第二十一条　站方可通过主动发现及接受用户举报发现违规行为，完成真实身份验证的用户可使用微博的举报功能。

第二十二条　站方根据《新浪微博社区管理规定（试行）》处理违规行为。

第二十三条　违规处理包括：内容处理和账号处理。

内容处理包括：删除、禁止被转发、禁止被评论、标注等。

账号处理包括：禁止发布微博、禁止被关注等，至注销。

第二十四条　对于可明显识别的违规行为，由站方直接处理；其他违规行为，由社区委员会判定后处理。

第二十五条　社区委员会分为两类：判定用户纠纷的普通委员会，判定不实信息的专家委员会。社区委员会成员均为公开招募。

第二十六条　在涉嫌违规行为的判定中，社区委员会在时限内以多数决的方式,形成判定结果,站方据此完成处理。

第二十七条 违规处理过程以网页卷宗的方式公示。

第二十八条 站方根据社区委员会判定结果所采取的处理措施,属于用户自律范畴,不代表新浪微博立场。

附则

第二十九条 用户因微博行为引发的法律纠纷,与新浪公司无关。

第三十条 站方可依照互联网发展的不同阶段,随着社区管理经验的不断丰富,出于维护微博社区秩序的目的,不断完善本公约。

第三十一条 本公约自 2012 年 5 月 28 日起施行。

2018 年 2 月 2 日,国家互联网信息办公室公布《微博客信息服务管理规定》(以下简称《规定》),自 3 月 20 日起施行。其全文内容如下:

微博客信息服务管理规定

第一条 为促进微博客信息服务健康有序发展,保护公民、法人和其他组织的合法权益,维护国家安全和公共利益,根据《中华人民共和国网络安全法》《国务院关于授权国家互联网信息办公室负责互联网信息内容管理工作的通知》,制定本规定。

第二条 在中华人民共和国境内从事微博客信息服务,应当遵守本规定。

本规定所称微博客,是指基于使用者关注机制,主要以简短文字、图片、视频等形式实现信息传播、获取的社交网络服务。

微博客服务提供者是指提供微博客平台服务的主体。微博客服务使用者是指使用微博客平台从事信息发布、互动交流等的行为主体。

微博客信息服务是指提供微博客平台服务及使用微博客平台从事信息发布、传播等行为。

第三条 国家互联网信息办公室负责全国微博客信息服务的监督管理

执法工作。地方互联网信息办公室依据职责负责本行政区域内的微博客信息服务的监督管理执法工作。

第四条　微博客服务提供者应当依法取得法律法规规定的相关资质。向社会公众提供互联网新闻信息服务的，应当依法取得互联网新闻信息服务许可，并在许可范围内开展服务，禁止未经许可或超越许可范围开展互联网新闻信息服务活动。

第五条　微博客服务提供者应当发挥促进经济发展、服务社会大众的积极作用，弘扬社会主义核心价值观，传播先进文化，坚持正确舆论导向，倡导依法上网、文明上网、安全上网。

第六条　微博客服务提供者应当落实信息内容安全管理主体责任，建立健全用户注册、信息发布审核、跟帖评论管理、应急处置、从业人员教育培训等制度及总编辑制度，具有安全可控的技术保障和防范措施，配备与服务规模相适应的管理人员。

微博客服务提供者应当制定平台服务规则，与微博客服务使用者签订服务协议，明确双方权利、义务，要求微博客服务使用者遵守相关法律法规。

第七条　微博客服务提供者应当按照"后台实名、前台自愿"的原则，对微博客服务使用者进行基于组织机构代码、身份证件号码、移动电话号码等方式的真实身份信息认证并定期核验。微博客服务使用者不提供真实身份信息的，微博客服务提供者不得为其提供信息发布服务。

微博客服务提供者应当保障微博客服务使用者的信息安全，不得泄露、篡改、毁损，不得出售或者非法向他人提供。

第八条　微博客服务使用者申请前台实名认证账号的，应当提供与认证信息相符的有效证明材料。

境内具有组织机构特征的微博客服务使用者申请前台实名认证账号

的,应当提供组织机构代码证、营业执照等有效证明材料。

境外组织和机构申请前台实名认证账号的,应当提供驻华机构出具的有效证明材料。

第九条　微博客服务提供者应当按照分级分类管理原则,根据微博客服务使用者主体类型、发布内容、关注者数量、信用等级等制定具体管理制度,提供相应服务,并向国家或省、自治区、直辖市互联网信息办公室备案。

第十条　微博客服务提供者应当对申请前台实名认证账号的微博客服务使用者进行认证信息审核,并按照注册地向国家或省、自治区、直辖市互联网信息办公室分类备案。微博客服务使用者提供的证明材料与认证信息不相符的,微博客服务提供者不得为其提供前台实名认证服务。

各级党政机关、企事业单位、人民团体和新闻媒体等组织机构对所开设的前台实名认证账号发布的信息内容及其跟帖评论负有管理责任。微博客服务提供者应当提供管理权限等必要支持。

第十一条　微博客服务提供者应当建立健全辟谣机制,发现微博客服务使用者发布、传播谣言或不实信息,应当主动采取辟谣措施。

第十二条　微博客服务提供者和微博客服务使用者不得利用微博客发布、传播法律法规禁止的信息内容。

微博客服务提供者发现微博客服务使用者发布、传播法律法规禁止的信息内容,应当依法立即停止传输该信息、采取消除等处置措施,保存有关记录,并向有关主管部门报告。

第十三条　微博客服务提供者应用新技术、调整增设具有新闻舆论属性或社会动员能力的应用功能,应当报国家或省、自治区、直辖市互联网信息办公室进行安全评估。

第十四条　微博客服务提供者应当自觉接受社会监督,设置便捷的投诉举报入口,及时处理公众投诉举报。

第十五条　国家鼓励和指导互联网行业组织建立健全微博客行业自律制度和行业准则,推动微博客行业信用等级评价和信用体系建设,督促微博客服务提供者依法提供服务、接受社会监督。

第十六条　微博客服务提供者应当遵守国家相关法律法规规定,配合有关部门开展监督管理执法工作,并提供必要的技术支持和协助。

微博客服务提供者应当记录微博客服务使用者日志信息,保存时间不少于六个月。

第十七条　微博客服务提供者违反本规定的,由有关部门依照相关法律法规处理。

第十八条　本规定自 2018 年 3 月 20 日起施行。

另外,根据我国网络发展的现状,国家网信办提出了网络空间的"七条底线",这七条底线是根本,不能突破;是方圆,不能逾越。每位网民在自由表达意见和诉求的同时也要遵守这"七条底线",文明上网,争做文明网民,净化网络空间,还网络一片"蓝天"。文明上网七条底线如下:

1.法律法规底线。有法可依、有法必依、执法必严、违法必究,任何时候,无论是网上网下,都将始终做到违法必究。

2.社会主义制度底线。为我们全面建成小康社会提供了有力的制度保障,我们要积极拥护社会主义及社会主义制度。

3.国家利益底线。作为国家公民,时刻维护我们伟大祖国的利益,这也是宪法赋予我们每位公民的光荣义务。

4.公民合法权益底线。我们在网络反腐的同时,切忌不能以"艳照"等不健康、不正当甚至违法手段对别人进行威协,否则不仅触犯法律,也侵犯了无辜者的合法权益。

5.社会公共秩序底线。网络世界必须也要遵循一定的秩序规则,唯有如此大家才能营造一个良好健康的网络环境。

6.道德风尚底线。崇尚美德是我国延续几千年的优秀传统,网络空间里也要讲道德,不做有违道德之事。

7.信息真实性底线。要求我们在上网时一定要实事求是,而不能以讹传讹、散发谣传,积极宣传政府部门发布的真实信息。

通过以上微博舆论的相关管理条例可以看出,当前我国在微博舆论方面的相关法律制度管理较缺失。其不足主要体现在三个方面:公民参与制度不完善,对公权力等其他权利的监督制度不完备,缺少解决社会冲突的缓冲机制。

我国的民主政治、科学政治的理念正在实施当中,当前建设服务型政务已成为其次。行政机关重管理轻服务、权利义务不对称、行政行为不规范等问题偶有发生,这些问题是导致网络事件直接针对个别政府部门和相关公职人员的主要原因。

同时,我国还应进一步培育适当且合法的协商土壤,促动相关的组织协调社会的利益冲突,从而建设有组织、有秩序、有规章的合理维护渠道。

第七章
微博瓶颈与疏导

微博政治伦理主要是探求微博政治论争的道德内涵与特征，它以政治制度为背景，以微博技术为前提，以宽容为底线，以伦理价值多元化事实为核心，以正义感为道德感性基础，以重叠共识为理性基础，围绕着自由、平等两个核心价值展开，构建微博政治伦理底线。微博政治伦理是现实政治伦理的重要组成部分，是现实政治伦理在微博平台的表达和诉求，又是现实政治伦理的"微"化和转化。如果说现实政治伦理是有逻辑性的、系统化的，那么微博政治伦理的表达与诉求则是非逻辑的、非系统化的，是碎片化的、平面化的，其传播具有快速的集散效应。微博政治伦理具有自身的内在要求、自我限制和约束。

微博不同于政治伦理的对立与分化，既有学理的，也有情感的和情绪性的，夹杂着各种各样的偏见，具有很强的非理性特征，正是这一非理性特征，成为微博政治伦理主观瓶颈的根源，并由此引发了微博其他政治伦理的连锁式瓶颈。主要表现在：自由平等的瓶颈、制度的瓶颈、学理论证的瓶颈、公共理性的瓶颈、正义感的瓶颈、重叠共识的瓶颈和正义感与重叠共识相冲突的瓶颈。

目前,对政治微博伦理的研究还处于初始阶段。这一方面是由微博技术时间短的客观条件造成的。中国微博产生于 2007 年,2011 年微博用户已经上升到两亿多,2012 年上升到五亿多,2013 年仍处于上升态势。2010 年是"微博元年",2011 年是"政务微博元年",2012 年是"反腐微博元年",2013 年微博呈现多元化发展态势。也就是说,微博政治伦理的产生与发展也就只有十多年的时间,但影响巨大,不可忽视。另一方面则是由微博政治伦理主观方面造成的,这主要表现在:第一,外国当代著名的伦理学家罗尔斯、诺齐克、桑德尔、麦金太尔等的学术成果,在微博中因字数限制难以系统引介,中国一些著名的伦理学家没有涉入微博领域,在微博政治伦理中缺少领军人物或意见领袖;第二,对微博政治伦理的研究仅限于微博问政、微博反腐、微博维权、微博政治功能、微博政治思想传播等层面,对于微博政治伦理的内在外在瓶颈分析梳理较少;第三,在解决微博政治伦理矛盾的方面,则侧重于技术层面,重在治标,忽略治本,诸如网络实名制、删微博、屏蔽敏感词和敏感人物,缺少对微博政治伦理指导得当的软实力举措。本书针对上述三个问题,以罗尔斯的政治伦理思想为视角,以期化解微博政治伦理的基本瓶颈,探究其解决的基本路径。

一、罗尔斯政治伦理思想的可应用性

之所以基于罗尔斯的视角对微博政治伦理进行透视和分析主要有三个方面的原因:一是罗尔斯的道德伦理与政治道德伦理在西方产生的重大的影响,哈贝马斯称罗尔斯的伦理学说是"轴心式"的转折,诺齐克认为,现代的伦理学说或者是在罗尔斯的体系下论证,或者是找出一个离开罗尔斯的理由;二是罗尔斯的核心价值具有普世性,反映了现代人类社会的共同底线诉求;三是罗尔斯的自由平等、制度价值、公共理性、重叠共识、正义感等理论无论就形式上还是内容上,对于微博政治伦理的构建都具有重要意义。罗尔斯政治伦理思想的价值主要包括以下方面:

(一)自由平等的价值

罗尔斯建立公平正义理论的目的是取代功利主义。为此,他设置了一个无知之幕,在无知之幕中所有的代表人物都一致同意选择了公平正义,公平正义的核心原则是自由原则、平等原则、差别原则。这些原则具有词典式排列特性,第一原则是自由,第二原则是平等,第三原则是差别。在充分满足了自由原则之后满足平等原则,在充分满足平等原则之后满足差别原则。自由与平等不能做交易,自由只为了自由的缘故而受到限制,同时自由也为平等作了限制,给平等提供了空间。平等就是职位和机会向所有人公平开放,平等不能取代自由,也不能挤占自由的空间和地盘。平等满足之后,才能实行差别原则,差别原则的基本前提是当社会的不平等不可避免的时候,社会的不平等能为社会最少受惠者所接受,社会经济的发展有利于社会最少受惠者,既能使居于社会的优势者的社会条件得以改善,也有利于劣势者。差别原则受到平等原则的限制,差别原则不能取代平等原则,不能挤占平等的空间和领域。平等原则与差别原则都受惠于自由原则,也受制于自由原则。自由平等的原则就是使差别原则得到最好实现的原则。

(二)制度的价值

罗尔斯是一个结构/制度决定论者,在推论出自由平等的伦理观之后,首先将其应用在基本结构上,即应用于政治制度、经济制度、社会制度方面。在罗尔斯看来:"社会结构之所以是正义的主要问题,是因为它的影响十分深刻并自始至终。在此直觉的概念是：这种基本结构包含着不同的社会地位，生于不同地位的人们有着不同的生活前景，这些前景部分是由政治体制和经济、社会条件决定的。"罗尔斯认为，现代民主社会是建立在理性多元论的事实基础上的，由此而产生的问题是："民主社会的政治文化总有由诸种宗教学说、哲学学说和道德学说相互对峙而又无法调和的多样性特征"，及其"由自由而平等的公民——他们因各种合乎理性的宗教学说、哲学学说和道德学说而产生深刻分化——所组成的公正而稳定的社会如何可能长治久安？"罗尔斯认为，解决这一难题的根本措施是民主制度体系。

罗尔斯在《正义论》中从统合性的道德，以非历史的、推导式的方式得出自由平等的伦理，因此受到自由主义内部和自由主义外部的批评。自由主义内部的批评主要来自于自由至上主义，如诺齐克；自由主义外部的批评主要来自社群主义，如桑德尔等人；还有来自左派的思想家，如哈贝马斯。这些批评使罗尔斯重新思考了道德伦理问题，也使他从道德伦理转向政治伦理。在保持《正义论》基本理论体系的基础上，把道德伦理变成纯粹的政治伦理，政治的正义观念，这种对伦理观念的修正主要来自于罗尔斯的《政治自由主义》。在这本书里他强调："政治自由主义的目的，也就是寻求一种作为独立的政治正义观念。"这句话包括三层意思：一是政治正义是应用在基本结构上的，罗尔斯的基本结构在《政治自由主义》那里变成了"现代立宪民主"；二是政治正义是独立的，而不是受制于完备性的宗教学说、哲学学说和道德学说的；三是政治正义是在公民文化之中的，而不是在公民文化之外的。罗尔斯为自由而平等的公民各自所认可的完备性的互相冲突而又对立的学说找到了稳定而合作的民主社会结构，社会结构系统是由政治的正义观念所规导的。

（三）公共理性的价值

公共理性是公民对正义原则是否适当，是否最能满足他们的社会政治要求的理性推理原则和公共的质询指南。亚里士多德强调，人天生是一个政治动物，伯林把自由分为消极自由与积极自由，贡斯当把现代社会划分为公共领域和私人领域，其实质都是为公共权力划定边界，罗尔斯在此基础上给公共权力注入了政治伦理价值，即强调公共理性。罗尔斯认为，公共理性是民主国家的基本特征，它是公民的理性，作为自身的理性，它是公共的理性；它的目标是公共的善和根本性的正义；它的本质内容是公共的。公共理性所施加的限制是宪法根本和基本正义的政治问题，当宪法与基本正义发生危机时，公共理性不但支配着选举的辩谈，而且支配着公民对这些问题的投票。

（四）正义感的价值

正义感是人们按照公平正义、自由平等的正义观念、正义原则的要求行动的，通常是有效的欲望。正义感是自由与平等应用在个人身上产生的，也是受到自由平等约束的，离开了自由平等的政治伦理约束的正义感就会扭曲变形。正义感的主观条件是理性的人具有道德能力和善的能力。正义感形成的客观条件是制度，即公正的制度得到认可，制度被正义地执行，受益于正义制度的人们普遍遵守正义的制度。

（五）重叠共识的价值

重叠共识是基于理性多元论的事实而产生的，重叠共识是政治的共识，在道德上被人们所认可。在重叠共识下获得的稳定不是权宜之计的稳定，而是永久性的稳定。重叠共识经历了两个发展阶段：第一个阶段是宪法共识，第二个阶段是重叠共识。重叠共识不是冷漠的或者是怀疑论的,重叠共识在政治观念中也不必是完备的。

罗尔斯的政治伦理既是自由主义的,又是平等主义的,是具有平等主义倾向的自由主义。他的政治伦理在中国的应用必然受到制度上的和意识形态上的双重限制,但是罗尔斯的政治伦理在微博政治伦理方面的应用仍然具有合理性。罗尔斯的政治伦理是理性的,必然使微博政治伦理的非理性受限;罗尔斯的政治伦理的价值是形式上的,用其概念可以对微博政治伦理进行说明具有可行性;罗尔斯的政治伦理的价值是实质上的,用其自由平等的核心价值对微博政治伦理予以规约;罗尔斯的政治伦理的价值是参考性的,其政治伦理只有在理想社会或秩序良好的社会才能实现,对于处在形成和发展过程中的微博政治伦理来说,具有引导性和型构性;罗尔斯的政治伦理价值是坐标性的,为微博政治伦理行进的正常与否提供一个标准。罗尔斯的政治伦理具有方法论意义、规制性意义、实质性意义,这其中,方法论意义大于规制性意义,规制性意义大于实质意义。

二、微博政治伦理的瓶颈

把罗尔斯的政治伦理方法和理念应用到微博上,就会发现微博政治伦理的瓶颈甚至困境,但这不是罗尔斯的政治伦理的方法和理念的内在矛盾造成的,而是外部制度硬环境和文化软环境不完善造成的,也是微博政治伦理内部发展不成熟造成的,是微博政治伦理发展的必经阶段。罗尔斯的政治伦理应用使微博政治伦理瓶颈明确地凸显出来,主要表现为自由平等的瓶颈、制度的瓶颈、学理论证的瓶颈、公共理性的瓶颈、正义感的瓶颈、重叠共识的瓶颈和正义感与重叠共识相冲突的瓶颈,而贯穿和支配这一系列瓶颈的核心是微博的非理性。

(一)自由平等价值的瓶颈

罗尔斯论证的学理论证源于洛克的"现代人自由"和卢梭的"古代人自由",无论是正义感还是重叠共识都是由这两种自由观引发的,这两种自由都是平等的自由或者是自由的平等。而对于中国现实来说,中国的学理无论来自于马克思还是来自于中国传统文化,自由的学理资源都相对匮乏,专制资源相对比较丰富,缺少自由的学理资源,对于虚拟的微博社会来说也同样如此。没有自由平等的学理来源必然会对微博政治伦理的产生与发展造成不良的影响,微博言论因少有自由平等的内在规制和外在的法治约束,使微博政治伦理发展陷入误区。

(二)制度的瓶颈

政治制度是微博政治伦理产生的大背景,只有良好的政治制度才能保障政治伦理的良性健康发展。公平正义、自由平等是制度的首要价值和美德,同时制度又是公平正义、自由平等的根本保障。从绝对意义上说,制度无保障,则微博无伦理。

(三)学理论证的瓶颈

罗尔斯的政治伦理及其方法是在为现实作论证的,而不是为微博作论证的。罗尔斯的理论体系是逻辑推理、反思平衡、比较验证的前后内在逻辑统一的宏大体系,而在微博世界中,只有"微"体系,微博只表达观点,不可能进行逻辑推理和逻辑论证。在微博世界中,有罗尔斯的多元政治伦理难题,少有解决难题的系统理论,更没有罗尔斯所说的民主背景;有多元论,没有理性多元论,更没有罗尔斯的支持民主的公民文化;有主义和价值多元论的冲突,有主义和价值多元论冲突的永久性事实,却没有理性多元论的、既冲突又可融通的事实。即使有长微博,其学理论证还是受到严格限制的,一方面是受到微博技术本身的限制,另一个方面是受到微博逻辑体系的限制,构建微博政治伦理只能以"微"化的方式显示出来,其逻辑的模糊性不可避免,甚至模糊性是微博政治伦理的一个重要特性。

(四)公共理性的瓶颈

在微博里,有不同的主义和思潮,有公共性,缺少公共理性;有政治理念,缺少独立的政治理念。这影响了微博网民对公共事务的判断。

马立诚认为,目前中国有八种思潮,即主导中国改革开放 40 年的主流的意识形态是邓小平理论、"老左派"、自由主义、"新左派"、民主社会主义、民族主义、大陆新儒家和民粹主义。萧功秦认为,中国民间形成了六种具有代表性的并具有较大影响力的社会思潮。按照它们在社会上形成并产生影响的时间顺序是 20 世纪 80 年代中期出现的自由主义启蒙思潮、20 世纪 80 年代后期出现的新权威主义、20 世纪 90 年代中期出现的新左派、20 世纪 90 年代后期崛起的新民族主义、21 世纪初出现的文化保守主义、最近几年出现的民主社会主义。马立诚强调思潮的共时性和主导性,萧功秦强调思潮的历时性和互动性。他们对思潮的概括表面不同,但核心内容本质相同。徐友渔、高全喜等又对各种不同的思想尤其是自由主义、左派与右派等思想进行了细致化地梳理,凸显了不同思想观点的原貌,从而使人们更能看清各种思想观点的本质、共同点、不同点、逻辑走向和现实纷争。思潮本身并不等于伦理,思潮既可以是伦理的一部分,也可以体现部分伦理,可以是伦理本身,也可以是思潮的伦理溢出。这些思潮在政治制度中得以部分或整体的应用,只要对政治制度有规导和规范作用的,就可纳入政治伦理的一部分,否则,就不属于政治伦理。

各种主义和思潮在微博中不断发生变异。由一而生多、由多而合一的情况不断出现,不同的碎片化亚种主义、亚种思潮、亚种价值观、亚种理念、亚种思想不断衍生。社会主义、民主社会主义、自由主义、民主主义、民族主义、民粹主义、混合主义、自由左派、自由右派、老"左"派、老右派、新左派、新右派、维权派等各种主义、各种价值观、各种思想、各种理念、各种新名词、新概念都呈现出百花齐放、百家争鸣的多元取向。各种主义和各种价值观都各有其合理性,都是不同阶级阶层利益群体的价值诉求。由于各种主义、各种价值观都强调本身的真理性、真知性、真相性、公平正义性,主义之间、价值之间、思潮之间的冲突不可避免。在微博虚拟社会里,在政治伦理多元冲突和深刻分化情况下,如何才能保证网络长治久安、和平共处?这同样需要罗尔斯式的公共理性概念,即寻找出独立于各种不同主义和思潮的政治概念,拓展公共理性空间,给微博政治伦理提供"公共质询"的指南。

(五)正义感的瓶颈

在罗尔斯那里,正义感既受秩序良好社会的外在制度限制,又受自由平等政治伦理的内在约束,即使如此,罗尔斯仍然强调正义感只是半个正义观,只有建立在理性重叠共识的基础上的正义观才是完整的正义观。在微博世界里,没有罗尔斯所说的内在外在限制,失去了约束的正义感必然会走向极端化,会冲破内在政治伦理的限制,会冲破外在的民主法治限制,从而使正义感陷入瓶颈。进而言之,以"微"化的方式追求正义感,结果却是反正义感的。这具体表现在以下方面:

1."微"化的革命心理

革命既是正义感的表达方式,又是正义感的极端表达。革命心理会产生民间意识形态,民间意识形态会向公权意识形态提出挑战。革命心理一方面是社会的不平等、两极分化、腐败行为及公平正义受到直接或间接侵害导致的心理转化,另一方面是个人的际遇受到不公正的对待或自认为是不公正的对待所导致的心理转化。他们对社会有着正义感的期待与焦灼,当他们对这种正义感的期待与焦灼遇到现实的阻碍时,再加上传统文化及革命意识的熏染,这种革命心理更容易产生。群体性事件升级首先就是暴力升级,网络革命心理膨胀也会导致网络群体性事件升级。需要指出的是,那种把革命心理简单视为暴力的心理原因是有偏差的,暴力可能与革命心理有关,也可能与革命心理无关,革命心理受正义感驱动,暴力如果受正义感驱动,暴力就以主体自认为的正义感表达,如果不是受正义感驱动,那就是客观上的反社会行为。

2."微"化的仇恨心理

仇恨心理与革命心理都可能由正义感引发,仇恨心理也可能由非正义感引发,对仇恨心理与革命心理的根源进行划分是困难的,因为二者具有同质性,但仇恨心理又是客观存在的。仇恨心理会通过以讹传讹方式扩展仇恨,扰乱人心,或者是煽动诽谤。微博的仇恨心理的表达明显,指向性明确。这些仇恨或者是对具体个人的仇恨,或者是对权力的仇恨,或者是对政党的仇恨,或者是对历史事件进行评估的仇恨。微博的仇恨心理有时也是通过正义感的伪装来表现的。

3."微"化的极端非理性

在仇恨心理的支配下,价值之争变成了口水战,口水战变成了各分领地的骂战。微博骂战已经成为微博的一大景观,有互骂对方是猪狗的,网络意见领袖互相咒骂,网络公知粉丝互相叫骂,民粹国骂不绝于耳。在网络上进行恐吓、视为发泄场所的有之,侵占个人隐私的有之,一些人没有稳定的价值观,只有骚动甚至是动荡不居的情绪。他们无视客观效果,无视客观影响,无视对社会和他人的伤害,无视法治的边界。长此以往,会导致政治无序和社会无序,进而引起社会动荡。

(六)重叠共识的瓶颈

在罗尔斯的政治伦理观里,重叠共识需要公共理性作为基础,需要权利作为价值表达,并且权利优先于善。在微博政治伦理构成中,公共理性缺失,权利意向不明显,公民意识诉求处于初始阶段,在此基础上难以形成重叠共识,即使形成重叠共识,也缺少稳定性,这具体表现在以下方面:

1. "微"化的公民瓶颈

微博政治伦理需要公民身份的认同和公民意识的自我认同,唯其如此,才能行使公民言论自由的权利,履行公民的义务。通过部分微博言论和图片所表达的意向来看,一些封建专制思想、封建臣民意识、老百姓意识在群众中还有一定范围和程度的影响,就连那些高喊民主自由的人,其骨子里仍然具有专制的基因,也就是说,微博的言说缺少对公民身份的共同认可,缺少对公民意识的自我认同,从而使公民言论自由的公民性、平等性受损。

2. "微"化的共识瓶颈

微博政治观念不是独立的,而是依附性的,即微博政治伦理来自于不同的主义、不同的学说,民主自由价值观并不是独立的政治观念,对自由民主的理解受制于不同的主义、不同的学说。比如,对民主的理解也是五花八门,婆说婆有理,公说公有理,诸如自由主义式的民主、社会主义式的民主、民主集中制式民主、民粹式的民主。人民群众当家做主,都在说民主,都在说不同的民主。就是民主的主体,也是概念不清,诸如公民民主、老百姓民主、臣民民主、群众民主、公民权利民主,都在说主体,都在说不同概念的主体。能否使自由民主本身形成一整套独立的政治伦理观念,使之不受制于不同的主义和学说,进而在独立的政治伦理上取得共识,还需要进一步的观察和分析才能得出结论。

3. "微"化的理性瓶颈

共识需要理性,没有理性的共识是感情的共识,感情的共识是不稳定的共识,是临时性的共识。感情共识还容易造成真相误判、历史误判、常识误判、真话误判等各种误判。没有理性的共识是非理性的共识,非理性共识容易使共识脆弱化、极端化。理性的共识才是稳定的共识、长久性的共识,理性的共识来自对于自由平等的内在信念和深刻理解,对良心自由、思想自由、言论自由的捍卫,对人格平等、道德平等、法律平等、机会平等的不懈追求。"微"化的理性瓶颈在于微博言论往往受制于意见、偏见、情感、主义,难以形成政治的、独立的、受公共理性制约的重叠共识。

4. "微"化的信任瓶颈

从政治常识来说,一个健康的社会是和谐的社会,是互信的社会。反之,一个非健康的社会是敌对的社会,是缺少信任的社会。遗憾的是,至今在微博上,官与民是缺少信任的,官与民呈现了信任危机态势。由于缺少应对网络的经验与技术,由于对网络公布的事件防不胜防,更由于官员对现实事件的推诿、掩饰、掩盖、打压,官员公权滥用、公权私用、公权删帖,导致了网民对官员的极端不信任。其导致的直接结果就是,凡是官员进行解释的,都是不可信任的,每一种解释都会引来若干的批评和怀疑,甚至微博的"不想解决人民提出的问题,总想解决提出问题的人民"这一观点获得了网民的普遍共识,却也由此导致了信任共识陷入困境。

（七）正义感与重叠共识的瓶颈

在罗尔斯那里，正义感与重叠共识是统一的。在微博世界中，正义感既可以与重叠共识一致，也可以与重叠共识背离，二者相一致时会互相支撑，二者相背离时会成为相互的瓶颈。正义感的瓶颈与重叠共识的瓶颈具有重叠性、交叉性，正义感的瓶颈部分是重叠共识的瓶颈，重叠共识的瓶颈部分又是正义感的瓶颈。形成正义感容易，达成共识难，达成重叠共识更难。比如，专制理论与民主理论都会产生正义感，形成正义感共识，因专制与民主是根本对立的，二者没有形成理性重叠共识的可能性和现实性，正义感共识与重叠共识呈现出分裂状态。

微博政治伦理的形成与发展是初步的，微博政治伦理的瓶颈现象却不容忽视，形成的政治伦理底线共识是脆弱的、不稳定的，对微博政治伦理进行疏通、规范与引导十分必要。罗尔斯的政治伦理的借鉴意义不可低估。

三、构建微博政治伦理疏导路径

罗尔斯的政治伦理应用出现的瓶颈并不是抛弃罗尔斯的政治伦理的理由，恰恰是需要罗尔斯政治伦理的理由。因此，化解微博政治伦理瓶颈仍然需要罗尔斯的自由平等伦理，需要公共理性和重叠共识，需要培育受自由平等内在约束的正义感。这是一个总括性的化解微博瓶颈的基本方法和措施。在此基础上，化解微博政治伦理瓶颈状态仍然需要中国式的具体解决之道，这需要做以下方面的工作。

(一)加强以宪法为核心的制度建设

应捍卫和落实宪法权威和民主权威,把宪法的公民权利、民主权利落到实处。宪法制度是保障,没有宪法制度的保障,现实政治伦理难以落实,微博政治伦理难以发展。因此,要使宪法制度政治伦理化,政治伦理制度化。正如习近平总书记在 2012 年 12 月 4 日纪念现行宪法公布施行三十周年所强调的那样,宪法的生命在于实施,宪法的权威也在于实施。宪法的根基在于人民发自内心的拥护,宪法的伟力在于人民出自真诚的信仰。只有保证公民在法律面前一律平等,尊重和保障人权,保证人民依法享有广泛的权利和自由,宪法才能深入人心,走入人民群众,宪法的实施才能真正成为全体人民的自觉行动。比如,微博言论自由是公民权利的重要组成部分,是微博的核心价值和政治伦理诉求,只有把微博言论自由落到实处,微博政治伦理的内在矛盾和外在矛盾才会有效化解。

(二)构建以宽容为核心的底线美德体系

宽容是伟大的政治美德之一,共和主义者沃尔泽特别强调宽容的地位和作用,他把宽容理解为一种态度或一种心境,认为宽容首先是一种反映 16 世纪和 17 世纪宗教宽容起源的潜在价值,它纯粹是为了和平而顺从地接受差异性;其次是一种对待差异性可能采取的态度,是被动的、随和的及无恶意的冷淡:"兼收并蓄成一统";再次是一种具有道德意义的容忍,它表现为对别人的坦率、好奇甚至尊重,愿意倾听别人的意见并向别人学习。各个时代的宽容理念都对解决微博政治伦理多元化问题和瓶颈具有借鉴意义。自由主义者伯林认为:"人所追求的价值不仅是多元的,而且有时是互不相容的,这不仅适用于整个文化即价值体系的层面,而且适用于某一特殊文化或个体的价值。各种一元论宗教与政治意识形态的一个基本特征是,声称得救的道路只有一条,正确的生活方式只有一个,真正的价值结构只有一个。正是这种主张,当得到狂热的表达时,导致原教旨主义、迫害与不宽容。平等的公民存在着不可公度的善,存在着不可公度的政治伦理观,这就需要包容和宽容,并以此构建宽容的美德体系,使宽容成为人们的思维方式、价值理念,我不同意你的观点,但我誓死捍卫你说话的权利,应成为宽容美德的基本内容。

(三)构建以化解风险为目的的疏通机制

中国诸多的政治风险源于现实,发轫于微博,正义感的极端化表达严重影响了微博政治伦理内在的健康发展,因正义感而引发、受非理性而支配革命心理,仇恨心理使现实社会充满了风险。因此,建立以化解风险为目的的微博疏通机制十分必要。这些化解风险机制包括:微博预警机制、微博评估机制、微博报告机制、微博传输机制、微博反馈机制等。

(四)构建以对话为核心的平等机制

对话是平等对话、协商对话、理性对话、民主对话、程序对话,对话的目的是取得共识,共识包括正义感共识、重叠共识、理性共识。设置微博政治伦理议题,就网民共同感兴趣的话题进行政治沟通、理性辩谈、互惠性交流,求同存异,和而不同。在微博对话中,罗伯特的会议规则具有重要的参考价值。

(五)构建以启蒙为核心的互动机制

微博启蒙的特点是由过去的单向启蒙变成现在的多向互动式启蒙。微博启蒙既是少数启蒙大多数,也是大多数启蒙少数,是互动式的启蒙。每一个人都是启蒙者,每一个人也都是被启蒙者。微博不但是单向发布不同的政治伦理,以及不同政治伦理的集散地,而且是政治伦理的交流地、交锋地、互动地、便捷地、快捷地,是繁荣政治伦理的市场。不同的人、不同的群体都有不同的价值伦理观,每一个群体并没有想说服谁,不同的人也并没有强制别人支持自己的观点,但不同的群体在网上相遇,通过在网上进行不自觉的交流,了解了彼此的价值伦理观念。微博在传播民主、自由、法治等现代观念中启蒙。微博使人们认识到古代民主、古代自由的局限性,认识到现代代议制民主、现代自由的优越性。微博通过对重大案例的分析,让人们认识到人权与尊严的重要性,以及自由的价值。微博是最有时效的启蒙,一个 140 个字的微博就让人在瞬间掌握了政治伦理思想的核心要素。微博跨越了城市和乡村的局限,跨越了知识与非知识的界限,跨越了精英和民众的界限,使所有的区域和所有的人都处在一个前所未有的平等启蒙状态。

(六)构建以马克思主义自由平等观为核心的引导机制

马克思主义的核心价值观是自由,即《共产党宣言》所说的,每一个人的自由发展是一切人的自由发展的条件,这一核心价值观在马克思去世后一直得到恩格斯的推崇和强调。同样,马克思主义的平等观也强调政治法律上的平等,尤其是对社会弱势群体的强烈关注具有现实意义。微博上的自由平等是马克思自由平等观的拓展和深化,是对马克思主义微博自由平等的捍卫。马克思自由平等观并没有抛弃人类政治文明的主流,也正因为如此,罗尔斯才把马克思主义视为自由主义传统的一部分。马克思主义自由平等观微博化又是策略性的。坚守马克思主义的自由平等观,具有意识形态的整合和震慑功能,也容易被绝大多数人所接受。

可以说,宪法制度的切实有效实施是使微博政治伦理在规则的范围内行进的根本保障。通过宽容搭建微博重叠共识的理性平台,使微博不同政治伦理的矛盾控制在理性范围内,使之难以转变成现实的政治冲突,化解微博政治伦理风险和现实风险。因此,应建立政治伦理的底线对话机制,降低非理性的破坏性因素,以微博启蒙激发微博政治伦理诉求的理性因素,使微博政治伦理诉求的非理性因素处于理性的支配下。通过马克思主义的自由观引导共识,有利于缓和公权意识形态与民间政治伦理的紧张关系。

总之,微博政治伦理的生态不可忽视,这对于微博自身政治伦理的发展,对现实政治伦理都具有拓展和延伸意义,也为现实政治体制改革提供了内在的价值推动力,为现实政治的发展提供了良好的规范和引导,使中国政治走向良性的政治发展之路。

第八章
谣言治理策略

　　谣言如影随形,无处不在。但对于"什么是谣言",时至今日依然众说纷纭。综观国内外学者对谣言的界定,大都包括以下要素:首先,谣言含有真实因子。谣言并非无中生有,空穴来风,它总是与一定的事实相关,寄生于事实之上。"人们总能在谣言背后找到孕育它诞生的细胞和温床,同时也能在现实中找到谣言信息的原型,即事实内核。"其次,谣言是一种话语表达方式。在公共话语表达空间不足或可知信息匮乏的情境下,谣言就会成为人们表达、交流信息的方式和手段。"在任何一个地区,当人们希望了解某事而得不到官方答复时,谣言便会甚嚣尘上。"再次,谣言可真可假。谣言是未经证实的信息,但不一定是虚假的信息,因为有大量的谣言最终被证实是"真实"的。"事实上,谣言之所以令人尴尬,就是因为它可能是真实的。"基于此,本书认为,谣言是与一定事实相关并在社会中广泛传播的、未经证实的信息。而网络谣言只是改变了谣言的传播方式,互联网成为谣言的发布平台和传播渠道,使谣言传播更便捷、更快速、更广泛,能够在较短的时间内呈现出几何级数增长及"病毒式"扩散。

　　谣言是迄今最古老的大众传播媒介,与人类社会共生共存。它存在于一定的社会情境之中,并因社会情境的变化时强时弱、时密时疏。"谣言,自古有之,于今尤甚;传统社会中有之,转型社会中尤甚;现实生活中有之,虚拟网络上尤甚。"而观今日之中国,正处于由传统走向现代的社会转型期,互联网技术高速发展,政治、经济、社会、文化等领域正在发生深刻变革和调整,社会矛盾积聚,社会风险增大,催生了大量谣言。它们在搭上互联网的高速列车后,传播的速度、广度和深度都已今非昔比。

改革开放以来的社会转型期,深层次的社会矛盾不断累积,突发性、群体性事件时有发生,也是谣言滋生与传播的活跃期。弗朗索瓦丝·勒莫指出:"谣言是对失衡或社会不安状况的一种反应。"网络谣言在突发性、群体性事件中推波助澜,推动事件扩大升级,成为引发公共危机的重要因素。近年来,学界对谣言在公共危机事件中的作用机制、逻辑生成、防控措施等给予了关注和研究,但从现有研究成果来看,学者们大都把谣言的产生与传播归因于政府信息公开不及时、预警系统不灵敏、政府公信力不足、法律制度不完善等方面,对谣言背后的社会心态关注不多,涉入不深,而弥漫于社会成员中的社会心理状态往往是谣言得以肆虐的重要内因。

美国社会心理学家奥尔波特(Gordon W. Allport)和波斯特曼(Leo Post-man)认为,谣言应同时具备"重要性"和"模糊性"这两个基本条件,缺少其中任何一个,谣言都不会产生。他们提出了谣言的传播公式:R=I×P(谣言传播的强度与广度 = 重要性×模糊性)。此后,也有学者对这一公式进行了完善,如罗斯诺(Rosnow)增加了"anxiety"变量,即"个体的焦虑与担忧"。奥尔波特(Allport)等人对谣言传播条件的研究和总结具有重要的历史意义,但需要指出的是,他们主要是从个体层面展开研究,过于强调个体意识,而忽视了谣言的社会心理属性。事实上,谣言传播的诱因是多方面的,不仅来自谣言本身,而且还有谣言所处情境中的社会心态。因此,在社会转型期,深入考察社会危机背景下,谣言特别是网络谣言所映射的不良社会心态,深入分析网络谣言与社会心态的逻辑演进, 对于建立更具科学性与针对性的网络谣言治理机制和策略具有积极意义。

一、网络谣言映射的主要社会心态

社会心态是对社会运行状况或社会变迁的一种反应, 与特定的社会环境或重大的社会变迁过程密切关联, 是一定时期内弥散于整个社会或社会群体中的普遍和一致的社会心理状态。社会心态构成一种氛围,能够影响到个体成员的情绪、情感、社会认知、行为意向和价值取向。当代中国社会的转型发展,在带来经济体制变革、社会结构变动、利益结构调整、思想观念变化的同时,人们的价值观念和社会心态也发生了嬗变。公共危机事件中,人们的社会心态附着在谣言上,在一定程度上成为造谣、传谣的社会心理基础。通过对公共危机事件中的网络谣言进行考察、分析我们发现,隐藏在谣言背后的社会心态主要有以下方面:

(一)负面情绪弥漫

情绪是社会成员对现实生活的各种心理感受和态度体验,当其效价为消极性时,即为负面情绪,主要表现为愤怒、沮丧、怨恨、痛苦、焦虑等。负面情绪具有较强的社会属性,能够在群体成员间传染、弥漫。我国正处于社会转型期,各种社会矛盾交织重叠。面对高涨的房价、物价、教育和医疗费用,面对食品安全隐患和环境污染,面对贫富分化和权力腐败,社会个体中产生的不安、焦虑、不平、怨恨等负面情绪就会通过社会网络传播扩散,形成群体的负面情绪。社会负面情绪是诱发和推动公共危机事件发生发展的重要因素,往往成为网络谣言制造者和传播者手中的利器。在传述事件的过程中,他们对某些情节进行不断加工、片面夸大甚至编造虚构,并在较短的时间内引起人们的关注和扩散,激发群体的恐惧、焦虑、愤怒、不公等负面情绪。当这种负面情绪累积并突破一定阈值时,就会超出区域社会各要素结构的承受能力,使谣言受众进入非理性的宣泄状态,引发过激行为和对抗性冲突,把区域社会推至危机情境中。"当他们从原子化的个人开始融入这样一个因谣言组合成的群体之中,随着群体内部谣言更加频繁、更加'真实'地传播,他们因迷惑从而越陷越深,完全相信谣言就是'事实',因此,群体逐渐变得疯狂而丧失理智,最终导致冲突的发生。"例如,发生在 2008 年的贵州瓮安"6·28"群体性事件,在瓮安县初中女生李树芬溺水死亡后的几天里,大量谣言在互联网上疯传,言称"死者是被奸杀""元凶及凶手与县委书记、县长是亲属关系""死者叔叔被公安指使的人打死"等,矛头直指当地政府官员,加固和激发了民众中存在的对"司法不公、官官相护、政治腐败"的认识和负面情绪,最终引发了大规模的群体性事件。

(二)弱势心态扩大

"弱势群体"概念由朱镕基总理在 2002 年全国两会上首次提出。一般说来,弱势群体是指社会中生活困难、生存权利得不到有效保障的人群,如失地农民、农民工、农村贫困户、城市低保户等。

早在 2010 年,人民论坛杂志就弱势群体问题作的网络调查显示,有七成的受访者将自己归为"弱势群体",其中接受调查的处于社会精英阶层的党政干部、公司白领、知识分子中也分别有接近或超过半数的人认为自己是"弱势群体"。从中可以看出,"弱势"是一个相对的概念。当个人自感在生存、生计、机会、权利上存在风险而得不到有效保障时,其内心就会充满焦虑和对未来的不确定性,并将自己归于弱势群体。从表面上看,是弱势群体在扩大,实质上是社会上的弱势心态在蔓延。人们内心广泛存在着因贫富分化、权力寻租、不正当竞争、合法权益难以保障而产生的不公平感、被剥夺感和无力感。

弱势心态在网络上会被成倍放大,使牢骚、抱怨、谩骂、宣泄等负面言论充斥于网络,成为大众常态。处于弱势社会地位的群体对自身生活环境、生存状态的认知,对社会公平正义的体认,以及对这种弱势境遇的归因会扩大他们的弱势心态,也容易产生心态失衡,左右他们的观念与行为。在公共危机事件中,潜伏于人们心中的弱势心态极易被刻意强调或虚构的谣言信息唤醒,并在网络上持续发酵,激起人们的强烈不满和怨恨情绪。特别是当他们认为自己处于弱势的原因是社会不公和其他群体的不正当手段时,更容易造成其反社会情绪的宣泄和非理性行为。2013 年 7 月 12 日,一条关于“神木财政亏空,免费教育和医疗废止”的谣言在微信、QQ 群、贴吧、手机短信上热传,3 天后,部分群众围堵县政府,引发群众聚集事件。虽然事件很快得以平息,但其背后显现的群众弱势心态发人深省。靠煤而富的神木因煤炭价格跳水、民间借贷崩盘加剧了投资者的恐慌心理;煤炭经济催生的大量富豪给普通群众以强烈的落差感;“免费医疗、免费教育将被叫停”的传言令底层群众本已敏感脆弱的神经又受到重重一击,广泛存在的弱势心态被谣言点燃,成为引发此次群体性事件的主要原因。

(三)信任危机蔓延

信任是一种重要的社会心态和“道德资源”,是社会成员达成最大限度的“重叠共识”,实现良好社会秩序的重要心理基础。在吉登斯看来,信任危机是任何一个国家迈向现代化的必经过程,是风险社会的基本特征。

社会信任资本匮乏，信任危机弥漫，就会使人们在生活中更加谨慎、相互猜忌、彼此提防，个体行动的不确定性和风险性增强。人们不会轻易相信来自官方、专家、市场利益主体的所谓权威信息，甚至因为有过被"杀熟"的经历，而拒绝来自"熟人"的劝告和建议。但另一方面，他们又相信"小道消息"，易于轻信谣言和散播谣言。因为"当公众对一切都无法相信的时候，那么他们就会相信一切。"换句话说，当一个社会弥漫着信任危机时，就会谣言四起。

在公共危机事件中，社会信任的严重缺失会导致谣言肆虐，而群众对政府及官员的不信任却是催生谣言、加快谣言传播的一个重要原因，也是公共危机事件发生发展的重要催化因素。极个别公共机关、政府部门的不作为、乱作为，个别政府官员以权谋私、贪污腐化的违法违纪行为影响了公众对政府的信任度和认可度。而"对公权力的不信任感呈现一种累积性，它并没有随着对一些违规、违法的官员或政府的惩罚而消除，而是在人们的心里储存、发酵，逐渐消解人们对于作为'整体'的政府或官员的好感和信任"。发生在厦门、大连、宁波等地的反PX（对二甲苯）事件，尽管政府和专家系统一再声明、强调PX是一种低毒且用途极广的基础化工原料，但公众还是将其视为洪水猛兽，对PX有剧毒、致癌、致畸、有爆炸风险等谣言深信不疑，并广泛传播，令公众恐慌，直至通过"集体散步"这种激烈的抗议方式驱逐该项目，谣言才消散。

二、社会心态与网络谣言的相互作用机制

以上几个方面是公共危机事件中网络谣言所投射出来的主要社会心态。这些消极的、负向的情绪情感和社会认知为网络谣言的滋生提供了土

壤,当遭遇公共危机时,它们附着于网络谣言进行传播、扩散、累积,一旦突破临界点,就会通过聚集抗议、冲突对抗等激烈的行为方式宣泄出来。"当人们面临挫折或令人恼怒的情境,心理就会累积负面的情绪,为了摆脱该等情绪,当事人就必须把负面情绪通过攻击他人的方式,或以其他方式表现出来,从而恢复到平稳状态。"

(一)消极社会心态下的人们更易信谣传谣

人们是否相信和传播谣言与个体的情绪、情感有较大关系。而受消极社会心态影响的人更容易听信谣言,他们倾向于从负向、悲观的角度对社会现象进行认知和评判,当谣言内容与个人的不满、不安、不确定性等心理相契合或一致时,就会引发其情绪情感的反应,在潜意识里认同和传播谣言,甚至根据自己的想象,或道听途说的其他信息对谣言内容作进一步的删减和填充。正如桑斯坦所言:"人们是否会相信一则谣言,取决于他们在听到谣言之前已有的想法。""瓮安"事件、"石首"事件谣言正是迎合了某些人的仇官、仇富等负向情绪,许多网民选择接受谣言,相信谣言内容就是事实真相,并大量转发传播相关信息。

群体归属意识使个体乐于接受和分享群体成员发布的信息。生活在社会中的每个人都分属于不同的群体,每个群体都是一个有效的现实或虚拟的交流网络,而且群体内部联结得越紧密,信息就越容易流传。处于消极社会心态的人们会根据经历、背景等组成不同的群体,比如,下岗失业人员、失地农民、失独家庭等,通过 QQ、微信、微博、贴吧等建立联系网络,彼此互动交流,分享信息,表达共同的利益诉求。他们是具有同样的看法、同样的价值观和同样的态度的群体,也是一个利益共同体。"相当数量的利益损失者为了维护其利益,必然会通过各种形式发出他们的声音。在这一过程中,把他们的声音加载在谣言上,是一种常见的手法。"前文提到的"神木群众聚集"事件中,谣言内容由于关系民间借贷群体和普通群众的切身利益,在这些群体之间得到快速扩散,最终酿成了公共危机事件。

另外,责任分散意识弱化了人们传播谣言的负罪感,使其在一定程度上消除了来自道德和法律方面的顾虑。网络能够隐匿真实信息的特点为个人戴上了面具,法不责众的心理暗示令其不必担心受到惩罚,个人淹没于群体,因而摆脱了道德束缚,个人的责任感下降甚至消失,并无所顾忌地散布谣言。"谣言总是被认为是从他人那儿得来的,是'有人说',从而消除了人们的犯罪感觉,允许人们最为自由地表达其被压抑的、迄今为止不可名言的冲动。""谣言是一封匿名信,人皆可写而不必受到任何惩罚"。社会变革中的利益受损者大都具有较为突出的负向情绪,由于传播谣言的低成本性,加上投机心理的鼓动,一些人加入了造谣传谣的大军,妄图借此制造声势,引起相关部门的注意和重视,从而获得更多的利益。个人或群体通过合法途径、正当手段争取和维护自身利益无可厚非,但对于那种通过造谣生事从中渔利的行为应该给予坚决抵制和打击。

(二)消极社会心态在网络谣言中传播扩散

网络谣言是一种话语表达方式。网络谣言也是以"言"说"事","言"中不仅交代了"事",还包含着"言者"的情绪情感。消极社会心态影响下的人们在制造和传播谣言过程中,同样也会将自身的情绪情感、认知评价、价值观念等附加于谣言之上,并通过各种联连纽带在相关群体网络内传播,使得这种消极的社会心态进一步弥漫扩散。因为,"(存在着)这样一个事实,即我们生活在一个事物被说出的世界中。这些被说出的话实际上不是像人们所认为的那样,是不留痕迹的一阵风。实际上,不论它们的痕迹如何多样,都会保留下来。我们生活在一个完全为话语(discourse)所标记、所交织的世界中"。社会心态具有传染、渗透作用，"当谣言制造了强烈的情绪，如厌恶、生气、愤怒，人们更可能传播它们"，特别是在网络时代，更多的谣言加载了图片、视频等信息，增强了谣言的说服力和可信度，也有效激起了人们的情绪情感反应。即使后来谣言被证明是虚假的，但对该类现象的认知已经在其内心留存下来，当类似信息、场景以另一番面貌再现时，相关情绪情感就会被激活，并有可能被进一步强化。

社会流瀑效应加快消极社会心态的弥漫。"社会流瀑之所以会发生，是因为我们倾向于相信别人的所言和所为。"作为个体，我们每个人掌握的知识都是有限的，面对不熟悉的领域和知识，在缺乏相关可靠信息时，我们就容易相信别人的传言。即使传言可能是虚假的，但由于周围的大多数人都相信这则传言，我们也就趋向于选择相信它。特别是在网络时代，一些人痴迷于网络大V，对他们发出的任何声音、一举一动都不假思索地拥护支持，出现所谓的"羊群现象"。这些大V具有广泛的社会影响，拥有数量超百万、千万的粉丝，是网络中的意见领袖和言论的"领头羊"。但某些不负责任的网络大V为提高其网络知名度和影响力，谋取非法利益，对公共事件、热点话题等恶意发表负面网络言论，策划、制造网络热点事件，煽动、点燃人们的负向情绪。如网络红人"秦火火""立二拆四"故意编造铁道部在"7·23"动车事故中向遇难的意大利籍旅客赔付三千万欧元的谣言，仅两个小时就被转发1.2万次，广大公众不明真相，对铁道部及政府的不满情绪非常强烈并持续扩大，使政府形象及公信力受到很大影响。

(三)消极社会心态在网络谣言动员中容易转化为集体行动

转型社会期，社会矛盾的长期存在和积累，使消极的社会心态不断积聚并达到较高水平,一旦出现诱发因素,遇到偶发的、影响较大的社会事件,极易引起人们较为激烈的情绪反应,成为推动事件不断升级的动力因素。网络谣言在这个过程中正是发挥了情绪动员的作用,谣传的"事实"激发了人们内心的焦虑、恐惧、不公等消极社会心态,让旁观者对当事人产生了同情和怜悯之心,并在某些事实、观点、态度方面达成共识,形成情感共鸣。在"瓮安"事件中,聚集在一起的既有移民拆迁中失意的流离者,也有在矿权纠纷中吃亏的乡民;既有忧虑社会治安的居民,也有狂热的年轻人,他们在这起事件中找到了共鸣,成为一个共同行动的临时性群体。

研究表明,作为原子化的个人与组成群体的个人有着截然不同的表现。群体中个人的有意识人格消失,无意识人格得势,因暗示和相互传染作用,他们的思想和感情转向一个共同的方向,并倾向于把暗示的观念转化为即刻的行动。因为作为群体,他们不善于推理,却急于采取行动。他们不再具备作为独立个体所具有的理性分辨能力,在谣言的围攻下越陷越深,愈发认为谣言传播的内容就是真实的,进而盲目地追随群体目标,陷入群体的无意识,个人无所不能、势不可挡的力量感无限膨胀,在打、砸、抢、烧等不理性行为中发泄不满情绪和内心积怨。

三、基于社会心态层面的网络谣言治理策略

通过以上分析可以看出,网络谣言的产生、传播与时下人们的社会心态有着直接的关系,尤其是在危机情境下,网络谣言与消极的社会心态相互作用,往往成为危机事件发展的催化剂和助推器。因此,消极的社会心态是人们制造、散布网络谣言的重要诱因,加强网络谣言的治理,必须注重对消极社会心态的疏导,大力培育自尊自信、理性平和、积极向上的社会心态。

（一）用社会主义核心价值观引领社会心态

"社会心态是价值观的载体，价值观是社会心态的根本要素，是个体的态度、观念的深层结构，主宰着个体对外部世界的感知、反应、情绪和最后的行为。"党的十八大对社会主义核心价值体系进行了高度凝练和升华，从国家、社会和个人三个层面确定了"富强、民主、文明、和谐，自由、平等、公正、法治，爱国、敬业、诚信、友善"的社会主义核心价值观，提出了各自层面的价值目标、价值取向和价值准则。社会主义核心价值观是社会心态所应达到的"应然"高度，用社会主义核心价值观培育引领积极健康向上的社会心态，对于增进社会的和谐发展、推进社会的良性运行、实现网络的空气净化、控制网络谣言的滋生繁衍具有重要意义。

用社会主义核心价值观引领社会心态，首先要全力推进中国特色社会主义经济、政治、文化、社会和生态文明建设，努力追求和实现国家层面的价值目标，用好新媒体和传统媒体的宣传引领作用，引导民众自觉将个人的理想追求与国家的价值目标统一起来，提高民众的价值认同和幸福感，逐步消除负向的社会情绪情感，培育积极向上的社会心态。其次要用自由、平等、公正、法治的主流社会价值观引导人们正确地认知社会，使其能够辩证地认识改革过程中出现的贫富分化、官员腐败、环境污染、矛盾冲突等问题，应看到这是大多数国家实现现代化过程中的必经阶段，从而增强改革发展信心，有效调整社会变革引发的偏激、狭隘的社会认知及消极的评价态度，疏解怨恨、愤懑、不公等不良情绪。再次要引导人们把爱国、敬业、诚信、友善作为个人行为的价值准则，树立正确善恶观、荣辱观、利益观、伦理观，规范道德行为，营造良好的社会风气。

良好的社会心态能够为人们提供宁静平和的心境，减少网民的牢骚、抱怨、谩骂等言论,提高他们科学理性地认知社会和辨识谣言的能力,让谣言止于理性、止于智者、止于健康稳定的社会心态。

(二)加强社会主义法治国家建设

党的十八届四中全会对全面推进依法治国做出了重要战略部署,这是实现现代化和提高社会治理水平的必然要求。建设社会主义法治国家对于改变人们负面、悲观的社会认知,矫正、优化社会心态,有效治理网络谣言具有关键作用。

首先要建设法治政府,提高政府的公信力。政府行政权力的运用直接关系到社会的公共利益和公民的个人利益,必须坚持依法行政,在法律赋予的范围内行使职权,做到"法定职责必须为,法无授权不可为",依法惩处政府部门和官员滥用职权、懒政怠政、失职渎职等违法违规行为,树立政府的威望,提高民众对政府的政治认同,增强民众对政府的信任度。如此,政府及官员代表发布的信息和声音方能赢得公众的信任,及时辟谣止谣。"扑灭一则谣言的问题归根结底还是一个人的问题:'相信什么'取决于'由谁来说'。没有一个可靠的发言人,反谣言的战斗必然导致失败。"

其次要保障公民权利。把实现公平正义作为依法治国的根本原则,加快完善体现权利、机会、规则公平的法律制度,推进司法公正,加强公民权利救济,加大环境污染、食品卫生、安全生产等问题的惩治力度,推进教育公平和医疗改革,切实保障公民的人身权、财产权、基本政治权利等各项权利,逐步消除弥漫社会的弱势心态、不确定性和焦虑感。要保障公民的知情权,公共事件发生时,官方及媒体要在第一时间公布真相、公开信息,一味地捂着盖着,封锁消息,控制舆论,信息不公开、不透明,必然会引起公众的猜测和主观想象,进而臆造"事实",导致谣言满天飞,也使事件朝着相反的方向疾步而行。

再次要依法治理谣言。网络空间不是法外之地。以法治思维治理网络谣言是政治文明发展的必然要求。针对网络乱象，习近平同志指出："要抓紧制定立法规划，完善互联网信息内容管理、关键信息基础设施保护等法律法规，依法治理网络空间。"最高人民法院、最高人民检察院先后发布了《关于办理利用信息网络实施诽谤等刑事案件适用法律若干问题的解释》《关于审理编造、故意传播虚假恐怖信息刑事案件适用法律若干问题的解释》，就网络谣言的相关行为及适用的刑法罪责作了说明，明确了造谣传谣的责任主体和责任划分，为依法治谣提供了依据。但谣言是一个涉及社会学、心理学等多个领域的复杂现象和事物，在具体的法律应用过程中，司法和执法部门还要对个人造谣传谣的心理动机、危害程度等进行细致甄别，谨慎处之，对蓄意而为、恶意造谣的人要严厉惩处，而对不明真相、非主观故意而导致谣言传播扩散的人则要以批评教育为主，避免一刀切，因打击面过大而走向反面。

(三)提高公众的理性思考和辨别能力

一则网络谣言的生命力与受众的理性思考和辨别能力有较大关系，谣言听信者的理性思考与辨别能力强，谣言就容易被识别、被澄清，反之，谣言就会进入下一个传播环节。因此，提高公众的理性思考能力，使其面对谣言时能够认真识辨，不轻信、不盲从，不做谣言的"扩音器"，是控制和减少谣言的重要策略。

首先，要加强国民教育，扩大公众的知识面，提高他们的综合分析判断能力。在通常情况下，个人对一则信息的真实性进行判断是以其掌握的相关知识为基础的，个人掌握的知识多一些，触及的领域广一些，就更容易判定面对的信息是否为谣言。而且公众在受教育过程中也会不断增强自身的逻辑推理能力和理性分析能力。事实上,每天充斥在我们身边的大多数谣言是经不起推敲的,只要我们始终保持冷静、理性的态度,大部分谣言会很轻易地被识破。此外,我们还应教授公众掌握甄别谣言的技能和基本方法,注重典型案例分析,把握谣言出现和传播的规律。网络既是传播谣言的平台,同时也是我们识破谣言的工具。当我们面对一条不知真假的信息时,完全可以通过网络来搜索常识知识和官方信息,以辨别真伪,也可以作为一个议题提出,由网民进行讨论,集中大家的知识和智慧来揭露谣言,让网络成为谣言的粉碎机。

其次,要加强网络伦理道德建设,提高网民的道德自律能力。网络是一个虚拟空间,网民与网民之间的关系具有间接性、虚拟性,难以凭借直接的道德舆论进行评价,网民外在的道德约束力被弱化。因此,提高网络社会中个人的道德自律能力尤为重要,必须"加强网络伦理、网络文明建设,发挥道德教化引导作用,用人类文明优秀成果滋养网络空间、修复网络生态"。要通过网络伦理建设和道德教育,让网民在虚拟的网络空间中、在独处的环境下仍能严格自律,保持高度的道德自觉,拒绝和抵制用网络恶意造谣、恶意传谣、中伤他人、制造事端,抑制谣言的传播与扩散。

总之,谣言是一个社会的、历史的现象,它与人类社会是并存的,我们不能试图消灭它,特别是在今天的网络时代,只能进行有效的疏导和治理。在当前的社会变革和转型期,我们更要注重对网络谣言的监测,并采取积极有效的措施,通过国家、社会和公民的合力,努力消除谣言传播的动力机制,规范和加强谣言的法律治理,最大限度地减少谣言的产生与传播,促进社会的和谐发展。

第九章
突发事件及其网络演化

在互联网时代,社会突发事件通过网络不断发酵和扩散,通过突发事件的点带动面,辐射全国乃至世界,其影响是巨大的,其破坏力是不可控的和难以预测的,如果处理不好、处理不当,将会引发突发事件的次生危机。因此,探求突发事件演化网络舆情的规律,提出切实可行的对策,具有重大的理论和实践意义。

一、突发事件及其网络演化的规律与机制

突发事件在各个领域都会产生,经济领域、政治领域、文化领域、社会领域及自然生态领域。突发事件每天都会发生,甚至每天都会发生多起。有的突发事件只有发生地知道,有的突发事件则全国甚至全世界都知道,决定其传播速度的关键是突发事件传播到网络,进而形成网络舆情。现实突发事件演变为网络舆情,并非没有规律可循,而是由基本的客观规律支配的。

从马克思主义基本观点出发,规律就是事物内部的本质的必然联系。突发事件及其网络演化规律也是事件本身具有的、内部的、本质的必然联系。

这里的两个关键性环节是,突发事件导致网络传播,网络传播导致突发事件以放大 N 倍的方式加速度地传播与评论,从而产生聚散式的社会舆论。

(一)突发事件的特征

突发事件的特征主要表现在以下三个方面:第一,难以预测是突发事件的根本特征。突发事件既有突然性,既在意料之中,也在意料之外。在意料之中,是指突发事件无论是由群体导致的,还是由个体导致的都是围绕人们共同关注的问题。如果不是共同关注的问题,那么突发事件就不会上网传播,也就不会转化成网络舆情。群众共同关注的问题主要有四个方面:生命、财产、权利和环境。这四个方面如果得不到有效的长久性保障,就会引发社会焦虑。引发社会焦虑的问题往往都会成为网民关注的中心。在意料之外,是指突发事件不知在何时、何地、何种情况下发生,原以为不可能发生的地方出现了突发事件,原以为会发生的地方出现了突发事件,突发事件的时间也具有不确定性,且难以预测。

第二,突发转化为突变是网络舆情的基本特征。突发事件源于真相,止于真相。突发事件只是真相本身。突变则不但表现为网上舆论,而且对突发事件进行价值、思想尤其是意识形态的解构和重塑。解构和重塑使得突发事件离开了事件本身的运行逻辑和解决问题的逻辑,使其真相的逻辑转化为舆论传播的逻辑。网民的传播与评论注入了各种不同的意识形态,社会舆论既以多维的立体方式存在,也以多元的平等的意识形态方式存在,一旦意识形态跟进,社会舆论传播就具有了基于各种不同意识形态本身的正当性,从而又解构甚至瓦解了突发事件的真相。光谱化和脸谱化使得原来的突发事件迷失,使同一突发性事件具有了不同的面孔。

第三,突变引发次生危机是网络舆情的重要特征。网络舆情对突发事件进行意识形态的解构会导致突变,突变会引起次生危机。次生危机既可以在现实层面展开,也可以在网络舆论层面展开。无论在哪个层面展开,都会增加不可测、不可控因素,产生多米诺骨牌效应。次生危机是比突发事件、网络舆情的危机更大的危机,因为次生危机是整体性的危机。比如,涉及生命的突发事件会导致对生命之外普遍性的质疑和追问;涉及财产的突发事件,诸如强征土地、强制拆迁导致的突发事件会引发对根本政治制度的追问。网络舆论的次生危机就是把无关联性的事件变成有关联性,把有关联性的事件塑造成内在统一性和整体性,对个案的追问变成对整个社会生态的追问,从而导致整体性的危机。

(二)突发事件及其网络演化的原因

突发事件演化为网络舆论的原因主要表现在以下四个方面:

第一,风险预警失灵。不可否认,中国已经进入了风险社会,这包括政治风险、经济风险、文化风险、社会风险和网络风险,社会不可控和不可预测的因素越来越多,突发事件在所有的领域都具有发生的可能性与现实性。而所有的风险都会演化成社会突发事件和网络突发事件。因此,进行风险预警具有必要性和紧迫性,否则潜在的风险会变成现实的风险,所有的现实风险会变成网络风险。也正因为如此,习近平才特别强调网络安全问题。2013 年 11 月 15 日,习近平《关于〈中共中央关于全面深化改革若干重大问题的决定〉的说明》指出:"网络和信息安全牵涉到国家安全和社会稳定,是我们面临的新的综合性挑战。"2014 年 11 月 19 日,习近平在向首届世界互联网大会致贺辞中强调要保障网络安全,又进一步强调指出:"没有网络安全就没有国家安全,没有信息化就没有现代化。"

突发事件和网络舆论如果处理不好,就会引发社会震荡,突尼斯等一些发展中国家因网络舆情失控的经验教训必须充分吸取。教训之一就是对突发事件及其演化的经济、政治、社会的多重风险缺少预警，缺少对风险系数进行评估与构建的有效及时的风险预警机制。就目前中国的现实情况而言，虽然有风险评估，但具有风险评估不准和风险评估失灵的问题。对于中国社会的风险评估已经有众多机构在做，无论是官方、半官方的，还是民间的。风险评估大都是常态评估，而对于突发事件的非常态评估及其风险预警都有测不准的特性。人类存在的不可避免的无知特性给风险预警带来了人性难题。蝴蝶效应和塔西佗陷阱效应只会从后果或效果中得到解释，却解决不了突发事件和突变性质，挂一漏万的结果总会出现。

第二，社会公平正义落实不到位。不可否认，改革开放取得了巨大的成就，但与此同时，也出现了贫富两级分化等现象，在教育、医疗、卫生、社会保障等方面一些问题表现得较为突出。罗尔斯认为，社会的分配应该实行差别原则，这个差别原则的标准就是，一个社会的不平等必须被社会的最少受惠者所接受。中国社会的贫富两级分化也应该被社会大多数人所接受，同时让其具有向上流动的机会。民众能接受的正义才是真正的正义，如果社会大多数人失去向上流动的机会，对社会充满不满甚至悲观绝望，由群体引发的突发事件就会增加，反社会的行为不可避免地就会出现。

第三，主流意识形态灌输存在盲区。主流意识形态就是中国特色社会主义理论，贯穿和覆盖到社会的各个领域和各个阶层。主流意识形态灌输的目的在于引导健康的社会舆论和批判非健康的社会舆论，主流意识形态因此也具有引导社会舆论功能和震制功能。在互联网时代，主流意识形态的引导功能受到挑战，民族主义、民粹主义、自由主义及新自由主义、保守主义及新保守主义、民主社会主义，"左"派右派都通过网络占据了一定的生存空间。主流意识形态必须以开放的姿态迎接挑战，以细化的、微博化的、大众化的方式深入人心。即便如此,主流意识形态的引导功能在逐渐减弱,震制性功能在逐渐增强。这种震制性功能迫使其他意识形态在可容忍的状态下存在。无论如何引导和震制,其他意识形态的客观存在仍然成为主流意识形态的盲区。主流意识形态存在盲区的地方往往容易产生突发事件,并在网络上获得非主流意识形态的支持。与此同时,主流意识形态震制较为成功的地方往往是对体制内的人,对体制外人的震制功能明显减弱。人们经常看到的突发事件大都是体制外的人引发的,体制内的人在主流意识形态的影响下,难以引发突发事件。体制外人引发的突发性事件,演化为网络舆论之后,其反体制的特性也极为明显。

第四,维稳体制存在弊端。当突发事件演化为网络舆情的时候,应以说理与疏导的方式解决问题,从而实现网络协商民主化、常态化。否则,解决了一个不稳定的突发事件,随后有可能出现多个不稳定的突发事件。维稳体制的弊端在于,当突发事件迅速演化为网络舆情的时候,为了维护稳定,对突发事件产生的网络舆情不恰当地进行干涉,这种不恰当的干涉往往表现为以公正的名义打击网络谣言的方式出现。应该说,打击谣言本身是正确的,但是问题在于,谣言有时会演变为预言。如果谣言成为预言,不恰当的干涉不但不具有合法性,反而会导致合法性资源的流失,导致公权力在打击谣言方面失去公正性和正当性。

(三)突发事件网络演化的具体机制

突发事件的演化具体机制包括两个方面:一个是民众,另一个是公权力。

第一,从普通民众的角度来说,突发事件发生的机制主要有:个人生命、财产、权利、生存环境受到侵害,受侵害的个人把信息传播到网上,引发社会总体性焦虑;总体性焦虑转化为网络评论;网络评论引发网络舆论形成,人们通过网络社会舆论表达对生命、财产、权利、生态环境的关注。社会焦虑如果没有得到及时化解，革命心理、仇恨心理、反社会心理、泄愤心理则会得到强化甚至固化，私权与社会、公权的对抗将会出现，网络仇官就是一个极为明显的例子——无论官员说的对还是错，民众都采取大拒绝的态度。网络舆情与官方舆情呈现出某种撕裂的态势。

第二，从公共权力的角度来说，突发事件的发生机制主要有：官员办好事不与民众商量和沟通，或者官员腐败与滥权导致民怨积聚；官员处置失当导致民众网上申诉，引发网民围观和评论；微博意见领袖及时跟进，引发舆论狂潮；官方及时公布真相及处理方式，获得民众认同，舆论高潮消退，否则舆情会再次高涨；突发事件舆论高潮时间大都在一个星期左右消退或被新的热点取代，新一轮的舆情高涨；打击敏感话题，导致舆论再度高涨，使公权力的公信力产生多米诺骨牌效应。社会突发事件通过网络和自媒体不断发酵和扩散，通过自媒体使得突发事件以点带动面，辐射全国乃至世界，其影响巨大且具有不可控性和难以预测性。

二、应对突发事件演化为网络舆情的基本路径

突发事件及其网络舆情的演化虽然具有不可控和不可预测性，但采取有效的措施可以减少突发事件的产生，即使突发事件产生之后演化为网络舆情，也会防止突发事件及网络舆情带来的政治风险、经济风险和社会风险。

防止突发事件及其网络舆情的主要措施包括以下六种：

(一)要让社会主义核心价值观制度化

从制度决定论来说,制度决定人的行为、人的政治偏好和走向。良好的制度会让群体性事件转化为正能量,也会让突发事件不断减少,即使少数突发事件演化成网络舆情,人们对待网络网情的态度也是理性、客观、公正的。在一个良好的制度下,突发事件演化成网络舆情之后,会变成培育理性人的场所和基地。罗尔斯在《正义论》中讲正义的作用时,指出:"正义是社会制度的首要价值"。制度包括政治制度、经济制度和社会制度。

社会主义核心价值观是社会主义制度的首要价值,只有制度化才具有根本性的意义。"富强、民主、文明、和谐,自由、平等、公正、法治,爱国、敬业、诚信、友善"是社会主义核心价值观的基本内容。国家富强制度化,就会有制度自信、理论自信、道路自信和文化自信,人民就会安居乐业,社会就会和谐。

政治民主制度化,尤其是具有中国特色社会主义的协商民主制度化,对于化解突发事件具有根本性的意义。无论是现实突发事件本身,还是转化为网络舆情,都需要在线下沟通。在线上交流,通过协商民主的方式把负能量转化为正能量。

社会文明制度化,每一个个体就会产生文明的诉求,每一个掌握公共权力的人都以公正程序的方式文明执法,就会有效化解突发事件,让突发事件转化为文明教育的场所。实现了社会主义核心价值观制度化,实现了政治和谐、社会和谐、经济和谐,就会从根本上防止突发事件的产生。

社会主义自由制度化,宪法保障的公民权利落到实处,公共权力就会在阳光下运行,权力就会被装在制度的笼子里,社会矛盾、官民矛盾就会得到解决。即使突发事件演化为网络舆情,也不会引发舆论危机。

平等制度化,职位和职务向所有人平等地开放,机会平等,人格平等,法律面前人人平等,就不会产生各种各样的特权,两极分化就会得以避免,公平正义就会得以彰显。

公正制度化,程序公正与实质公正相统一,法律公正与政策公正相统一,执政公正与执法公正相统一,社会和谐就具有了恒久性的稳定性,突发事件就失去了市场,转化为网络舆情的几率就会极大地降低。建设法治中国,实现依宪执政的目标,使得公民权利与公共权力有文明的边界,人民可预期的美好生活就会实现,就消解了社会断裂和社会焦虑的可能性和现实性,追求最大公约数就会转化为法治共识。

爱国制度化,就会消解爱国主义的非理性因素,使理性爱国成为政治和社会常态,避免爱国非理性主义泛滥和爱国非理性突发事件的产生,爱国理性主义演化为网络舆情,其舆情也必然是健康的,人们就会发自内心地热爱自己的国家。

敬业制度化,每一个行为都会形成良好的职业伦理和职业德行,整个社会必然井然有序。

诚信制度化,每一个人都有良好的信用和信用记录,社会成为互信社会,就会有效遏制诸如网络欺诈现象的发生。

友善制度化,人们之间友善,人与人之间友善,社会弱势群体和社会底层就不会出现反社会的突发事件,也就不会再演化为网络舆情,造成公权力合法性资源流失和公信力降低。

(二)实现治理体系和治理能力现代化

党的十八届三中全会提出:"全面深化改革的总目标是完善和发展中国特色社会主义制度,推进国家治理体系和治理能力现代化。"对突发事件的治理,对突发事件演化为网络舆情的治理,是治理体系和治理能力现代化的重要标志。治理体系的现代化,从根本上说,是社会主义核心价值观的制度化,只有实现了社会主义核心价值观的制度化,才会有治理机制和治理规则的现代化。治理体系是治理能力的保障,没有治理体系的现代化,就没有治理能力的现代化。治理能力的现代化是治理体系现代化的基本标志。具体到突发事件及其网络舆情演化方面来说,防止突发事件,突发事件产生之后治理突发事件,突发事件演化成网络舆情之后能正确引导舆情,防止社会舆情失控,导致社会次生危机即是对治理体系和治理能力现代化的一个严峻的挑战。这一方面要加强法治化管理,正如 2016 年 4 月 19 日习近平在北京主持召开网络安全和信息化工作座谈会上所指出的:"要抓紧制定立法规划,完善互联网信息内容管理、关键信息基础设施保护等法律法规,依法治理网络空间,维护公民合法权益。"加强法治建设,保障公民权利。另一方面又要防止非法治化的人治式管理、官僚主义式管理、钓鱼式治理,这种非法治式的治理使法律失去公正性,进一步造成社会舆论的不满甚至失控。

(三)优化主流意识形态的引导和震制功能

2013 年 8 月 19 日,习近平在全国宣传思想工作会议上的重要讲话中指出,要清朗的网络空间,就"必须坚持巩固壮大主流思想舆论,弘扬主旋律,传播正能量,激发全社会团结奋进的强大力量。关键是要提高质量和水平,把握好时、度、效,增强吸引力和感染力,让群众爱听爱看、产生共鸣,充分发挥正面宣传鼓舞人、激励人的作用"。这为优化主流意识形态的引导功能指明了方向。质量和水平是优化的基础和前提,没有质量和水平,主流意识形态就会流于空泛和形式主义。时、度、效既是质量和水平的标志,也是对质量与水平的检验。解决突发事件和网络舆情少了"时",就失去了掌控舆论的机会。引导网络舆情少了"度",会激化社会矛盾;引导网络舆情少了"效",引导就会变成被引导。吸引力和感染力是效果的体现，只有具有吸引力和感染力的意识形态，才会鼓舞人和激励人。与此同时，应充分发挥主流意识形态的震制功能，防止非主流意识形态的"极化"现象，防止原教旨意识形态的出现，保持非主流意识形态的主控性平衡，防止非主流意识形态失控。这是因为，如果非主流意识形态失控，由突发事件产生的非主流意识形态就会以反向的方式增加突发事件发生的概率和频率，从而进一步引发社会动荡和社会危机，进而引发政治危机。

(四)对突发事件及其网络舆情的解决方式要文明化

当突发事件演化为网络舆论、舆情的时候，应该以文明理性的方式去解决，而不能简单粗暴地以维稳的方式去解决。解决问题才是关键，文明解决问题更是关键中的关键。文明解决的方式就是在出现突发事件时，应文明执法、公正执法、晓之以理、动之以情，用平等、协商、民主的方式去解决问题。暴力维稳是最劣化的选择，一个突发事件的暴力维稳，不但容易失去民心，而且会激起民怨甚至民变。一旦突发事件引发网络舆情，也应以平等对话的方式分析问题、解决问题，引导舆论向健康稳定的方向发展。应该慎用网络水军，以及不恰当地删帖、封号，甚至断网，否则适得其反，丧失合法性、正当性和公信力。要建立与民众线上与线下及时沟通机制，及时化解因突发事件和网络舆情引发的社会风险和政治风险。要重视网络舆情，建立官员共赢、和谐网络的对话关系。在突发事件演化为网络舆情之后，应及时通过官方媒体，尤其是官方微博在各个网站上与网民平等对话，探讨突发事件产生的根源、解决问题的路径和方针，寻求官民共识，以使舆情处于可控状态。只有采取文明对话、理性沟通、平等交流的方式共商国是，才能建设文明和谐的舆论生态，才能有效避免非理性、不健康、充满戾气的舆论生态。

（五）实现网络舆情机制预警化

网络预警应以生命、财产、权利、环境为重点建立风险机制预警机制。舆情反馈机制是预警机制的基本组成部分，网络舆情的诉求、沟通、反馈、调适、过滤等各个环节都必须充分体现民意、尊重民意，以民意为依归。网络舆情的定时通报制度是预警机制的重要组成部分，定时通报能够防患于未然。瞬时公布机制也是预警机制的重要组成部分，在第一时间公布真相、及时公布处理结果，就能够及时制止谣言的扩散与传播。如果在没有公布真相的同时打击谣言，会使谣言以更快的方式传播，真相会消失在谣言中。建立反腐败和防止权力滥用的网络监控机制是预警机制的重要内容。对腐败进行零容忍，把权力关进制度的笼子里，首先要装进网络舆情的笼子里，通过网络意见领袖引导舆论，建立与网络意见领袖的沟通机制。意见领袖是社会舆论的晴雨表，他们对突发事件的分析与评判，对网络舆情的影响是巨大的。应该与网络大 V 或意见领袖合作，发挥网络意见领袖在引导舆论上的积极作用。

（六）实现网络舆情监控大数据化

大数据的运用为所有领域都提供了广阔前景，为政治学研究提供了新领域，为突发事件及其网络舆情提供了有效分析手段。风险预警之所以失灵，其中一个重要原因就是风险预警侧重于因果性，而忽略了相关性。实现网络舆情大数据化，就是在注重因果性的同时也注重相关性，通过相关性对突发事件进行预警，对网络舆情进行分析、预测和掌控，可以有效地降低风险预警失灵的概率。大数据对突发事件和网络舆情的分析有效地弥补了因果性的不足，并把因果性与相关性结合起来，从而使得对突发事件及其演化规律的预警更具科学性和准确性,增加了预测的准确性。

但大数据的利用必须制度化和法治化。制度化和法治化的核心就是限制政府滥用大数据的权力,其利用大数据的权力也必须装在制度和法治的笼子里,装在社会舆论的笼子里。政府运用大数据应坚持原则、遵守制度、恪守法治,法无授权不得滥用大数据。政府只有按着制度和法治利用大数据,才能既对政府有利、对社会有利。政府运用大数据如果离开制度和法治的约束,即使对政府本身有利,也会对社会造成严重危害,这种危害又会反弹到政府那里,导致政府和政治不稳定。

三、应对突发事件演化为网络舆情的意义

突发事件及其演化对网络舆情既有消极的一面,也有积极的一面。从消极的一面说,会造成政治和社会的不稳定。但如果解决得好,其积极的一面就会显现出来。从辩证的角度来说,积极的一面大于消极的一面,积极的一面可以化解消极的一面,负能量可以转化为正能量。解决好突发事件及其网络舆情,对于推动社会主义政治文明建设、优化党内政治生态、提升治理体系和治理能力现代化水平、构建官民新生态、实行决策科学化民主化、维护社会稳定、促进社会和谐等具有重要的意义。

(一)有利于推动社会主义协商民主制度建设

中国政治文明建设既包括制度建设,也包括政治文化建设。制度建设主要包括人民代表大会制度、共产党领导的多党合作制度、民族区域自治制度和群众自治制度。无论哪种政治制度都离不开政治参与。网络政治参与是政治参与的重要组成部分。网络政治参与会让人民群众当家做主落到实处,体

现人民群体的政治尊严,并增强其主人翁责任感和义务感,让人民群众充分参与政治,就会有效防止突发事件发生。人民有知情权和监督权,网络自媒体是让人民有知情权和监督权的最好形式。这些年来,有很多典型案件都是由自媒体曝光并进而形成网络舆情的。把权力关进制度的笼子里,第一步就是要把权力关进自媒体的网络舆情的笼子里。这些年来,自媒体及其网络舆情对公权力监督上的贡献是很大的,网络舆情让部分权力不得不在阳光下运行。一个"雷洋"事件、一个"生态维权"事件、一个环境破坏引发的保护环境事件,甚至一个官员的名表、一个官员在不恰当场合的微笑都会成为突发事件,都会成为网络舆情的引爆点,进而成为政治体制改革、通过政治体制改革推动政治文明进步的节点,并由一个节点引发一系列制度的微调与改革,使政治体制越来越文明化和现代化。当然,突发事件自身不会改革,但突发事件背后的观念大讨论和网上形成的舆论将会推动改革和政治文明的进步。一个突发事件就是一个观念的反思,一个观念的反思如果具备了合理性、合正当性、合时机性,那么政治体制的一系列变迁就不可避免,政治文明建设水平就会得到不断的提升。

网络是完善协商民主的新平台和新渠道,是实现协商民主的有效形式。这其中,微博在建立和完善协商民主当中具有重要的意义。与其他网络媒体相比,微博在使突发事件演化为网络舆情方面具有特别重要的意义。微博的便捷性、快捷性、聚散性、平等性、自由性、互动性等方面具有其他网络媒体不可替代的优越性。一般地说,微博是突发事件的聚焦点,也是助推网上舆论的聚焦点。如果事前进行沟通和协商,突发事件不可能产生。如果突发事件演化为网络舆情之后,官员在微博上与网民进行沟通和协商,网络舆情就不会演化为舆论浪潮。协商民主是网络舆情转化为健康的网络舆情生态的有效途径。

(二)有利于维持意识形态的主导性平衡

如前所述,对突发事件的不同意识形态解构展现了意识形态的多元性和平等性。意识形态的多元性和平等性对主流意识形态具有了挑战性。有效解决突发事件,会保证公共权力的权威性和合法性。有效地引导非主流意识形态,会保障主流意识形态的主导性、安全性、稳定性和开放性,从而保持主流意识形态的活力和生命力。主流意识形态在解决突发事件及其网络舆情方面的权威性、正当性、合法性地位不容置疑,而这种不可置性不是自封的,而是在实践中证明是正确的。如果在实践中出现错误和偏差,必须及时给予修正和完善。改革开放以来,主流意识形态一直呈开放态势,从实践是检验真理标准的大讨论到社会主义市场经济的大讨论都证明了这一点。主流意识形态正是通过开放性显示了其权威性和正当性。主流意识形态安全,突发事件就会妥善处理,其演化的网络舆情就会自觉地受到主流意识形态的引导,使其按照健康的轨道行进。

(三)有利于构建官民新生态

通过线上沟通和线下互动,可以形成良好的新型官民关系,增强政府权威和公信力。良好的官民生态,是官民互信的生态,是基于法治与规则的生态。官员知法守法,民众信法懂法。官员具有公权理性的道德与操守,民众具有社会道德与操守。官与民在规则与道德上互动。良好的官员互动新生态,是在现实与网络理性沟通与交流中产生的。就中国的现实情况而言,良好的官民互动,既需要顶层设计,也需要公民推动。顶层设计得再好,如果没有公民的内在认同和实质上的推动,顶层设计也会流于空泛和形式;离开了公民的认可,顶层设计或者成为顶层算计,或者成为顶层一厢情愿的事情,甚至成为无本之木、无源之水,没有实质性功效。由于地方政府的既得利益现状和追求政绩、GDP 的冲动,由于不受制约的权力具有腐败与滥用的本能倾向,设租和寻租具有可能性与现实性,良好的顶层设计在地方政府那里因被截留而会扭曲变形,或者是用顶层设计的形式塞进地方政府的腐败利益,走上了与顶层设计相反的道路,这就往往成为突发事件和网络舆情的导火索,从而导致突发性事件,演变成舆论浪潮。在这种情况下,就需要外在的公民力量纠正地方政府的不当行为,让其回到顶层设计的轨道上来。突发事件的正能量在于,它往往更容易阻隔地方政府权力的滥用,使得地方政府不得不做出应对。如果地方政府不及时应对,网民的快速传播会让地方政府的公信力在网上全面崩溃。与其相信一个好人,不如相信一个好的制度。好的制度需要外在的公民力量,这种外在的公民力量既能保证顶层设计的质量,也能保证好的制度的形成。好的制度,就是能够及时有效地纠错制度。这种及时有效的纠错制度主要还是通过微博的作用逐渐形成的。从一定意义上说,没有微博,就形成不了好的纠错制度,即使有纠错制度,也是形同虚设。

(四)有利于决策科学化和民主化

突发事件具有民主性,公民参与具有实质性,尽管这种参与的程序存在着非正当性,不是有序参与。演化为网络舆情之后,网络政治参与既有专家参与,也有大众参与。专家参与具有科学性和民主性,大众参与具有民主性,并与现实民主性互动。无论是现实参与还是网络参与,民主性因为网民的实质性参与,就有了实质有效性。建立舆情引导机制,对突发事件及网络舆情设置有效性议题,按照少数服从多数的规则进行投票,让网络民主先于现实民主,从而推动民主发展具有重要意义。

(五)有利于社会和谐稳定

处理好突发事件及其网络舆情,使不健康的因素被扼杀于萌芽状态,及时有效地化解社会和政治风险。控制和引导舆情,可以有效地防止社会动荡,维护社会和谐与稳定,及时化解现实民怨,及时消除不稳定因素,尽可能少地让现实民怨传播到网络当中去。降低突发事件的概率,限制突发事件的扩散范围,防止多米诺骨牌效应和塔西多陷阱效应。

总之,突发事件是不可避免的,演化为网络舆情也是不可避免的。解决突发事件及其网络舆情恰恰是制度具有生命力的表现,也是政治自信的表现。在转型时期,突发事件的发生及其演化成网络舆情具有多变性和多发性,从辩证法的角度来看,这是好事。因为通过突发事件及网络舆情,及时地暴露了现实存在的矛盾,从而有效地防止了矛盾的累积性和突变性。存在什么性质和类型的矛盾,就按什么性质和类型去解决。

第十章
微博治理的三种模式

就目前而言,微博治理形成了三种模式,即新权威治理模式、网络自治模式和网络法治模式。这三种模式各有利弊,且暂时难以互相取代。从长远来看,新威权治理必将被自治所取代,自治必须由法治来保障,法治最终会成为微博治理的唯一模式。

一、新权威治理模式

新权威治理包括政策式治理、运动式治理、亮剑式治理、屏蔽式治理、销号式治理等。那种认为新权威治理已经没有意义,新权威治理必须立即退出舞台的要求只是一种目标和规范性要求,却难以经受实证的检验,新权威治理是真实的存在形态。在目前法治不健全的情况下,新权威治理具有自身的优势和存在的合理性、必要性乃至紧迫性。从权宜之计的角度来说,没有新权威治理对网络的治理,则网络就具有陷入混乱的可能性和现实性。

（一）新权威治理模式的治理优势

新权威治理模式的治理优势主要表现在以下三方面：第一，新权威治理模式能够及时有效地引导网络社会舆论，使社会舆论朝着公权力预定的轨道行进。新权威治理模式既具有理论形态，又具有事实形态，理论形态是事实形态的反应与概括。这种概括的理论与事实形态统称为新权威主义。新权威主义代表人物萧功秦认为，邓小平开启了中国的新权威主义道路。它的核心内容，一是坚持共产党的执政地位不受挑战；二是在政治秩序稳定的条件下，通过改革开放来发展生产力。中国在改革中所形成的开明的新权威体制有强大的社会功效，是一种举国性的社会动员体制，能够在转型中起到杠杆作用。王占阳认为，新权威主义是达到现代化和民主化的必要的历史过渡，把权力关进制度的笼子里需要两步走：第一步是把权力关进新权威主义的笼子里，第二步是把权力关进民主法治的笼子里。在新权威主义阶段就要有效地引导社会舆论，把舆论控制在有效的范围内。习近平总书记在就任中央网络安全和信息化小组组长时指出，做好网上舆论工作是一项长期任务，要创新改进网上宣传，运用网络传播规律，弘扬主旋律，激发正能量，大力培育和践行社会主义核心价值观，把握好网上舆论引导的时、度、效，使网络空间清朗起来。习近平总书记对微博治理进行理论和实践指导，标志着新权威治理进入了实质性操作阶段。

第二，有利于社会稳定。稳定是社会发展的前提条件，没有稳定，什么事都做不成；没有稳定，40年的改革成果将会失去。稳定不能压倒一切，不能为了维稳而维稳，但必须通过维权而维稳，必须通过稳定换取改革的时间和空间。网络的稳定是社会稳定的一部分，网络稳定又具有自身特点。网络群体性事件、网络维权事件生成快、传播快、扩散快、辐射面广、影响大，如果不能及时有效地化解，网络群体性事件、网络维权事件就会迅速地变成现实事件，影响和破坏社会稳定、造成社会恐慌。新权威治理模式具有见效快的特点，它能及时有效地化解不利于社会和谐、不利于社会稳定、不利于政治稳定、不利于政治操作谋略实施、影响顶层设计的因素。

第三，新权威治理模式能够及时有效地打击网络谣言，把谣言消灭在萌芽状态，防止谣言的扩散。谣言分为有害的谣言和无害的谣言，有害的谣言需要治理，无害的谣言尽可听之任之、顺其自然。网络谣言可以分为政治谣言和非政治谣言，如果二者有害，需要治理；如果二者无害，则无须治理。网络谣言的治理是有害谣言的治理，其害处具体表现在：伤害了国体和政体，动摇了国体与政体的根基，危害了国家安全，破坏了社会和政治稳定，扰乱了政治、经济、社会秩序，威胁或伤害到了人民的生命、财产、安全、幸福、自由、公平或公正。如果达到了一定程度，进行谣言的治理显得十分必要和紧迫。其中危害最大的是政治谣言，网络谣言的治理也主要是指政治谣言的治理。对网络谣言的政治治理，有利于社会稳定，更有利于政治稳定，有利于及时有效地推动改革。否则，网络政治谣言盛行，对于推进改革将产生极为不利的影响。

(二)新权威治理的若干隐患

与此同时，新权威治理也带来了若干隐患：第一，新权威治理依靠行政手段，不利于国家的长治久安。王占阳认为，新权威治理阶段的改革有两大软肋、两大风险：一是权威可能消解，二是改革可能消失。新权威治理阶段的改革可能有三种演变方向：全面深化该阶段的改革开放，直至将其适时地推进到渐进性民主化阶段的改革开放；该阶段的改革开放停滞、倒退，致使腐败蔓延、两极分化、社会不公、民不聊生、天怒人怨，最终激起革命或动乱；从以集权推动和保障分权,倒退到以集权不断收权,消灭分权,直至权力全部集中,变成极权主义。新权威治理有可能因追求稳定而带来动乱,陷入稳定的悖论。这表现在微博治理上,会导致四大效应扩散,即塔西佗陷阱效应、黑天鹅效应、马太效应、蝴蝶效应。在网络上,官员对立加剧,矛盾公开化,网民为了反对公权而反对公权,而不管公权的对与错,网络公权力威信尽失。网络上偶发事件、偶然事件、微不足道的事件会形成阿基米德支点,网络舆情已经具有了撬动政治地球的可能性与现实性,在政治民主还没有成熟的条件下,网络社会已然失序,进而导致现实社会失序。网络意见领袖的粉丝越来越多、草根粉丝的越来越少,伤害了草根参与的政治热情。一个很小的事件积蓄的能量使得现实政治进行被迫的实质性变迁,动摇执政党的执政地位。

第二,培育的网络评论员因其理论水平、认知水平、专业水平不高,使得本来成为正能量的良好预期变成了负能量。公共权力培育的网络评论员因其知识结构和分析问题的能力局限,在思想上难以与网络意见领袖抗衡,效果不大甚至起相反效果。公权力本以为通过培育网络评论员引领社会舆论、传播正能量,结果是正能量没来,负能量却如潮涌,没有给公权力加分,反而给公权力减分,造成公权力合法性资源流失、公信力下降。

第三,对网络意见领袖的不恰当亮剑引起了运动性反弹,而且影响思想市场的形成与发展。对意见领袖采取的技术手段就是对他们进行销号、屏蔽、取消认证,使意见领袖们的几十万、几百万、几千万的粉丝瞬间清零。意见领袖们以笔名注册的也会在很短的时间内再次清零、取消认证,使意见领袖们的思想影响力急剧下降。技术手段比网络评论员的效果好,见效快,而且简单易行。可问题在于,思想的东西具有可复制性、可再生性。网络上的销号行动表面上使一些网民分散,意见领袖的粉丝难以汇聚巨大的能量,但是他们也可以各种方式重新组合,形成新的舆论场。

第四,对敏感词的屏蔽也没有起到相应的作用。人们用各种不同的网络语言符号同样表达了敏感词所表达的内涵,由于对网络的过度管理,催生了一些网络新语言。这些新语言,有的采取拼音形式,有的采取英语形式,有的采取谐音字形式,有的是用"黑话"说,有的是用历史名字、历史事件来说,有的是用历史小人书来图解。新语言层出不穷,不熟悉网络语言的人根本看不懂,就是熟悉网络语言的人也会被新出现的名词搞得晕头转向,不知所措。政治敏感性事件更是使网络新语言变成了只可意会不可言传的东西。一出现大的政治敏感事件,只要网上对敏感事件进行监督与控制,网络新语言就会产生,就会有人去解读,就会有人去分析。这些政治催生的新语言可以称为"网络公民夜话""网络公民黑话""网络公民密电码"。网络语言的出现,不但对敏感词进行了有效的消解,而且又加速了敏感词及其事件的扩散步伐。

二、网络自治模式

社会自治与他治相对立,在他治的情况下,社会的每一位成员都是被动的,其沟通交流也是非理性的,或狂热或冷漠。因为在他治的情况下,每一个人既不是自主的,也不是自由的,他治就意味着强制。在自治的情况下,每一个成员的参与都是主动的,交流的话题也是社会成员关心的话题,所作的决策也是与每一个人利益息息相关的。只有共同的话题才会引发共同关注,只有共同面临的问题才会共同解决。自治的过程也就是大家共同参与的过程,理性讨论和交流的过程是决策民主化、科学化的过程。也只有在社会自治这个层面,人民群众当家做主才能较为真实地显现出来。

网络自治是社会自治的组成部分,具有网络自治身份平等虚拟性的特

点。网络自治就是网民的自我治理,通过网民自我治理,实现网络的自我净
化、自我更新、自我发展、自我优化的目标。

(一)网络自治的自身优势

相对于人治而言,网络自治更具有自身的优势:第一,网络实现了道德
自治。网络的信息是自由流动的,网民对信息是自由选择的,信息的自由流
动提高了网民的分析能力和辨别真伪的能力。网络也因此成为谣言的粉碎
机。让谣言在网上飞一会儿只会有好处而没有坏处,网民会对谣言进行不断
的质疑,最终让谣言露出原形,失去市场,那些造谣网民的粉丝会减少,道德
公信力尽失,网民不会再相信造谣人的道德品质,网络也因此成为真相的挖
掘机,网络所探求的历史真相、现实真相、事件真相会在信息的交流过程中
浮出水面。真相的层次感和立体感是在网民的交流与互动中被挖掘出来的,
自由流动的信息真相是挖掘真相的重要保障。

第二,网络实现了思想自治。在网络上,各种思想、价值观平等地展示,思
想价值的多元化已经成为既定的稳固的事实,哪种思想在思想市场上胜出取
决于思想的品质、思想的核心的竞争力,思想的自治通过竞争来完成。

第三,网络实现了利益自治。每一个阶层都会有不同的利益诉求,每一
个阶层的利益诉求都会通过网络显示出来。不同的网络利益诉求都会寻求
公平正义式的解决,都会寻求多方可以接受的利益平衡点。人们为了共同的
利益,会通过网络来共同合作,为了解决利益纷争需要公平正义,寻求解决
利益纷争的规则。随着利益诉求的充分表达,人们会寻求有利于罗尔斯所言
的社会最少受惠者的平等,进而达到网络社会的和谐。

第四,网络自治会成为社会自治的新形式。网络自治会产生相关的网络
协会,通过网络协会进行民主协商,解决网络存在的各种各样的问题。对于

中国来说,网络自治会不断丰富社会自治内容,丰富社会自治的形式,推动现实社会自治的发展,为现实社会自治提供经验,推动社会自治的发展。网络自治也会成为政治民主的基础,为政治民主提供支撑。

(二)网络自治的自身局限性

但网络自治也具有自身的局限性。

第一,非理性侵蚀了网络自治的基石。网络自治需要理性,但网络自治的理性不足,非理性时常扰乱正常的沟通和交流,网络骂战、网络口水战、网络诽谤、网络造谣、网络煽动还难以在短时期内得到有效的化解。自治需要道德、需要理性、需要文明、需要妥协、需要寻求共识,而网络自治在网络非理性的干扰下还处于低级阶段。

第二,网络自治受网络自身制约。现实的社会自治是具有共同区域的、稳定的共同体的自治,比如社区自治、村民自治。网络自治既是有共同区域的、稳定的共同体的自治,也是有非共同区域的、非稳定的共同体自治。网民来自全国四面八方、五湖四海,网络的主体不清晰,意图不明确。在网络上,除了意见领袖之外,大部分的网络写手使用的是笔名或者匿名,网民难以辨识。另外,网络共同体没有共同区域,就是注册的地点也具有非确定性。比如说,在北京的人注册的地方显示的可能是上海,这给网络自治带来了限制。个别网民注册的是网络意见领袖名字或著名人物的名字,实则并非本人。网络自治比现实自治更具有复杂性、难以预测性、不确定性和风险性。

第三,网络自治也会受到网民规模的限制。网民越多,规模越大,区域越大,网络自治就越会走向自治的反面。政治学的基本原理提示了自治与人口规模、时间的关系。自治与人口规模成反比,与参与的时间成反比。人口规模越大,自治就会转向他治,转向代议民主,参与的时间越长,参与的热情就会越弱。网络自治也是如此,如果上网的六亿多网民参与自治,网络自治严重超载,网络自治就会呈现瘫痪状态。

三、网络法治模式

网络法治模式的核心是通过宪法保障网络自由,具体的法律、法令、规定必须符合宪法要求和规范,不能超越宪法。相对于新权威治理、网络自治而言,法治的优势更为明显。

(一)网络法治模式的优势

第一,法治相对于人治的优势。法治保障所有网民的平等的言论自由,又能以其形式性、抽象性、规则性等无为而治的方式引导社会舆论健康发展。无论是意见领袖还是草根网民,无论网民的影响力大还是小,都给予平等的保障,不会因为是意见领袖就给予特殊的对待,也不会因为是草根就会受到忽视。每一个人在网络上都有实质性平等的言论自由,每一个实质性平等的言论自由都必须受到宪法的保障。意见领袖没有剥夺或蔑视草根言论自由的权利,草根也没有污化或诽谤意见领袖言论自由的权利,意见领袖与草根的言论自由具有平等的边界,都受法治的约束。

第二,法治相对于网络自治的优势。法治既让网络自治的优势得到充分发挥,又克服了网络自治自身的局限性。法治既保障了网民的思想、价值、言论、利益等正当理性诉求,又对非正当、非理性诉求实施了平等的限制;法治既保障了网络虚拟性,同时也带来各种权益,并使其明晰化。法治既保障了网络自治,也保障了网民在各种不同网络共同体中自由进退;法治既限制了公共权力对网络自治的不当干涉,规制了人治的法治走向,也促使人治治理向法治治理转变。

第三,法治是执政党追求的目标。党的十八大报告中提出:"法治是治国理政的基本方式",强调要"提高领导干部运用法治思维与法治方式深化改革,推动发展,化解矛盾,维护稳定能力"。习近平同志在中央纪委十八届二次全会上进一步强调,要善于运用法治思维和法治方式反对腐败。法治思维是指执政者和社会管理者在法治理念的基础上,运用法律规范、原则和逻辑对所要处理的问题进行分析、综合、判断、推理,并形成结论的思想认识活动与过程。正如他在 2012 年 12 月 4 日"纪念现行宪法公布施行三十周年"大会上所强调的那样,宪法的生命在于实施,宪法的权威也在于实施。宪法的根基在于人民发自内心的拥护,宪法的伟力在于人民出自真诚的信仰,只有保障公民在法律面前一律平等,尊重和保障人权,保障人民依法享有广泛的权利和自由,宪法才能深入人心,走入人民群众,宪法实施才能真正成为全体人民的自觉行动。

第四,法治是社会主义核心价值观的重要内容。社会主义核心价值观包括三个层面:国家层面、社会层面、公民层面。国家层面的核心价值是富强、民主、文明、和谐,社会层面的核心价值是自由、平等、公正、法治,公民层面的核心价值是爱国、敬业、诚信、友善。这三个层面互相影响、互相渗透、互相促进、良性互动。法治价值观既是核心价值观的组成部分,又为其他核心价值观提供保障。没有法治价值观,其他的核心价值观就失去了稳定性和一致性。法治思维是对法律信仰的思维。法治精神的核心就是培育法治的信仰。

(二)法治治理模式的不足

法治治理模式也有自身的不足,这种不足不是法治本身的,而是法治不完善造成的。这主要表现在,法治对公权力的限制原则不明确。

第一,缺少法治的信仰。耶林说:"对法理念的亵渎与侮辱比对一个人身上的侵害更令人感到痛心之至,虽然不是自己的利益,却能像自己的事一样为被压制的权利而竭心尽力的人,正是这种理想的法感觉——正是这种理想主义,才的的确确是高风亮节者所拥有的特权。"对法治缺少信仰表现在网络上,个别管理者信仰权力的意志,以为对网络一治就灵;网民觉得法律麻烦,对法律缺少应有的尊重和敬重,对于现实中的违法杀人事件表示支持,这在"沈阳小贩夏俊峰杀城管"事件上表现得很突出。

第二,法治思维还没有从根本上形成。法治思维是以合法性为判断起点,而以公平正义为判断重点的一种逻辑推理方式。其包含四方面内容并要相统一:"合法性思维",即任何行政措施的采取、任何重大决策的做出都要合乎法律;"程序思维",要求权力必须在既定程序及法定权限内运行;"权利义务思维",即以权利义务作为设定人与人关系及人与公共权力关系的准则;"公平正义思维",即公权力要以追求、维护公平与正义为价值尺度。

要确立法治思维就必须根除人治思维及其变种。张文显教授认为,延续人治、德治、策治、群治的方法治国理政已经行不通,通过法治治国理政才是唯一正确的选择。养成法治思维就必须正确把握法治思维与法律思维、道德思维的辩证关系,排除人治思维、传统政治思维,尊重和保障人权、认真对待权利。树立宪法法律至上的法治思维,必须解决权大于法,还是权在法下的问题。当然,张文显教授是从规范层面认识人治的,而没有看到事实形态新权威治理模式的作用,没有看到新权威治理模式向法治治理模式转变的必要性,没有看到德治、策治、群治的新威权治理的合理性。

四、构建微博治理的立体模式

微博治理既有规范形态,也有事实形态,不能用微博治理的理论形态代替微博治理的现实形态,也不能用微博治理的现实形态代替微博治理的理论形态。要把微博治理的理论形态与现实形态结合起来,既要发挥微博治理理论形态的指导作用,也要发挥微博治理现实形态的规制和引领作用。

(一)新权威治理新思维

一方面,要充分认识到网络的积极作用。网络是先进生产力的组成部分,它深刻地改变了人们的政治生活和政治价值观,要充分认识到网络的积极作用。网络舆论推动政治生态向良性转化,是中国政治体制改革的重要推动力,使群众路线有了实质性内容。网络舆论在反腐过程中发挥了重大作用,网络使全民进入新政治时代。

另一方面,要克服对网络的恐惧心理。这种心理主要是既得利益造成的,也部分缘于对网络的不适应、不了解、不理解、反应慢。官员要学会与网络打交道,不能一触即跳,反应过度,要脱敏,要及时化解矛盾。官员不要说激化矛盾的话,涉及官方谣言时,官方只要及时有效地公布信息真相,谣言就会自我瓦解。而谣言四起,是对长期没有民主政治的惩罚,发展民主政治,就能从根本上解决网络谣言问题。要让网络谣言飞一会儿,传播谣言的网民影响力自然会下降。涉及民间谣言时,如果民间自诉,便可启动司法程序;如果民间不自诉,尽可放手。打击网络谣言是对的,但必须依法打击,脱离法治打击谣言,会使公权力失去公信力,不能通过网络谣言的方式滥用权力。

(二)法治治理是最终目的

　　微博治理三种模式具有相互不可取代性,对微博治理要三种模式并用。同时要防止新权威治理模式转向人治的倾向,让新权威治理模式在走向法治治理模式中发挥积极的作用。新权威治理只是微博治理的权宜之计,并不是微博治理的长久之策。防止网络自治的弊端,使网络自治受法治的约束。要警惕人治代表法治的倾向,防止人治代替法治,人治最后要让位于法治,网络自治也需要法治来保障。要学会通过法治来解决网络问题,彻底抛弃人治解决问题的方式。建立法治中国,首先就要形成法治思维。在这三种治理中,法治最为可取。法治应该最终成为微博治理的核心理念,成为微博治理的核心措施。

(三)微博治理需要解决现实问题

　　网络是现实的投影,网络是真实的,是因为它反映了现实。网络政治是现实政治的组成部分,也是现实政治在网络的延伸。解决网络问题,首先要解决现实问题,现实问题解决了,网络政治事件、网络政治问题的产生就失去了依托,因此应建立社会公平正义制度,使网络的公正正义诉求在现实制度中得以实现。

(四)建立网络预警机制,防止事态恶性发展

　　要建立客观公正的舆情分析报告机制,及时公布社会舆情的变化,把握网络民意。网络舆情是社会情绪宣泄、社会风险、社会舆论、社会稳定的晴雨表,是社会发展的风向标,谁掌握了网络舆情,谁就掌握了未来。其中,网络意见领袖在社会舆论形成和发展过程中发挥着巨大的作用, 从这个意义上

说,谁能掌握网络意见领袖的舆论,谁就掌握了未来。

微博治理是现代化治理的重要内容,也是现代化治理的重要形式。因此,加强微博治理能力、提高微博治理水平是现代政府形象的重要标志。加强微博治理,对于加强社会主义政治文明建设、法治文明建设,建立社会主义和谐社会具有不可估量的重大意义。

结　语

　　与以往专注于某一主题的截面式研究不同，本书尝试对互联网如何由虚拟网帖走向实体社会，由"微内容"演变为舆论风暴，改变个人命运的同时也触动了正式制度安排进行纵览式研究。同时，本书摆脱了传统的网络舆论的症候学研究框架，代之以"社会—政治—技术"的三维立体视角，将微博舆情置于制度安排的高度，探究了其如何与传统媒体一道，通过改变社会信息资源配置，重构当代社会的互动模式和组织模式，推动社会形态的进化。对网络微博舆论的研究，从心理学、社会学、传播学等学科视角都有着巨大的学术生长空间。希望本书的研究能为以后的研究奠定基础。

　　限于篇幅，本书对许多影响网络微博舆论的因素未能深入展开讨论，如网络流言如何扩大事件规模、网民的意见极化如何在舆论酝酿期使舆论发酵、网络推手的复杂作用机制等，期待未来的研究能够对这些问题给予重视。

　　此外，本书从制度安排的角度分析了网络微博舆论的有效性和有限性的作用机制和根本原因。这也从一个侧面探究了如何将微博舆论的效果发挥至最大化，将有限性降至最低。一种观点是寄希望于网络舆情的自律与他律。应该看到，政府他律与媒体（包括网络媒体与传统媒体）自律的简单二分法并不能反映社会现实,在此二者之外,还存在比政府干预更广、力量更强的他律力量,这就是市场。市场的趋利性部分在一定程度上导致了劣币驱逐良币现象的发生,即网络恶搞、舆论暴力等现象的产生。因此,必须由政府的适度监管,形成对不良行为的舆论压力,培养良币在市场上的主流地位。这样,才能使媒介自律逐渐发挥正当的作用。

综上,网络舆论从本质上而言还是非正式制度的一部分,网络舆论作为公共参与的一种有效途径发挥作用,还必须从正式制度入手,即实现社会结构的根本转型,推动公共领域的兴起。网络媒体的兴起,也在信息技术层面为在实体社会实现民主提供了某种可能。现实之中,透过微博、微信客户端等微型博客,网民可以直接表达对公共事务的看法,越来越深入地参与到公共事务中。但从目前的发展状况来看,以权利救济为旨归的网络民主尚处在初级阶段甚至是萌芽时期,还不具有完全独立的意义。然而毕竟网络为人们打开了一扇窗,每个人都从这扇窗看到了一个完全不一样的世界——网络这一崭新的通信技术使得人类在获取知识与理念上更趋平等。面对这种"使人类获得解放的技术",所有的人都应该更新看待世界的视角。

参考文献

中文专著及学位论文

1.陈力丹:《舆论学——舆论导向研究》,中国广播电视出版社,1999年。

2.〔法〕弗朗索瓦丝·勒莫:《黑寡妇——谣言的示意及传播》,唐家龙译,商务印书馆,1999年。

3.〔法〕勒庞:《乌合之众——大众心理研究》,冯克利译,广西师范大学出版社,2007年。

4.〔法〕卢梭:《社会契约论》,何兆武译,商务印书馆,1980年。

5.〔法〕让－诺埃尔·卡普费雷:《谣言》,郑若麟译,上海人民出版社,2008年。

6.胡泳:《众生喧哗:网络时代的个人表达和公共讨论》,广西师范大学出版社,2008年。

7.蒋永福:《信息自由及其限度研究》,社会科学文献出版社,2007年。

8.凯斯·桑斯坦:《网络共和国:网络社会中的民主问题》,黄维明译,上海人民出版社,2003年。

9.柯平、高洁:《信息管理概论》,科学出版社,2007年。

10.李彬:《传播学引论》,新华出版社,2003年。

11.李开复:《微博改变一切》,上海财经大学出版社,2011年。

12.刘建明:《基础舆论学》,中国人民大学出版社,1998年。

13.龙灿:《亡华南虎网事:一只老虎的蝴蝶效应》,南方日报出版社,2009年。

14.〔美〕埃里温·艾默里、迈克尔·艾默里:《美国新闻史——报业与政治、经济和社会潮流的关系》,展江译,新华出版社,1982年。

15.〔美〕戴维·伊斯顿:《政治生活的系统分析》,王浦劬译,华夏出版社,1999年。

16.〔美〕格拉斯·C.诺斯:《制度、制度变迁与经济绩效》,杭行译,上海三联书店,1994年。

17.〔美〕卡斯·R.桑斯坦:《谣言》,张楠迪译,中信出版社,2010年。

18.〔美〕科恩:《论民主》,聂崇信等译,商务印书馆,1988年。

19.〔美〕劳伦斯·莱斯格:《思想的未来:网络时代公共知识领域的警示预言》,李旭译,中信出版社,2004年。

20.〔美〕罗伯特·达尔:《论民主》,林猛等译,商务印书馆,1999年。

21.〔美〕迈克尔·沃尔泽:《论宽容》,袁建华译,上海人民出版,2000年。

22.〔美〕曼纽尔·卡斯特:《千年终结》,夏俦九等译,社会科学文献出版社,2006年。

23.〔美〕尼葛洛庞帝:《数字化生存》,胡泳、范海燕译,海南出版社,1996年。

24.〔美〕沃纳·赛佛林等:《传播理论:起源、方法与应用》,郭镇之等译,华夏出版社,2000年。

25.〔美〕西奥多·罗斯扎克:《信息崇拜:计算机神话与真正的思维艺术》,苗华健等译,中国对外翻译出版公司,1994年。

26.〔美〕约翰·费斯克:《关键概念:传播与文化研究辞典》,李彬译,新华出版社,2004年。

27.〔美〕约翰·罗尔斯:《正义论》,何怀宏、何包钢、廖申白译,中国社会科学出版社,1998年。

28.〔美〕约翰·罗尔斯:《政治自由主义》,万俊人译,译林出版社,2002年。

29.〔美〕詹姆斯·E.凯茨、罗纳德·E.莱斯:《互联网使用的社会影响:上网、参与和互动》,郝芳等译,商务印书馆,2007年。

30.孟小平:《揭示公共关系的奥秘——舆论学》,中国新闻出版社,1988年。

31.汪凯:《转型中国:媒体、民意与公共政策》,复旦大学出版社,2005年。

32.王世杰、钱端升:《比较宪法》,商务印书馆,1999年。

33.〔英〕伯林:《自由论》,胡传胜译,译林出版社,2011年。

34.〔英〕迈克·费瑟斯通:《消费文化与后现代主义》,刘精明译,译林出版社,2000年。

35.喻国明、刘夏阳:《中国民意研究》,中国人民大学出版社,1993年。

36.袁峰等:《网络社会的政府与政治》,北京大学出版社,2006年。

37.甄树青:《论表达自由》,社会科学文献出版社,2000年。

38.周武军:《大众传播媒介的政治功能研究》,吉林大学博士论文,2008年。

39.周玉琼:《当代中国社会的网络谣言研究》,商务印书馆,2012年。

中文期刊文章

40.陈阳波:《谁是"网络风暴"幕后推手》,《人民论坛》,2010年第9期。

41.程刚:《微博:在"乌合"与组织之间》,《今传媒》,2010 年第 5 期。

42.储诗敏:《透析人肉搜索的创新特征》,《今传媒》,2009 年第 12 期。

43.丁汉青、王亚萍:《SNS 网络空间中"意见领袖"特征之分析——以豆瓣网为例》,《新闻与传播研究》,2010 年第 3 期。

44.董媛媛:《由"文化折扣"引发的网络公共危机传播研究》,《今传媒》,2010 年第 5 期。

45.郭光华:《论网络舆论主体的"群体极化"倾向》,《湖南师范大学社会科学学报》,2004 年第 6 期。

46.郭中军:《从民众正义到直接参与——青年网民赛博民粹主义倾向的政治学解读》,《当代青年研究》,2010 年第 5 期。

47.郝继明、梁霖:《网络公共事件的十个特征》,《学习时报》,2010 年第 12 期。

48.侯兆晓:《网络民意渐成民主渠道》,《民主与法制》,2008 年第 16 期。

49.胡媛:《网上舆论为何不理智——访问中国社科院网络与数字传媒研究室主任闵大洪教授》,《法律与生活》,2006 年第 13 期。

50.黄毅峰:《谣言传播与社会冲突的内在逻辑探析——从瓮安"6·28"群体性事件中的谣言说起》,《理论与现代化》,2010 年第 3 期。

51.黄玉波、戴文君:《传媒制度变迁中的"潜规则"现象》,《传媒》,2005 年第 10 期。

52.季明、李舒、郭奔胜:《网络意见领袖"显性化"》,《瞭望》,2008 年第 25期。

53.江平:《微博谣言扰乱社会秩序》,《新闻实践》,2011 年第 12 期。

54.姜胜洪:《网络舆情特点的形成与发展、现状及舆论引导》,《理论月刊》,2008 年第 4 期。

55.焦德武:《网络议程设置与网民自我赋权》,《淮南师范学院学报》,2009年第6期。

56.李彪:《网络事件传播空间结构及其特征研究》,《新闻与传播研究》,2011年第3期。

57.李怀德:《论表达自由》,《现代法学》,1988年第6期。

58.李立景:《纠纷解决的舆论范式——传播学与法学科际交叉视域中的纠纷替代性解决分析》,《河北法学》,2006年第9期。

59.李舒、季明:《新媒体冲撞》,《瞭望》,2009年第7期。

60.李小军:《"网络反腐"中的"话语权"分析》,《理论探讨》,2010年第5期。

61.梁文道:《只剩下了围观》,《新世纪周刊》,2011年第5期。

62.林尚立:《有机的公共生活:从责任建构民主》,《社会》,2006年第3期。

63.刘红平、曹君如:《从传播学角度看微博的兴起》,《新闻世界》,2010年第8期。

64.鲁晓薇:《微博时代的信任危机——从微众直播与围观说起》,《今传媒》,2011年第2期。

65.罗昕:《网络舆论暴力的形成机制探究》,《当代传播》,2008年第4期。

66.马陈静:《解读网络议程设置》,《青年记者》,2010年第5期。

67.梅萍、杨珍妮:《论社会主义核心价值观对社会心态的有效引领》,《中州学刊》,2015年第3期。

68.谭伟:《网络舆论概念及其特征》,《湖南社会科学》,2003年第5期。

69.王虎:《网络恶搞:伪民主外衣下的集体狂欢》,《理论与创作》,2006年第6期。

70.王丽萍、方然:《参与还是不参与:中国公民政治参与的社会心理分析——基于一项调查的考察与分析》,《政治学研究》,2010 年第 2 期。

71.王茜:《网民卷入争议性事件的心理成因分析:以"华南虎"事件为例》,《中山大学研究生学刊》(社会科学版),2009 年第 1 期。

72.王四新:《表达自由与民主政治》,《环球法律评论》,2009 年第 1 期。

73.王占阳:《新权威主义是必要的历史过渡》,《人民论坛》,2014 年第 3 期。

74.肖明超:《媒体称微博带来新话语空间裂变式传播信息》,《瞭望》,2011 年第 16 期。

75.肖明超:《微博带来新话语空间,裂变式传播信息》,《瞭望》,2011 年第 1 期。

76.杨景荣、纪凌云:《论网络信息自由与道德自律》,《现代情报》,2012 年第 8 期。

77.杨孟尧:《网络社区"人肉搜索"初探》,《东南传播》,2008 年第 7 期。

78.易艳刚:《我们对坏消息的免疫力正在增强》,《学习博览》,2010 年第 11 期。

79.殷秦:《网络论坛的社会影响力》,《网络传播》,2010 年第 9 期。

80.喻国明、李彪:《2009 年上半年中国舆情报告(下):基于第三代网络搜索技术的舆情研究》,《山西大学学报》(哲学社会科学版),2010 年第 2 期。

81.喻国明:《网络舆情热点事件的特征及统计分析》,《人民论坛》,2010 年第 4 期。

82.张爱军:《微博政治伦理的瓶颈及其疏导》,《探索与争鸣》,2013 年第 9 期。

83.张爱军、张广鑫:《微博政治功能初探》,《自然辩证法研究》,2012 年第 12 期。

84.张爱军、张广鑫《微博政治功能初探》,《自然辩证法研究》,2012 年第

12 期。

　　85.张曙光:《社会表征理论述评——一种旨在整合心理与社会的理论视角》,《国外社会科学》,2008 年第 5 期。

　　86.张新宝:《言论表述和新闻出版自由与隐私权保护》,《法学研究》,1996 年第 6 期。

　　87.张芝云:《2008 年震动中国的群体性事件》,《瞭望》,2008 年第 51 期。

　　88.张志安:《传媒新闻生产与公共性》,《新闻记者》,2009 年第 12 期。

　　89.章友德、周松青:《资源动员与网络中的民间救助》,《社会》,2007 年第 3 期。

　　90.赵桂华:《"新媒体事件"与传媒公共性》,《新闻爱好者》,2010 年第 9 期。

　　91.赵军峰、金太军:《论公共危机中谣言的生存逻辑——一个关于谣言的分析框架》,《江苏社会科学》,2013 年第 1 期。

　　92.郑永年、黄彦杰:《中国的社会信任危机》,《文化纵横》,2011 年第 2 期。

　　93.郑智斌、邓兰花:《从近年来的网络事件透析网络传播的问题》,《东南传播》,2008 年第 7 期。

　　94.周丽昀:《克里斯·席林"技术化的身体"思想评析》,《自然辩证法研究》,2009 年第 12 期。

　　95.邹军:《试论网络舆论的概念澄清和研究走向》,《新闻大学》,2008 年第 2 期。

报纸文章及电子文献

　　96.艾瑞咨询:《2009 年中国网络社区研究报告》,http://news.iresearch.cn/

zt103796.shtml。

97.《Twitter 创业那些年:战胜竞争对手 Jaiku 和 Plurk》,凤凰网,2013 年 11 月 7 日,http://tech.ifeng.com/internet/special/twitter-ipo/content-4/detail_2013_11/07/31047824_0.shtml。

98.单学刚:《社会管理创新离不开"虚拟社会"管理创新》,《人民日报》,2011 年 6 月 30 日。

99.CNNIC:《第 25 次中国互联网络发展状况统计报告》,2010 年 1 月 15 日,http://yt.sohv.com/s2010/cnnic25/。

100.CNNIC:《第 33 次中国互联网络发展状况统计报告》,2013 年 1 月 23 日,http://www.100ec.cn/detail-6150552.html。

101.CNNIC:《第 30 次中国互联网络发展状况统计报告》,2012 年 7 月 19 日。

102.胡锦涛:《在人民日报社考察工作时的讲话》,《人民日报》,2008 年 6 月 20 日。

103.胡泳:《不要神化网络推手》,《人民日报》,2010 年 6 月 10 日。

104.胡泳:《我们需要什么样的网络意见领袖》,《南方日报》,2009 年 7 月 1 日。

105.《胡总书记关于互联网的新思维》,人民网,2008 年 7 月 10 日,http://politics.people.com.cn/GB/1026/7532461.html。

106.黄世永:《中国早期近代报刊的演进》,中华传媒网,2006 年 3 月 9 日。

107.《解密网络水军生产链》,《新闻报》,2010 年 10 月 27 日。

108.罗昌平:《实名举报需要大 V 和官微联动》,2013 年 6 月 15 日,http://help.3g.163.com/13/0615/06/91D22PVB00964JJM.html。

109.马蕴:《美国"公众新闻"思潮的历史探源》,中华传媒网,2005 年 7

月 28 日。

110.闵大洪:《微博客的媒体特质与传播能量》,2010 年 9 月 10 日,http: //blog.voc.com.cn/blog_showone_type_blog_id_648636.p.1.html。

111.闵大洪:《汶川地震中互联网传播点滴》,2008 年 5 月 21 日,http//media.people.com.cn/GB/40606/1272381.html。

112.闵捷、李强:《与社会学专家对话:你属于社会中的哪个阶层》,《北京青年报》,2002 年 2 月 26 日。

113.木然:《公民夜话》,2012 年 3 月 27 日,http://www.21ccom.net/articles/sxwh/shsc/article_2012032756334.html。

114.潘晓松:《"打虎":网上武松文字战》,《南方周末》,2007 年 12 月 27 日。

115.裴智勇:《官员上网成中国政坛新气象 官员如何提升"网力"》,新华网,2008 年 10 月 8 日。

116.《人民网出现"胡锦涛"实名认证微博》,《南方都市报》,2010 年 2 月 22 日,http://epaper.oeeee.com/A/html/2010-02/22/content_1015909.htm。

117.上海发展战略研究所谢耘耕工作室:《2010 年中国公民的网络表达与公共管理分析研究报告》,http://www.shanghai.gov.cn。

118.上海发展战略研究所谢耘耕工作室:《2010 年中国公民的网络表达与公共管理分析研究报告》,资料来自上海市政府网站,见 http://www.shanghai.gov.cn。

119.《网络红人炒作流程揭秘》,《羊城晚报》,2010 年 11 月 9 日。

120.《微博时代的官员"网路":学会在微众时代中做官》,中国新闻网,2011 年 4 月 14 日,http://www.chinanews.com/gn/2011/04-14/2972729.shtml。

121.微博中国,http://www.weibochina.org/。

122.《温家宝答人民日报、人民网记者问:民之所忧,我之所思》,人民网,

2008 年 3 月 18 日。

123.武威、王丹阳:《政府微博问政全球兴起　国内开 1300 多个官方微博》,《广州日报》,2011 年 2 月 25 日。

124.《习近平的网络观:没有网络安全就没有国家安全》,2014 年 11 月 20 日,http://cpc.people.com.cn/xuexi/n/2014/1120/c385475-26061137.html。

125.习近平关于《中共中央关于全面深化改革若干重大问题的决定》的说明,2013 年 11 月 16 日,http://politics.people.com.cn/n/2013/1115/c1001-23559327-2.html。

126.习近平:《树立正确的网络安全观》,2016 年 4 月 20 日,http://politics.people.com.cn/n1/2016/0420/c1001-28291543.html。

127.习近平:《意识形态工作是党的一项极端重要的工作》,2013 年 8 月 20 日,http://news.xinhuanet.com/politics/2013-08/20/c_117021464_2.htm。

128.习近平:《在第二届世界互联网大会开幕式上的讲话》,《人民日报》,2015 年 12 月 17 日。

129.《习近平主持召开中央网络安全和信息化领导小组第一次会议》,《人民日报》,2014 年 2 月 28 日。

130.谢新洲等:《互联网问题系列调研报告之一:网民,掀起你的盖头来》,《光明日报》,2010 年 5 月 27 日。

131.新华网:《我国微博用户日发布信息约 2 亿条》,2011 年 12 月 21 日,http://news.xinhuanet.com/photo./2011-12/21/c_12242791.html。

132.喻国明:《新媒介改变媒介生态》,《网易访谈》,2010 年 5 月 13 日。

133.张爱军:《让马克思主义进微博》,《辽宁日报》,2012 年 12 月 4 日。

134.张爱军:《人们为什么爱微博》,《中国青年报》,2013 年 7 月 22 日。

135.赵鼎新:《中国微博特色在于网民更可能被操纵》,《东方早报》,2012

年 4 月 26 日。

136.中国互联网络信息中心(CNNIC),第 31 次《中国互联网络发展状况统计报告》,2013 年 1 月 15 日。

137.CNNIC:《中国社交网站的用户行为概况与分析》,2011 年 12 月 21 日,http://www.cnnic.cn/research/。

138.朱锡庆:《故意迟写的评论:黑车师傅太狡猾还是警察外行》,http://blog.sina.com.cn/s/blog_49664bc50100fygk.html。

139.祝华新、单学刚、胡江春:《2010 年中国互联网舆情分析报告》,2011 年 1 月 16 日,http://www.china/aboutchina/zhuanti/09zgshxs/content_17100922.htm。

外文文献

140.Allport G. W., *Postman L. J.. The Psychology of Rumor*, New York: Holt, Rinehart & Winston, 1947, p.33.

141.B. A. Huberman, D. M. Romero. Social Network that Matter Twitter under the Microscope. *First Monday*, January 2009, Volume 14, Number 1–5.

142.Courtenay Honeycutt, Susan C. Herring, Beyond Microblogging: Conversationand Collaboration via Twitter, https://wenku.baidu.com/viefz/fc7941bele650e53ea9905.html.

143.Cynthia Chew, Gunther Eysenbach. Pandemics in the Age of Twitter–Content Analysis of Tweets during the 2009 H1N1 outbreak, *PLos one* November 2010, Volume 5, Issue 11, pp.1–13.

144.Dejin Zhao, Mary Beth Rosson. How and Why People Twitter: The Role that Micro–blogging Plays in Informal Communicationat Work, *Proceedings of the ACM*

2009 international conference on Supporting group work（2009）, pp.243–252.

145.Everett Rogers, *The Diffusion of Innovations*, 4thed, New York: Free Press, 1995.

146.Foucault M. *Death and the labyrinth: The World of Raymond Roussel*, Berkeley: University of California Press, 1987, p.177.

147.Jana Herwig, Liminality and Communitas in Social Media——The Case of Twitter, http://homepage.univie.ac.at/jana.herwig/PDF/herwig_ir10_liminality communitastwitter_v5oct09.pdf.

148.Martin B hringer. Really Social Syndication: A Conceptual View on Microblogging. *Sprouts: Working Papers on Information Systems*, 9(31).

149.Meredith Ringel Morris, Jaime Teevan, Katrina Panovich. What Do People Ask Their Social Networks, and Why? A Survey Study of Status Message Q&A Behavior, *Proceedings of CHI 2010*, pp.1739–1748.

150.Milan Stankovic, Philippe Laublet, Alexandre Passant. Directing Status Messages to their Audience in Online Communities. *Lecture Notes in Computer Science*, 2010, Volume 6069/2010, pp.195–210.

151.Mor Naaman, Jeffrey Boase, Chih–Hui Lai. Is it Really About Me Message Content in Social Awareness Streams. http://www.mendeley.com/research/earthquake-shakes-twitter-users-realtime-event-detection-social-sensors-3/.

152.Neil Savage. Twitter as medium and message. *Communications of the ACM*. March 2011, Vol.54, No.3, pp.18–20.

153.Nicholas A. Diakopoulos, David A. Shamma. Characterizing Debate Performance via aggregated twitter sentiment, Conference on Human Factors in Computing Systems（CHI）. April, 2010.

154.Noelle-Neumann, E., *The Spiral of Silence: Public Opinion-Our Social Skin*, University of Chicago Press, 1993, p.202.

155.Sarita Yardi1, Danah Boyd. Dynamic Debates——An Analysis of Group Polarization over Time on Twitter. http://www.danah.org/papers/2010/BSTS-Twitter Polarization.pdf.

156.Tbomas Roach. The Twitter Opportnnity, *Rock Products*, , Nov/Dec 2010, p.40.

157.Twitter. Proceedings of the 42nd Hawaii International Conference on System Sciences, 2009. pp.1–10.

158.Vincent Miller. New Media, Networking and Phatic Culture. http://con.sagepub.com/cgi/content/abstract/14/4/387.